Elogios para *La oportunidad perdida*

«En resumidas cuentas, experimentar el increíble talento de Andy Andrews para la narrativa me ha hecho mejor persona. No podrán encontrar un regalo más adecuado para esas personas especiales en su vida».

Bill Ames, ejecutivo de General Motors

«*La oportunidad perdida* es la mejor historia que he leído en años, pero el mensaje del libro la llevará a los escritorios de los líderes mundiales de los negocios. Hazte un inmenso favor a ti mismo y lee este libro. Me ha encantado».

Don Brindley, ex presidente de Merrill Lynch Insurance

«Andy Andrews va tejiendo los hilos dorados del amor, la verdad y la sabiduría hasta formar el brillante tapiz de la historia».

Delilah, personalidad de la radio nocturna estadounidense

«*La oportunidad perdida* es una novela espectacular que cambiará tu negocio… y tu vida. La pasión de Og Mandino por contar historias marcó la diferencia. Él ha pasado el testigo a Andy Andrews, ¡y la tradición continúa!»

Todd Duncan, autor de *Ventas de alta confiabilidad* y *Cuando se mata una venta*

«*La oportunidad perdida* es una obra maestra de ideas y emociones; una magnífica y audaz hazaña que todo el mundo debería leer».

Debbie Elliott, Radio Pública Nacional

«Andy Andrews sabe de éxito y, en *La oportunidad perdida*, sutilmente y con destreza, comunica un vigoroso mensaje de éxito al lector. Una lección para toda la vida».

General Robert H. «Doc» Foglesong, USAF

«Un verdadero tesoro; un nuevo relato inspirador escrito por uno de los más grandes narradores de este siglo».

Scott Jeffrey, autor de *Journey to the Impossible*

«La oportunidad perdida está narrada de una manera muy sencilla por su autor Andy Andrews. Su efecto especial es pura genialidad. Es una historia para nuestras próximas generaciones».

JOSEPH G. LAKE, cofundador de Chillaren's Mirabel Network

«Andy Andrews narra *La oportunidad perdida* de una forma muy simple. El efecto especial de este libro es pura genialidad e impactará la vida y las finanzas de cualquier persona de negocios que la lea. Me he encargado personalmente de que los libros de Andy Andrews sean de obligada lectura para todos los que componen nuestra compañía. Decididamente, tienes que pasar este libro a tus amigos».

JIM PACE, presidente y director ejecutivo de Group VI Corporation

«¡Andy Andrews lo ha vuelto a hacer! Como con *El regalo del viajero*, me ha enganchado desde la primera página. Andy es un hombre que tiene un mensaje que tú debes escuchar y aplicar a tu vida… ¡Impresionante!»

DAVE RAMSEY, patrocinador de radio y autor del superventas del *New York Times, La transformación total de su dinero*

«¿Eres de los que creen que no hay segundas oportunidades en la vida? Andy Andrews te demostrará que estás equivocado. Confía en mí, lee este libro. *La oportunidad perdida* me dejó pasmado».

TODD RAINSBERGER, productor, ESPN

«Andy Andrews pertenece a un nuevo género de novelistas; hace de "los descubrimientos cronológicos" todo un arte. Es una hermosa historia que te obligará a hacer conjeturas de principio a fin».

JOHN R. SCHNEIDER, actor y músico

«Andy Andrews se ha convertido en una de las mayores influencias de mi vida. Si pudiera elegir un regalo para todas las personas con las que me cruzo diariamente, sería este libro».

CHRIS SMITH, ejecutivo de Coca-Cola Enterprises

«*La oportunidad perdida* tiene todo lo que representa a un relato de categoría. De igual modo que el anterior éxito de Andy, la importancia y el éxito del libro radica en cómo une a la perfección los elementos críticos de la vida».

ZACHARY SMITH, presidente de Delphian Internet

«De nuevo, Andy Andrews ha creado una obra maestra. *La oportunidad perdida* confirma la promesa que ha venido pasando de generación en generación: nuestras elecciones hacen que también nosotros podamos alcanzar la grandeza y dejar nuestra señal en la historia».

DEANNIA C. SMITH, profesora de inglés en Oxford High School, Oxford, Alabama

«Una nueva obra maestra de Andy Andrews con un argumento dramático; fantástica redacción, valor histórico, una trama que cautiva nuestra mente y hace que nos evadamos del presente sumergiéndonos en otra aventura estimulante. Como diputado, mi tiempo es muy limitado. *La oportunidad perdida* es para mí, junto con *El regalo del viajero,* un tiempo muy bien empleado».

DIPUTADO ZACH WAMP, Tennessee, Tercer Distrito Congresional

«Soy el fan número uno de Andy. He recomendado su libro a todos los miembros de nuestra organización. Los valores de Andy para el liderazgo, la colaboración y la responsabilidad se han reflejado en nuestra cultura empresarial».

MARK WILLIS, presidente de Keller Williams Realty International

LA OPORTUNIDAD PERDIDA

PERDIDA

UNA FÁBULA DE DESCUBRIMIENTO PERSONAL

ANDY ANDREWS

GRUPO NELSON
Una división de Thomas Nelson Publishers
Desde 1798

NASHVILLE   DALLAS   MÉXICO DF.   RÍO DE JANEIRO

CONTACTA A ANDY

Reserva la colaboración de Andy para tus eventos corporativos:
(800) 726-ANDY (2639)

Información suplementaria en
www.AndyAndrews.com

© 2011 por Grupo Nelson®
Publicado en Nashville, Tennessee, Estados Unidos de América.
Grupo Nelson, Inc. es una subsidiaria que pertenece
completamente a Thomas Nelson, Inc.
Grupo Nelson es una marca registrada de Thomas Nelson, Inc.
www.gruponelson.com

Título en inglés: *The Lost Choice*
© 2004 por Andy Andrews
Publicado por Thomas Nelson, Inc.

Editora general: *Graciela Lelli*
Traducción y adaptación del diseño al español:
Ediciones Noufront / www.produccioneditorial.com

ISBN: 978-1-60255-410-8

Impreso en Estados Unidos de América
11 12 13 14 15 BTY 9 8 7 6 5 4 3

Dedicado a Sandra K. Dorff, Paula Tebbe,
y Susie White, tres señoras cuyas elecciones tuvieron
un profundo efecto sobre mí y mi familia.
¡Gracias, SB, PC y Woowie!

Ningún individuo tiene derecho a venir a este mundo y salir de él sin dejar claras y legítimas razones de su paso por el mismo.

—George Washington Carver

⚜ Prólogo

Kasimir se protegió los ojos con ambas manos, mientras miraba fija y atentamente a través de los últimos rayos de sol. Una nueva lágrima se deslizó por el polvo que cubría su moreno rostro y goteó desde su barbilla. Ya tenía once veranos, casi un hombre, y el halcón de su padre había desaparecido.

Alem, su padre, le había dejado claro muchas veces que todavía no estaba preparado para dar órdenes al valioso cazador. El halcón hembra era un regalo del príncipe en prueba del respeto que sentía por Alem. Su nombre era Skei; según el príncipe esta palabra significaba «balanceo». Era tan grande como el brazo extendido de Kasimir y sus garras cubrían por completo el trozo de cuero que llevaba sobre su hombro huesudo. Allí se solía posar, a veces, mientras Kasimir montaba el camello de su padre. Skei era blanca como la nieve con ramalazos negro azabache en sus plumas; llevaba una caperuza a juego con las pihuelas, las largas correas de cuero que sujetaban sus patas.

En un intento de demostrar su iniciativa y su madurez, el niño se había dejado llevar por un impulso y, aquella mañana, poco después de amanecer, había soltado al ave. Los alimentos escaseaban y el conejo que había vislumbrado se habría convertido

1

en una exquisita comida. Por desgracia, el hermoso halcón no había considerado oportuno regresar con ese conejo, o cualquier otro; simplemente no había regresado.

—¡Kasi! —el niño se encogió al oír la voz de su padre. No le llamaba de forma desagradable, pues era un hombre amable. Sin embargo, era la voz de alguien que exige sinceridad y Kasimir iba a ser franco con él.

—¡Kasi! —llamó de nuevo Alem.

—¡Ya voy, padre!

EL DESIERTO RESPLANDECÍA AL ATARDECER, MOMENTO EN EL QUE el terciopelo de la arena devuelve su calor al cielo de la noche. Los beduinos habían descansado durante tres días en Elim. El grupo nómada estaba formado por una centena de personas, entre hombres, mujeres y niños. Por lo general, recorrían una zona que iba entre los Manantiales de Marah y la montaña que ellos llamaban Jabal al Lawz. Esta gente no contaba a Alem y a su hijo como parte de su tribu. Sin embargo, tampoco los consideraban intrusos. Durante los cuatro últimos veranos, Alem y Kasi habían venido y se habían vuelto a ir varias veces; cada regreso traía noticias interesantes de Egipto, Madián e incluso de Roma.

Todos conocían su historia. La esposa de Alem había muerto cuando Kasi no era más que un bebé. Jamás se volvió a casar; eligió cuidar de su hijo él solo y vivir una vida de «errante entre los errantes». Era algo terriblemente peligroso. Había mercaderes de esclavos y ladrones, por no hablar del propio desierto. Con todo, una estación tras otra, el padre y el hijo viajaban juntos, a veces con una u otra tribu, pero la mayor parte del tiempo lo hacían solos.

Para la gente del desierto Alem era alguien excepcional. Había dos razones para ello: tenía el don de la clarividencia. Muchos decían que al mirar a los ojos podía ver directamente lo que había en el corazón. Alem no era un profeta ni un líder religioso; en raras ocasiones dirigía una reunión, pero con frecuencia se buscaba su compañía para los ratos cerca de la hoguera o mientras la caravana se movía a través de la arena. Era franco, aunque compasivo, al hablar y tenía la habilidad de discernir el pasado de cada uno, pero manteniendo a la vez la capacidad de guiar a la persona en el futuro. Alem era un oráculo de la verdad.

En segundo lugar, era harto conocido que Alem poseía algo. Más allá de su camello, sus túnicas y, quizás, un arma como una espada o incluso un halcón, o su vista de perro de caza, eran cosas de las que apenas se había oído hablar. Pero Alem poseía algo y nadie sabía de qué se trataba.

EL BIEN QUE ALEM POSEÍA SE ENCONTRABA BIEN ENROLLADO EN un lienzo de color burdeos y atado con un cordón hecho con una tira cortada a un *burnús* de color negro. Un corto cinto de cuero lo ataba firmemente alrededor del hombro izquierdo y del cuello de Alem, permitiendo que el objeto se hiciera un hueco entre los pliegues de su vestidura. De este modo lo llevaba cerca de su pecho, donde sus ojos pudieran custodiar su pertenencia y sus brazos pudieran protegerlo siempre y en todo momento.

Alem dormía, comía y viajaba con su preciado bien torpemente atado a su cuerpo. A veces tenía un tamaño indeterminado debido al tejido abultado que lo envolvía, pero los que solían discutir incesantemente, y con gran curiosidad, sobre las dimensiones generales del objeto solían decir que era «algo más pequeño que la pezuña de un camello». Se murmuraba que ni siquiera Kasimir, su hijo, había visto jamás aquel objeto.

Kasi encontró a su padre sentado, solo, con las piernas cruzadas junto a un pequeño fuego, uno de los muchos que ardían bajo el palmeral.

—¡Ah! Aquí estás, hijo mío —dijo Alem al acercarse el niño a la hoguera.

—Padre, tengo algo que decirte —comenzó a decir.

—Y yo tengo muchas ganas de escuchar tus noticias —dijo Alem, con una sonrisa—. Pero, primero sentémonos y compartamos la abundancia de este día, porque pronto habrá acabado. ¡Come!

—Padre, lo que tengo que decirte…

—Esperará hasta que hayas comido. Siéntate, hijo mío —señaló un lugar a su derecha. Mientras Kasi se sentaba a su lado, Alem prosiguió—: Nos iremos esta noche. ¿Tienes hambre?

—Sí, padre.

—Entonces, ¡come! —Alem sacó un pincho del fuego y retiró lo que parecía ser la pata de una liebre, bien rustida. Limpió una carbonilla de la carne con la mano que tenía libre y la pasó a Kasi. Después, siguió diciendo—: Un pequeño grupo, quizás una veintena de nosotros, se moverá hacia el norte cuando los fuegos estén bajos. ¿Ensillarás a Biba cuando estés listo? Está con el grupo de camellos bajo la higuera.

—Como tú digas, padre; pero primero tengo que decirte…

—¡Kasi!

—Dime, padre…

—¡Come!

—Sí, padre.

Kasimir tomó un gran bocado y masticó concienzudamente mientras estudiaba a ese hombre al que todos decían que él se parecía tanto. El cabello negro de su padre apenas asomaba por los bordes de lo que, en otro tiempo, fue un blanco *burnús*. Su piel era oscura, uniformemente quemada por el sol y el viento, y contrastaba claramente con sus dientes tan blancos y parejos. Su nariz era larga y recta, perfecta de no ser por la pequeña cicatriz que recorría su puente. Su barbilla era firme y destacaba porque no le había crecido nunca la barba. Ni siquiera se trataba de una barba incipiente, ya que no eran más que pelos cortos y muy espaciados.

El niño sonrió a su padre mientras tomaba otro bocado. «*De todos modos, nadie se fija en su barba —pensó—, no ven más que sus ojos*». Era cierto. Los ojos de Alem eran de un azul claro, «*tan raros como los diamantes*» le había oído decir Kasi a las mujeres. Había visto cómo los hombres apartaban los ojos cuando conocían a su padre. «*Ojos azules* —musitó Kasi pensativo—, *azules como el cielo; y yo también los tengo así*».

De pronto, Kasim frunció el ceño.

—¿Esto es conejo, padre? —en su mano sostenía un hueso del que se había comido la carne.

—Conejo… liebre… ¡Sí! —Alem arqueó las cejas.

—¿De dónde nos vino tal bendición?

—Bueno… déjame ver —Alem se frotó la nariz—. ¿Podría tratarse de la bendición de otra familia?

—No, padre. No ha habido suficiente para comer, ¡cuanto menos para compartir!

—Ya veo lo que quieres decir —Alem sonrió y dijo—: No, no podría ser un regalo. Sabemos lo que hacen los perros cuando cazan algo. No hay nada que compartir. ¿Piensas que quizás Biba lo haya cazado?

Kasi se rió. Le estaba tomando el pelo y lo sabía.

—No, padre. No creo que nuestro viejo camello gruñón haya cazado un conejo. Tampoco te he visto correr lo suficiente para alcanzar a uno.

—Eso es verdad, hijo mío. No soy tan veloz como la liebre —Alem rodeó a Kasim rápidamente con su brazo y se echó hacia atrás hasta que ambos se encontraron tumbados boca arriba y mirando hacia el cielo. Señaló con el hueso que tenía en su mano, haciendo que su hijo mirase hacia la rama de palmera que se encontraba por encima de ellos—. No, no soy tan rápido pero disfruto de su sabor. Y por eso cuido tanto a mi halcón.

—¡Skei! —exclamó Kasi. La hermosa ave estaba sentada sobre ellos, ladeando su cabeza con curiosidad. Kasim se dio la vuelta y preguntó—: ¿Dónde la encontraste? Estaba a punto de decirte que se había perdido y que era culpa mía.

—Fue ella quien me encontró, Kasi, con el conejo, poco después de que la dejases ir —Alem entrecerró un poco sus ojos y sonrió—. Y, aunque haya una conversación pendiente entre tú y Skei, debo admitir con orgullo que estuviste dispuesto a aceptar la responsabilidad por la elección desobediente que hiciste. Eso pone de manifiesto un crecimiento de carácter.

Kasi se dio la vuelta y se sentó mientras Alem se puso de pie y comenzó a sacudir los pliegues del *burnús* alrededor de su brazo izquierdo.

—Quiero hacer lo correcto —dijo el niño—, pero a veces quiero hacer lo que yo…

Hizo una pausa y frunció el ceño. Luego, mirando de nuevo a su padre, prosiguió:

—Bueno, supongo que algunas veces quiero hacer lo que me da la gana. ¿Es eso prueba de un mal carácter?

Alem sonrió a Kasi y extendió el brazo hacia el halcón.

—Tu carácter es tu esencia; es lo que tú eres. Tu carácter queda determinado por las elecciones que haces cuando nadie sabrá jamás lo que hiciste… o lo que dejaste de hacer.

Skei se dejó caer de la rama de palmera y aterrizó pesadamente sobre el brazo de Alem.

—Tienes que construir tu carácter a diario, hijo mío y de forma inmediata. Lo que florecerá mañana, incluida la mala hierba, se encuentra en las semillas que hoy estás sembrando. Él será quien decida tu influencia, tu riqueza y, en definitiva, tu legado porque, en el fondo, nadie puede elevarse por encima de las restricciones de su propio carácter.

Por un momento, el hombre y el niño se limitaron a mirarse el uno al otro. Ojos azules grabando otros ojos azules en la memoria a la luz de la lumbre. Kasi habló primero:

—Entiendo.

—Sabía que lo harías —respondió su padre suavemente. Luego, deslizándose en las sombras, dijo—: ¡Ahora, rápido! ¡Prepara el camello!

LA OSCURIDAD ERA INMENSA Y COMPLETA. LA NOCHE SIN LUNA ERA como una marea fluida de muselina de ébano, extendida como una tienda sobre la pequeña caravana. Ocho camellos caminaban pesadamente, formando una única fila poco definida y avanzaban lentamente siguiendo la dirección de la estrella polar, la más brillante de todas las constelaciones que hacían jirones la más oscura de las noches. Las suaves voces de los beduinos se perdían en la arena y desembocaban en la nada.

Biba ocupaba el tercer lugar en la fila de camellos. Iba cubierto de seda roja y llevaba dos cestos inmensos —uno a cada lado de su giba— muy cargados con especias de cardamomo, casia, comino negro y más seda roja. Sentado en el centro de la giba de Biba, con las manos en las riendas y un pie descansando en cada uno de los cestos, se encontraba Alem con Skei, el halcón, dormido y encaramado en su hombro. Kasi, muy arrimado a él, estaba casi sentado en el regazo de Alem y su padre rodeaba sus hombros con sus brazos. Se mecían en torpe armonía con el paso del camello.

A la luz de las estrellas, Kasi podía ver a los demás hombres y sus corceles del desierto, por delante y por detrás de ellos. Iban en dirección a Colonia Aelia, la nueva ciudad del emperador Adriano. Permanecerían allí cinco días en el mercado de las especias. Después de intercambiar mercancías por comida y por los artículos imprescindibles para el día a día, los beduinos regresarían atravesando el Desierto de Shur para reunirse con su gente, cerca de Mara. Alem y Kasi no volverían con ellos.

—¿Por qué debemos dejar a esta gente, padre? —preguntó Kasi en voz baja.

—Hijo mío, nosotros solo estaremos a salvo si nos mantenemos en movimiento —respondió—. No es más que una medida. Ya sabes que hay algunos que nos buscan porque quieren el bien que poseo —de forma ausente, Alem palpó el objeto enrollado que estaba atado a su pecho—. Además, estos son tiempos francamente violentos.

—Si alguien intenta hacernos daño —dijo Kasi agitando el puño— se me ocurrirían muchas formas de devolvérselo.

Alem se rió dulcemente.

—Me temo que esos pensamientos tomarían mucho de tu precioso tiempo. El rato que se pierde ajustando cuentas tendría un mejor uso si se emplease en conseguir un mejor entendimiento de uno mismo. La venganza es como morder a un camello porque este te ha mordido a ti. Cuando procuras ajustar cuentas eres capaz de hacer cosas muy extrañas.

—¿Por qué dices que debo entenderme a mí mismo? —Kasi estaba perplejo—. Estoy bastante seguro de que ya me entiendo.

—¿De verdad? —dijo Alem mientras se asomaba por encima del hombro de su hijo para ver su cara. Skei aleteó una vez, molesta por el repentino movimiento—. ¿Lo dices en serio?

—Creo que sí —dijo Kasi, pero ya no estaba tan seguro de ello.

—Entonces, ¿puedes explicarme, hijo mío, por qué soltaste a Skei esta mañana cuando sabes perfectamente que iba en contra de mis deseos? Sabías que no estaba bien lo que hacías y, a pesar de todo, lo hiciste. ¿Era tu deseo hacer algo malo?

—No, padre —tartamudeó el niño—. Yo estaba…

—¿Pretendías perder al pájaro?

—No.

—¿Te acordaste de tu padre y de su norma cuando echaste a volar a Skei?

—¡Por supuesto que no! —aseguró Kasi—. Jamás lo habría hecho si hubiese recordado tu norma.

Alem se quedó callado.

—No es cierto —dijo Kasi, finalmente—. Me acordé de tu norma. La recordé y a pesar de todo lo hice. Y no sé por qué. Ahora estoy muy seguro de que no me entiendo a mí mismo.

Alem se rió y le dio un abrazo al niño.

—No tienes más que once veranos, hijo mío. Hay hombres crecidos que luchan poderosamente con este concepto. El resultado que buscas no es el mero entendimiento, sino el control. No basta con distinguir lo que es correcto y verdadero. Uno debe controlar el impulso de hacer lo que es incorrecto y fácil. Nada se le podrá resistir a una persona que pueda vencerse a sí misma.

Durante mucho tiempo cabalgaron sin hablar. Kasi pensó en todo lo que su padre le había dicho. Escuchó a Biba. Sus patas hacían un ruido sordo al pisar la arena y su respiración era como un pequeño silbido. Podía reconocer el olor a sal de su padre que se mezclaba con el aroma meloso del cardamomo y el dulzor de la casia. De vez en cuando captaba un resoplido de Biba. Alem movió la cabeza hacia delante y susurró en el oído de su hijo.

—¿Kasi?

—Sí, padre —fue la suave respuesta.

—¿En qué estás pensando?

—En el bien que posees, padre. ¿Me dirás de qué se trata?

En un primer momento, Alem se quedó en silencio. Cuando habló lo hizo con sumo cuidado y su voz era poco más que un susurro.

—Es un objeto de temor y de promesa. Un objeto de ridículo y de poder. Este bien muestra la pobreza más abyecta y la riqueza más increíble. Contiene la muerte y el nacimiento; la ceguera y la vista. Un día te tocará a ti protegerlo.

Kasi volcó su peso sobre la otra pierna mientras asimilaba todo lo que oía.

—Si no me quieres decir lo que es, entonces dime qué hace.

—Ya te he dicho exactamente lo que es. En cuanto a lo que hace… no hace nada. Sin embargo, representa el poder para hacer cualquier cosa. Es algo en lo que se cree y de lo que se duda, se contempla y se ignora, se persigue y se evita. Los hombres matarían por ello… y yo moriría por protegerlo.

—¿Dónde lo conseguiste?

—Me lo entregó mi padre hace ya muchos años —Alem se aclaró la garganta—. El bien le fue confiado y lo mantuvo escondido durante mucho tiempo. Fue lo único que me dejó y será lo único que yo pueda dejarte a ti, Kasi. Es el regalo de un padre a su hijo.

Kasi estaba más confundido que nunca.

—Padre —preguntó—, ¿por qué debemos mantener el objeto escondido? ¿De qué sirve si no podemos usarlo?

—Presta mucha atención, hijo mío —empezó a decir Alem—. Llegará un momento en el que este bien será revelado a todos. Ese día, todo cambiará. Los reinos se levantarán y caerán… en un día. Debes saber que hay hombres que morirían por hacer que esto ocurriera y otros que darían su vida por impedir que sucediera. El bien, en sí mismo, —el objeto— no hará nunca nada de por sí. Aunque adquieras un conocimiento pleno de su historia y de su destino, no hará nada, sino que permanecerá atado a tu cuerpo. Kasi… date la vuelta. Quiero mirarte.

Alem tomó a su hijo por los brazos y le ayudó a darse totalmente la vuelta; ahora cabalgaba al revés, pero tenía a su padre enfrente.

—Hijo mío —dijo Alem mientras colocaba sus manos sobre los hombros de Kasi y le miraba a los ojos fijamente y con mucha intensidad—, una cosa de madera, metal o cristal no puede lograr nada. Si lo pones en la repisa de una casa bonita o encima de una montaña para que todos lo vean, jamás conseguirá arar un campo por sí solo, atender a un enfermo o preparar una comida. Un objeto puede inspirar, suscitar, demostrar, alentar, justificar y confirmar, pero nunca podrá producir nada. Las elecciones de la mente solo llevan fruto por tu mano. Las intenciones son como la belleza física: no significan nada. En algún momento, la persona tiene que *hacer* algo realmente. Las creencias que uno tiene han de convertirse en obras. Por tu mano, estableces la evidencia para que los demás vean la verdad en la que tú crees.

De repente, Biba echó violentamente su cabeza hacia un lado y tropezó cayendo sobre sus rodillas. Un grito procedente del final de la caravana desgarró la tranquila noche mientras de la arena, por detrás y por delante de los beduinos, surgían hombres esgrimiendo espadas, arcos y flechas, y gritando con todas sus fuerzas.

Biba se dejó caer lentamente sobre su costado. Una flecha le atravesaba el cuello. Alem soltó a Skei y bajó a Kasi del camello moribundo.

—¡Son traficantes de esclavos, Kasi! —gritó—. ¡Traficantes de esclavos romanos! ¡Haz un hoyo debajo de Biba, rápido!

Mientras el caos se propagaba con furia alrededor de ellos en la oscuridad, Alem y Kasi cavaron apresuradamente una zanja en la arena, a lo largo del camello y debajo de él. Los hombres corrían, las espadas centelleaban y el niño oía el silbido rápido de las flechas disparadas, mientras levantaba la mirada para ver cómo se entregaba un hombre. Su padre le empujó al agujero y le dijo:

—¡Cava y escóndete!

De rodillas, detrás del camello muerto y los cestos dispersados, Alem sacó una espada de entre los pliegues de su *burnús*. De un tirón rápido cortó el paquetito de su pecho, partió el cordón que lo ataba y desenrolló su pertenencia dejándola totalmente expuesta sobre la tierra. Se quedó a unos pocos centímetros de la cara de Kasi. A pesar de la algarabía que se propagaba alrededor de él, el niño abrió unos ojos desmesurados y se quedó con la boca abierta. Entonces, su padre tomó la espada e hizo pedazos el objeto.

Con tres golpes rápidos, Alem lo cortó en cuatro partes. Horrorizado, Kasi gritó:

—¡Lo has destruido! —y comenzó a gatear para salir del agujero.

Alem lo agarró y lo empujó bruscamente hacia adentro.

—¡Quédate ahí abajo, Kasi! ¡Esta pertenencia no puede ser destruida jamás! Todo lo que te he dicho ocurrirá, pero todavía no es el momento. Estos hombres no deben encontrarlo aquí. ¡Agarra esto! —dijo, colocando un trozo del objeto en la mano de Kasi—. Te quiero, hijo mío.

Con estas palabras, Alem agarró el camello muerto y, con un esfuerzo desesperado, empujó al animal hasta tapar por completo a su hijo.

Incómodo y aterrorizado, Kasi se quedó quieto; apenas podía respirar y oía la lucha que se libraba justo por encima de él. Todo acabó con la misma rapidez que había comenzado. Todo estaba en silencio a excepción de las órdenes vociferadas en un idioma que él no entendía. Los oyó alejarse en la distancia. Luego, el silencio. Todo el ataque había durado menos de tres minutos.

Kasi se quedó allí durante mucho tiempo. No estaba seguro de lo que debía hacer. Finalmente, mareado por el calor y la falta de oxígeno, el niño escarbó para salir. No era fácil, pero al desplazar la arena y sacar poco a poco su brazo primeramente, fue capaz de escapar del escondite que le había salvado de… ¿qué?

Kasi se puso en pie y miró alrededor. El sol estaba saliendo en el cielo oriental. Vio otros dos camellos muertos y cuatro cuerpos humanos, sin túnica, boca abajo en la arena. Muerto de miedo, el niño se arrastró hasta los muertos. Echó un vistazo alrededor y se arrodilló junto a ellos. Vio que tres de los hombres tenían largas barbas, pero el cuarto… avanzó a rastras y le dio la vuelta a la cabeza.

No era Alem.

Kasi se puso de pie. Así que su padre no estaba muerto. ¿Habría escapado? ¿Le habrían capturado? Escuchó un movimiento detrás de él y, alarmado, se giró para enfrentarse a ello. Vio que Skei había regresado y que se había posado sobre la espalda de su viejo amigo Biba. Kasi miró su puño, que todavía mantenía fuertemente apretado, y lo abrió despacio. Era un trozo de la pertenencia. El regalo de un padre a un hijo.

Cerca del camello muerto vio que las otras piezas de la pertenencia habían desaparecido, pero encontró un jirón de la tela burdeos que enrolló cuidadosamente alrededor de la pieza que quedaba y la ató con un cordel negro. Utilizando una corta tira de la rienda de Biba, la ciñó alrededor de su hombro izquierdo y de su cuello, asegurándola a su pecho, donde sus ojos pudieran vigilarla y sus brazos protegerla. Siempre y en todo momento.

Kasi se dirigió al halcón y hurgó por los alrededores en busca de un retal de cuero. Se lo colocó por encima del hombro y dejó que Skei se acomodara allí durante un momento. Examinó la salida del sol situando los rayos calientes a su derecha y comenzó a caminar resueltamente, a grandes zancadas, hacia el norte.

❋ Uno

Era sábado. Hacía una mañana soleada y cálida; un perfecto día de junio en Colorado. Mark Chandler entró en el estudio, bostezó y miró a su esposa, que estaba sentada en la butaca reclinable.

Dorry Chandler era el tipo de mujer que uno suele mirar fijamente para decidir si parece atractiva o no. Medía un metro sesenta si se ponía de puntillas y pesaba unos cincuenta kilos. Su cabello rojo se acentuaba con unas pecas salpicadas sobre su rostro. Mark se dirigió hacia ella y la besó en la cabeza.

—¿A qué hora llegaste?

—Tarde, eran las once y media. El avión salió de Dallas con retraso.

—Siento no haberte esperado levantado —dijo Mark sentándose sobre el brazo de la silla—. Aparte del retraso del vuelo, ¿tuviste un buen viaje?

—Bueno, ya sabes —Dorry se encogió de hombros—. Hice la entrevista, visto y no visto. Nada del otro mundo.

—¿Tienes que ir hoy a la oficina? —preguntó él.

14

—No. Escribí el artículo en el avión y lo envié por correo electrónico anoche mientras roncabas —le revolvió el cabello y se dirigió hacia la cocina—. ¿Café? —preguntó.

—Por supuesto, gracias —dijo Mark siguiéndola y sentándose a la mesa del desayuno. Agente de policía de Denver desde hacía catorce años, Mark tenía treinta y nueve, exactamente dos más que su mujer. Era de estatura y complexión medianas, y su cabello oscuro y rizado cubría a veces sus orejas. No importaba. Era sargento detective y podía permitírselo.

La primera vez que vio a Dorry, esta discutía con su compañero, quien en aquel momento intentaba ponerle una multa por exceso de velocidad que ella se negaba a aceptar. De pie detrás del Buick LeSabre blanco y hecho polvo de Dorry, Mark se había reído tanto que su compañero terminó por ir hacia él y, furioso, le había entregado el talonario de multas. Mark tardó otros cinco minutos en tranquilizar a Dorry y convencerla para que firmara la multa. Y eso fue exactamente lo que tardó Mark en enamorarse de ella.

A Dorry le costó algo más admitir que sentía atracción por un policía. Después de todo, ella era periodista de un diario y había pasado gran parte de su vida adulta fomentando profundas reservas en cuanto a la autoridad. En cualquier caso, se habían casado en menos de un año y habían tenido a su único hijo, Michael, seis años después.

Mark hizo, a la que era su esposa desde hacía once años, una pregunta muy familiar:

—¿Cuántas tazas de café llevas?

—Sesenta o setenta, pero no llevo más que dos horas despierta. No empieces.

Mark tenía una teoría acerca de su esposa y de su personalidad en lo que a su consumo de café se refería. Dicho de un modo sencillo, creía que mientras los demás podían tener cierto tipo de tendencias o podían llevar la etiqueta de «conductor» o «colérico», Dorry *era* cafeína. Mark le tomaba el pelo a causa de su fiel compañero líquido, pero había decidido desde hacía tiempo que no quería que ella abandonara su hábito. De hacerlo, se convertiría en una persona totalmente distinta y él era feliz con la mujer que tenía.

—¡Caramba! —dijo, mirando el reloj que colgaba sobre la cocina—. Ya son las diez. ¿Por qué me has dejado dormir tanto?

—No sé —respondió Dorry—; parecías cansado.

Se sentó frente a él y le deslizó su tazón favorito.

—De todos modos, Michael se levantó temprano y quería jugar con Jonathan.

Jonathan tenía siete años y era el menor de los tres hijos de sus vecinos Richard y Kendra Harper.

—¿Dónde están ahora? —preguntó Mark—. ¿En la habitación de al lado?

Sin mover la taza de café ni retirar sus ojos de Mark, Dorry sonrió y sacó su dedo índice del asa para señalar hacia el gran ventanal.

—En la acequia —dijo.

Por así decirlo, el patio trasero de los Chandler era una zona baja, una escorrentía húmeda a la que Mark se refería con orgullo como «el riachuelo». Dorry la denominaba acequia.

Fuese lo que fuese, no conseguían sacar a su hijo de ella. Michael tenía cinco años, el cabello rojo como el de su madre, ojos verdes y la personalidad de su padre. Todo le interesaba; quería saber la procedencia, el funcionamiento, el *por qué* de todo y, con frecuencia, hasta cómo eran las cosas por dentro. Mark y Dorry habían querido tener más hijos, pero tras años de intentos por volver a concebir, varios doctores les había dicho que era imposible.

Mark miró por el ventanal y vio moverse las cabezas de los dos niños que estaban arrodillados, se salpicaban, saltaban y corrían de un lado a otro. Se rió y sacudió la cabeza.

—Se pasarían el día revolcándose en ese riachuelo si les dejáramos.

—Acequia —corrigió Dorry—. Seguro que sí.

Se levantó y se echó otra taza de café.

—Pero hoy vamos al centro comercial, ¿recuerdas? El Capitán Michael Chandler necesita ropa de verano y yo podría hacerme con algunas cosas para mí.

Mark refunfuñó.

—Me olvidé por completo, pero supongo que sí. ¿Sigue en pie lo de cocinar fuera con Richard y Kendra?

—Que yo sepa, sí. Dijeron que ellos se encargaban de cocinar, así que ni pienso en ello. Ya sabes cómo son. Cuando *nosotros* cocinamos, ellos no traen nada. ¡Nada! De modo que adivina lo que yo voy a llevar.

—¿Nada? —preguntó Mark inocentemente, intentando no reír.

—¡Exactamente! —replicó Dorry—. Pero será toda una caja llena de nada.

UN POCO MÁS TARDE, DESPUÉS DE QUE MARK LA HUBIESE LLAMADO tres veces, Dorry silbó con los brazos en jarra y su hijo entró con paso firme por la puerta trasera.

—¡Vamos, camarada! Papá está en la ducha. Nos vamos al centro comercial. ¿Te has ensuciado?

—¡No, señora!

Dorry lo detuvo con el brazo cuando intentaba escabullirse.

—No pensaba que lo hubieses hecho, pero tenía que preguntar —dijo—. Es que no podía ver a través de todo ese barro que cubre tu limpieza.

—¡Oh, mami! —respondió Michael con una sonrisa burlona—. ¡No seas sarcástica!

Dorry se detuvo. Con los ojos muy abiertos preguntó:

—¿Dónde has aprendido *esa* palabra?

—De papi. Él dijo que se suponía que ese era tu nombre. Es el nombre que el abuelo te quiso poner, pero la abuela no le dejó.

—¿De verdad? —Dorry ahogó la risa—. Recuérdame más tarde que te cuente una historia sobre tu padre. Ahora tenemos que darnos prisa. ¡Quítate la ropa aquí, en la cocina, y corre a la bañera!

Mientras los chicos estaban en el baño, Dorry se sirvió otra taza de café y puso en marcha la lavadora. Puso la temperatura del agua en la posición más alta. *«Olvídate del color, de todos modos todo es marrón»,* pensó. Al recoger toda la ropa, Dorry notó un peso en el pantalón vaquero. Sin la menor sorpresa comenzó a vaciar los bolsillos. Era algo que había hecho por Mark desde que se habían casado, y ahora Michael era exactamente igual que él. Mentalmente fue clasificando los objetos, colocándolos en la encimera junto al fregadero o echándolos directamente al cubo de la basura.

Fuese lo que fuese aquella cosa pesada, Dorry tuvo que darle la vuelta al bolsillo. Su mano apenas cabía en los diminutos bolsillos de Michael y este último objeto, que con toda seguridad era el pedrusco más grande, parecía verdaderamente incrustado. Poco a poco consiguió dar la vuelta a la húmeda tela de algodón y sacó… algo.

A Dorry no le pareció que fuese una piedra pero, sin embargo, podía serlo. Le dio la vuelta. Era de metal, un poco más grande que su mano, tenía una cierta forma rectangular con lo que parecían ser pequeñas muescas por toda la superficie. Se veía que era antigua pero no estaba oxidada. *«Desde luego, es metal* —decidió—, *a menos que sea una piedra».*

HABRÍA PASADO CASI UNA SEMANA CUANDO DORRY RECORDÓ LA «piedra». La había echado en una maceta vacía que había en el alféizar de la ventana, por encima del fregadero, con la intención de inspeccionarla más de cerca cuando no tuviera tanta prisa.

Mark la encontró el siguiente jueves por la tarde. El verano les proporcionaba más o menos una hora de sol adicional y, la mayoría de los días, pasaban ese tiempo después del trabajo fuera de la casa, con Michael. Desde el patio donde observaban cómo Dorry trasplantaba matas de margaritas, Mark entró a la casa para agarrar el tiesto.

Un poco después, Mark quitó el pestillo de la ventana de la cocina y la abrió.

—¿Es esto lo que quieres? —gritó, sosteniendo el tiesto en alto.

Mark salió por la puerta.

—¿Quieres esta cosa, sea lo que sea, que hay *dentro* de la maceta? —preguntó mientras caminaba. Sacudió el tiesto haciéndolo sonar.

—¿Qué es? —Dorry levantó la mirada.

—Esta cosa —Mark metió la mano en la maceta y sacó el objeto—. ¿Es para tirarla?

Por la expresión en el rostro de Dorry se notaba que había caído en la cuenta del objeto al que Mark se estaba refiriendo. Enderezó su espalda y se quitó los guantes de jardinería.

—Me había olvidado de eso por completo —dijo—. Lo encontré en el bolsillo de Michael la semana pasada. En realidad pensaba enseñártela.

—Entonces, ¿no la tiro?

—No; aún no. Quiero mirarla de nuevo. Además, estamos a punto de entrar en la casa. Los mosquitos nos están acribillando.

MÁS TARDE, AQUELLA MISMA NOCHE, LA FAMILIA SE REUNIÓ EN el estudio.

—¿De qué queremos hablar esta noche? —comenzó Mark.

La televisión se encontraba en el rincón y apenas se utilizaba. Algunos años antes, Mark y Dorry habían decidido que sus trabajos les mantenían al tanto de más noticias de las que podían soportar. Tampoco querían que Michael creciera con la televisión constantemente a todo volumen. A diferencia de las demás familias que conocían, los Chandler habían desarrollado la costumbre de hablar.

—¡Oye, tráete esa cosa! —dijo Dorry—. Esa cosa rara de la maceta. ¿Dónde la pusiste?

—¡Ah, sí! —dijo Mark levantándose de su butaca y dirigiéndose a la cocina—. Espera un momento.

Segundos más tarde volvió con el objeto en su mano y frunciendo el entrecejo con perplejidad.

—¡Ven y sostenla donde todos podamos verla! —dijo Dorry haciendo sitio en el sofá—. Michael, siéntate en el regazo de mami.

Mark se sentó y sostuvo el objeto en un ángulo que captara la luz de la lámpara de pie. Alargó la mano y ajustó la pantalla.

—¿De dónde dices que ha salido esto? —preguntó.

—Del bolsillo del Niño Mono —contestó ella haciendo unas rápidas cosquillas en las costillas del pequeño. Michael rió tontamente.

Mark miró a su hijo.

—¿De dónde lo sacaste *tú*, Niño Mono?

—Del riachuelo —dijo Michael.

—¿Junto al riachuelo o dentro del mismo?

Michael parecía pensativo. Llegaría un momento en su vida, especialmente como adolescente, en el que se daría cuenta de que las respuestas que sus padres exigían tenían que darse con una insoportable cantidad de detalles. No era culpa de Michael, era el resultado de tener a una periodista por madre y a un detective como padre. Pero en ese momento estaba muy contento de poder responder.

—Estaba más o menos en un *lateral* del riachuelo.

Mark le dio la vuelta.

—No es una piedra. Es demasiado pesada. Es de color rojizo tirando a marrón. Es dura. No puedo hacer una muesca con mi uña.

—¡Déjame verla! —dijo Dorry.

Mark se la entregó. La levantó para que los bordes quedaran bajo la luz.

—¿Ves esos cortes? —dijo, señalándoselos a su marido y a su hijo— parecen… muescas o algo así. Es como si siguieran un modelo, pero no exactamente. Parece antigua, ¿verdad?

—¡Sí! —dijo Mark poniéndose en pie— vieja como yo. Es hora de irse a la cama.

—¿Me leerás una historia, papá?

Mark alargó su mano y tomó a Michel en brazos.

—¡Desde luego, Niño Mono!

—¡Espera un momento! Estoy hablando en serio —dijo Dorry—. ¿No crees que es antigua? Quiero decir, realmente antigua.

—Sí, probablemente —dijo Mark poniendo al niño con la cabeza para abajo mientras este se reía.

—¿Sí, probablemente? —Dorry imitó la voz de Mark—. ¿Sí, probablemente? ¿No sientes ninguna curiosidad acerca de esto?

Mark sintió la tentación de volver a contestarle «sí, probablemente», pero se limitó a decirle:

—Mira, Dorry, tú tienes la curiosidad de cinco personas y eso que no somos más que tres en tu familia.

—Bueno, yo había pensado…

—Oye, si de verdad quieres saber, dásela a Dylan y mira a ver qué descubre.

—¿Quién? —arrugó la cara.

—Dylan. El hermano de Kendra. Le conociste el sábado por la noche. Se acaba de mudar aquí.

—¡Ah, sí! Ya me acuerdo. Es uno de los nuevos «sabuesos» del museo, ¿no?

—Sí; no sé en qué departamento estará. De todos modos, dásela a él y a ver qué piensa.

—Sí; eso es lo que haré —contestó Dorry dándole las buenas noches a Michael con un beso—. Estoy segura de que nos llevaremos bien. Ya vi lo que trajo a la comida de su hermana.

Mark hizo una pausa, luego se rió al captar lo que ella quería decir.

—¿Nada?

—Sí —sonrió ella burlonamente— toda una caja llena.

⚜ Dos

El grupo de hombres se encontraba en el patio de la fábrica, poco después del mediodía. Su guía era el propietario de la Duetch Emailwaren Fabrik, un fabricante de ollas. El Oberführer Eberhard Steinhauser estaba disfrutando de la excursión a aquellos terrenos con su segundo, el Unterscharführer Herman Bosche, varios oficiales y un ayudante que les había sido asignado para la mañana.

Steinhauser y Bosche lucían resplandecientes con sus uniformes. Negro sobre negro, con adornos de plata y un pequeño toque de rojo; el traje hecho a medida se había creado especialmente para los oficiales de la Staatspolizei. Sobre cada hombro de la chaqueta se veían las letras SS colocadas sobre un pequeño relámpago. Sobre la parte izquierda de la pechera, medallas y lazos en premio a la lealtad y al valor hacían un gran contraste. Sin embargo, el centro de atención del uniforme estaba en la gorra, muy arqueada en la parte frontal y, en el medio, una calavera de plata con tibias cruzadas.

El guía de su excursión también estaba vestido con ropa cara, pero llevaba un traje de calle. Era uno de los muchos trajes cruzados, azul marino, propiedad del direktor de la empresa. Era un hombre alto, de unos treinta y cuatro años, con el pelo oscuro peinado hacia atrás y, aunque fumaba sin cesar, se las apañaba para tener un porte señorial. La camisa blanca almidonada que llevaba le proporcionaba un fondo adecuado para la corbata roja y gris. Sin embargo, era inevitable dirigir la mirada a su solapa en lugar de a la corbata. De ella colgaba una gran Hakenkreuz decorativa negra y dorada, la esvástica símbolo de todo miembro de buena reputación dentro del partido nazi.

Steinhauser habló.

—Es una pena que tengamos que irnos, Herr Direktor. Su hospitalidad ha sido muy apreciada y le aseguro que hemos tomado buena nota de ella. No se olvidará usted de mi pobre madre, ¿verdad?

—¡No, no! ¡Por supuesto que no! —replicó el direktor colocando su mano sobre el hombro del Oberführer empujándole suavemente hacia la salida—. ¿Debería hacerle la entrega a ella directamente, o a través de su querido hijo?

El pequeño grupo rió.

—Solo envíelo a mi oficina. Cinco conjuntos de las mejores que tenga, recuerde. Yo me encargaré de mamá. —El grupo volvió a reír.

El direktor había perdido la cuenta de todas las madres de oficiales que habían «perdido sus ollas en los bombardeos». Por supuesto, eso no era ni remotamente verdad. Toda la farsa no era más que una transacción de negocios sobreentendida. Todas las partes sabían que las ollas encontrarían rápidamente su lugar en el mercado negro, llenando los bolsillos de los oficiales. Era, simple y llanamente, un soborno.

El direktor no era ningún estúpido y estaba a punto de dar orden para que se entregaran también varios conjuntos a Bosche, cuando Steinhauser habló de nuevo.

—¡Oye tú! —vociferó.

El grupo se volvió y miró el objeto de su atención.

Un hombre pequeño, un trabajador de la fábrica, cruzaba el patio. Llevaba la ropa raída y una banda blanca y azul en el brazo, con la estrella de David. Prácticamente se arrastraba y era evidente, incluso desde la distancia, que estaba sollozando. Las lágrimas caían por su rostro sin afeitar.

—¡Tú! —el hombre se detuvo y miró—. ¡Ven aquí! —ordenó Steinhauser.

Asustado, el hombre se acercó arrastrando los pies y se quedó a unos tres metros.

—¿Cómo te llamas? —preguntó Steinhauser.

El hombre miró sin comprender y no contestó.

—¡Animales! —murmuró Bosche mientras sacudía su cabeza—. No son más que…

Steinhauser levantó su mano.

—¡Por favor, Herman! —dijo—. Debemos mostrar una cierta sensibilidad en estas situaciones —dio un paso hacia el hombre que se encogía de miedo delante de él y articuló—: Te he preguntado cómo te llamas.

—Lamus —contestó.

—Lamus, amigo mío, ¿por qué estás tan triste? ¡Mírate! Estás llorando como un crío.

Al hacer Steinhauser una pausa, Lamus interrumpió; sus palabras brotaban con angustia.

—Mi esposa, Rena, y nuestro hijo de dos años, Samuel, han muerto en la evacuación del gueto, la semana pasada. —Ahora lloraba sin control y, casi gritando, dijo—: ¡Mi único hijo fue agarrado por los talones y estrellado contra un muro delante de su madre, antes de que ésta muriera!

Steinhauser arqueó las cejas.

—Lamus, estoy profundamente conmovido. Afortunadamente para ti, tengo poder para actuar llevado por mi compasión —se volvió hacia el ayudante y le dijo—: Pégale un tiro al judío para que pueda reunirse con su familia en el cielo.

Los oficiales se rieron a carcajadas mientras Bosche daba palmaditas a Steinberg en la espalda. Salieron rápidamente del patio dejando allí a Lamus, al ayudante y al direktor que se había quedado pasmado. El ayudante sonrió y desabrochó la reluciente funda de su pistola. Sacó una Luger y se dispuso a llevar a cabo la acción, metiendo una bala en la cámara de la pistola automática.

—¡Esto no se puede hacer! —dijo el direktor enérgicamente—. Está usted interfiriendo en toda la disciplina que llevo aquí.

El oficial de las SS se rió burlonamente y, después, se dirigió a Lamus.

—¡Bájate los pantalones hasta los tobillos y comienza a andar!

Aturdido, Lamus hizo lo que se le ordenaba.

—La moral de mis trabajadores se va a resentir —dijo el direktor con desesperación—. La producción para der Vaterland se verá afectada.

El oficial apuntó con la Luger.

—Una botella de aguardiente si no le disparas —siseó el direktor.

Hubo una pausa… y, luego…

—¡Stimmt! —respondió el ayudante—. ¡Hecho!

Bajó la pistola y la volvió a colocar en su funda.

Lamus siguió arrastrando sus pantalones tras él, marchándose lentamente y esperando la bala en la cabeza que nunca llegó. El ayudante de las SS caminó hacia las oficinas de la fábrica para recoger su aguardiente; seguía hablando animadamente mientras con su brazo rodeaba los hombros del Herr Direktor Oskar Schindler.

POLONIA – MARZO DE 1944

Itzhak Stern se inclinó sobre la alta mesa de contable de su oficina. Con la pluma en la mano y sus papeles ordenados con esmero alrededor de él, el delgado hombre de cabello gris, con las gafas colocadas sobre su cabeza, daba toda la impresión de ser un empleado muy trabajador. Su mano movía la pluma por encima de las hojas de balance. Sin embargo, miraba de reojo hacia la izquierda a través de la puerta de cristal de la oficina contigua, que era más amplia. Allí, detrás de un gran escritorio se sentaba el direktor, Herr Schindler.

Stern era contable de profesión y había dirigido la división de auditoría de una gran empresa de importación y exportación desde 1924. Tras la ocupación de Polonia en septiembre de 1939, los jefes de todos los negocios judíos habían sido destituidos y suplantados por un *Treuhander,* o administrador alemán. El nuevo jefe de Stern había sido un hombre llamado Sepp Aue, quien finalmente le presentó a Oskar Schindler.

Itzhak no se fiaba de Herr Schindler, al menos no al principio; después de todo, el hombre llevaba una esvástica. Antes de que estallara la guerra, Polonia había sido un lugar bastante seguro para los judíos. Sin embargo, cuando Alemania la invadió, toda una población de personas había sido conducida en manada a un gueto rodeado de alambres de espinos. Los acervos inmobiliarios judíos habían sido robados y los negocios arrasados o «vendidos» a hombres de negocios alemanes. Estos se aprovechaban muy bien entonces de la mercancía producida por el trabajo esclavo de los judíos. Uno de esos «inversores» en el futuro económico de Polonia era el embaucador, bebedor y desvergonzado mujeriego Oskar Schindler.

Stern sabía que era una ventaja poder salir de los confines del gueto y poder trabajar todos los días en la fábrica. Cuando comenzaron las deportaciones de Cracovia, Herr Schindler dio instrucciones a Stern para que falsificara los registros. Stern estaba asombrado por la absoluta audacia de la maniobra… y el peligro que esto implicaba para el propio Schindler. Se daba fe de que los ancianos tenían veinte años menos, los bebés se anotaban como adultos y los doctores y maestros se clasificaban como obreros del metal y mecánicos. Todos desempeñaban un cometido —sobre el papel— como artesanos esenciales en el esfuerzo de guerra.

Cuando tuvo lugar la liquidación final del gueto, el 13 de marzo de 1943, se cerró la factoría. Itzhak, junto con los otros 370 obreros necesarios para la fábrica de ollas, fue llevado a Plaszow, un campo de trabajo en las afueras de la ciudad.

En Plaszow murieron cientos de personas o fueron enviadas por tren a Auschwitz, que se encontraba a solo sesenta kilómetros de allí. Cuando recibió noticias de la condición en la que se encontraba su antiguo contable, Schindler le visitó. Sobornó a los guardias, colmó de bebida ilegal a los oficiales y se las arregló para introducir de contrabando el medicamento que Stern necesitaba para sobrevivir. Pero lo que vio en Plaszow le desconcertó.

Fue en ese momento cuando Itzhak sintió que Herr Schindler había cruzado una línea invisible. Empezó a dedicar todos sus pensamientos y esfuerzos a una nueva empresa.

Schindler supo que otros campos como Belzec, Sobibor y Treblinka ya estaban cerrados debido al avance del frente ruso. Sus habitantes habían sido liquidados, hasta el último judío, sin excepción. Pronto ocurriría lo mismo con Plaszow.

Una tarde, Schindler convenció a uno de sus colegas bebedores —un Gruppenführer también llamado Schindler, pero que no tenía parentesco con él— de que Plaszow sería el emplazamiento absolutamente perfecto para producir armas para el esfuerzo de guerra. «Después de todo —había argumentado el direktor—, tengo judíos aquí que ya están entrenados en el montaje y la fabricación». Posteriormente, colocó varios cientos de miles de marcos alemanes en las manos adecuadas y Plaszow fue oficialmente nombrado y convertido en un campo de concentración «esencial para la guerra». La fábrica fue establecida en un edificio en la ciudad de Zablocie, a varios kilómetros de Plaszow.

El Hauptsturmführer Amon Goethe, un sádico de primera, era el comandante a cargo de Plaszow. Todas las mañanas, durante varias semanas, Itzhak había observado cómo el comandante se relajaba en el balcón del dormitorio de su villa. Por lo general, sin camiseta, con el pantalón de pijama y un cigarrillo en la boca, Goethe utilizaba un rifle de gran potencia y alcance para disparar a los niños mientras jugaban. Si otro crío se detenía para mirar, o un padre gritaba, también los mataba. Si le parecía que un obrero caminaba demasiado despacio —o demasiado rápido— apuntaba hacia él o ella y lo fijaba como objetivo para que fuese un ejemplo para los demás.

Stern había observado, con inquietud y asombro, mientras Herr Schindler hacía «amistad» con el Hauptsturmführer Goethe. El direktor no paraba de ofrecerle licor, mujeres y dinero con regularidad hasta conseguir manipular al propio Goethe para presentarle una brillante idea. ¿Por qué no albergar a los judíos de Schindler en la fábrica de Zablocie y así ahorrar el tiempo empleado en el transporte? Eso, razonó, aumentaría la producción. Era un plan brillante; Schindler estaba de acuerdo.

«*Así es que ahora* —pensó Itzhak— *somos más de novecientos. Dormimos en la fábrica o en las barracas cerca del edificio. Los guardias están sobornados y por el momento, no se golpea ni se mata a nadie…*» Colocó su pluma sobre la mesa y fingió estirarse sin dejar de observar todo el tiempo a Oskar Schindler, haciéndose preguntas sobre él. «*¿Por qué está corriendo este riesgo? Ha creado un oasis en el infierno*».

En ese momento, Schindler miró a través de la puerta de cristal y captó la mirada fija de su contable. Hizo señas con la mano para que Stern entrase en su oficina. Itzhak entró abriéndose paso en medio de la siempre presente nube de humo de cigarrillo y se colocó frente al desordenado escritorio del direktor. Papeles esparcidos, un jarrón vacío y dos ceniceros cubrían la amplia superficie de la mesa, pero los ojos de Itzhak estaban clavados en el extraño pisapapeles que Schindler rescató del desorden.

—¿Qué tal va tu mañana, Itzhak? —Schindler se recostó en su sillón dejando por un momento el pisapapeles sobre sus rodillas y encendió un cigarrillo. La chaqueta de su traje estaba colgada en el perchero del rincón.

—Todo en orden, si eso es lo que le preocupa, Herr Direktor.

Schindler aspiró una profunda bocanada de su cigarrillo y la expelió ruidosamente.

—Supongo que esa es mi preocupación —con aire ausente levantó el pisapapeles que tenía delante, comprobó su peso con la mano y dijo—: Llámame Oskar y siéntate, por favor.

—Me sentaré —dijo Stern—, pero no haré algo tan imprudente como llamarle por su nombre de pila.

Schindler asintió con la cabeza y siguió mirando por la ventana.

—Necesito redactar una carta —echó una mirada a Stern y gesticuló con su cigarrillo—. Tenla preparada para firmarla hoy o, al menos, para esta noche. Estaré con Goethe y Scherner; el Gruppenführer estará allí… así como la realeza de la Gestapo —dijo con sarcasmo—. Dirígela a la Gestapo en forma de petición. Que diga algo así como… eh…: en el interés de una producción de guerra continuada, le ruego me envíe todos los judíos interceptados… tenemos una grave falta de personal… algo acerca de la necesidad desesperada de mano de obra, etcétera, etcétera.

Stern se ajustó las gafas y fue escribiendo mientras Schindler hablaba. «*Asombroso* —pensó— *lo está haciendo otra vez*». El contable había oído muchas veces a su director atacar verbalmente a las SS o a la Gestapo. «¡Dejad de matar a mis buenos obreros! —decía—. ¡Tenemos una guerra por ganar! Esas cosas se pueden solucionar más tarde». Stern conocía a docenas de judíos que Schindler había salvado de esa manera.

Schindler puso los pies sobre su escritorio; unas veces tomaba el pisapapeles en la mano y otras lo colocaba sobre su estómago, justo por encima de la línea del cinturón. Volvió a soltarlo sobre el escritorio, se echó hacia atrás y, casi de inmediato, se inclinó hacia delante para agarrarlo de nuevo.

Distraído, Stern miró fijamente por encima de sus gafas y dijo:

—¿Qué es eso?

—¿Qué es qué? —respondió Schindler.

—Perdone mi curiosidad —dijo Stern indeciso—, pero llevo algún tiempo pensando en esto. ¿Qué es lo que tiene en la mano? Lo toma y lo vuelve a soltar. Lo lleva a mi oficina y lo deja sobre mi mesa. Luego regresa para recuperarlo tan pronto sale por la puerta.

Schindler se encogió de hombros y lanzó el objeto a su empleado.

—Es una pieza de metal —dijo—. No sé, tú eres el metalista, Itzhak. Dímelo tú.

Stern lo atrapó con destreza.

—Yo soy contable.

—No; he visto tus papeles. Están en el primer cajón, justo ahí —Schindler señaló hacia un archivador con una sonrisa burlona—. Eres, sin lugar a duda, uno de los más finos trabajadores del metal del Reich.

Ambos hombres rieron.

Stern dio la vuelta al objeto en su mano. No era muy pesado, pero desde luego era un metal oscuro de algún tipo. Era de forma rectangular y parecía haber sido quebrado o aplastado, aunque en su superficie se veían claramente unas muescas muy peculiares en ambos lados. ¿Tal vez un diseño? ¿Una escritura? Resultaba casi familiar.

—¿De dónde ha sacado esto?

—Se quedó olvidado sobre el escritorio cuando compré la fábrica de ollas en Cracovia. Estaba allí, sobre una simple hoja de papel en la que alguien había escrito: «¡Haz algo!» Supongo que era un ancla para los papeles en una oficina con mucha corriente de aire; además, me gusta tenerlo en la mano. Por ello, al irnos, me lo llevé.

Stern ladeó la cabeza; parecía desconcertado. Alargando el objeto hacia Schindler dijo:

—¿Cuando se marchó no se llevó la foto grande de su esposa que estaba colgada en la pared y, sin embargo, se trajo esto?

Schindler se levantó bruscamente con el ceño fruncido. Tomó el objeto de manos de Stern y caminó hacia la ventana.

—¿Por qué estamos hablando de esto? ¿No hay cuestiones más serias que tratar?

Apuró rabiosamente el final de su cigarrillo y lo tiró por la ventana.

Stern cruzó las manos sobre su regazo y guardó silencio. Finalmente dijo:

—Lo siento. No era mi intención disgustarle.

—No estoy molesto —colocó el objeto sobre su escritorio y encendió otro cigarrillo. Se dejó caer en su sillón y miró detenidamente el pisapapeles. Luego, avergonzado, lanzó una mirada al contable y volvió a agarrar el objeto. Frunció el ceño.

—Para ser sincero, debo decir que me produce una sensación — Schindler hizo un gesto con la mano—… eh… contradictoria… ¿extraña?… un tanto confusa.

Itzhak frunció el ceño preocupado.

—¿Un objeto? Herr Schindler, creo simplemente y con toda franqueza que está usted ahora bajo la misma presión que sus hijos —entrecerró los ojos e, inclinándose hacia delante, dijo con picardía—: Ya sabe que así es como ellos mismos se denominan. *Schindlerjuden*. Todos sus obreros se refieren unos a otros como «los hijos de Schindler».

—Sí, lo he oído.

—Ellos dependen de usted, ¿sabe? Se dan cuenta de la comida de más y de las medicinas. Vemos la villa que se le ha dado y, sin embargo, usted pasa todas las noches aquí. Todas y cada una de ellas.

Schindler suspiró.

—Itzhak, si la Gestapo viniera sin estar yo aquí…

Stern le interrumpió.

—Yo sé porqué se queda aquí y ellos también lo saben. Usted sabe lo que está ocurriendo alrededor nuestro. Sabe que Mengele está haciendo experimentos con los niños del módulo diez en Auschwitz. Usted ve las cenizas que caen en el patio y que proceden de los hornos; a pesar de todo, sigue dando directrices como esta.

Levantó las notas que había tomado anteriormente.

—Siento más curiosidad por usted, Herr Schindler, que por cualquier… cosa de metal —dijo señalando hacia el objeto que el direktor tenía en su mano—. Esto no es la Europa occidental. Entiendo que allí, si uno ayuda a los judíos, simplemente irá a parar con ellos en la cárcel. Aquí, estos locos no tienen inhibiciones. Lo han dejado bien claro. Si le pillan le colgarán en la plaza del pueblo o le pondrán contra el paredón y le fusilarán.

—Estoy al tanto de esas realidades —dijo Schindler en voz baja.

—Entonces, ¿por qué? —preguntó—. ¿Por qué quiere arriesgar su vida a cada momento como lo está haciendo?

Schindler miró directamente a su interrogador.

—No quiero hacerlo.

Stern estaba perplejo.

—¿Cómo dice?

—No quiero poner en riesgo mi vida. No soy un buen hombre. No siento ninguna simpatía especial por los judíos, Itzhak. Ni siquiera sé por qué hago esto. Lo único que sé es que debo hacerlo. Si no lo hago yo, ¿quién lo va a hacer? Si no lo hago ahora, entonces, ¿cuándo?

»Itzhak, soy un católico no practicante. No soy un hombre religioso. Seguramente ya lo sabes, pero sí recuerdo a mi madre citando a un erudito. Las palabras eran algo así como: «Si Dios hubiese querido que fueses de otro modo, te habría creado de otra manera». Sin embargo, me siento como si hubiese sido creado de una forma y ahora, por alguna razón, ya no fuese esa misma persona —Schindler hizo una pausa. Miró fijamente la punta encendida de su cigarrillo y prosiguió—: Intento decirme a mí mismo que lo que estoy haciendo es perfectamente lógico. Después de todo, si vieras a un perro a punto de ser atropellado por un coche, ¿no le ayudarías? A pesar de todo, sé que este camino es peligrosísimo y que, desde luego, no tiene ningún apoyo entre mis colegas —Schindler alzó la vista hacia Itzhak y sonrió burlonamente por la pequeña broma que acababa de hacer—. Pero llega un momento en el que un hombre debe levantarse y actuar. No debe vacilar. No debe tener en cuenta el peligro. Compré una fábrica de ollas para hacerme rico, aprovechándome de una mano de obra judía barata y obligada. ¡Y lo conseguí! Cuando dejé Cracovia tenía cuatro millones de marcos en maletas. Pero algo me ocurrió. En cualquier caso decidí actuar y ahora tengo dos millones.

Schindler suspiró mientras encendía otro cigarrillo con la punta del anterior. Luego, añadió bruscamente:

—Y puede que ni eso sea suficiente.

—¿Suficiente para qué?

—Para sacarlos a todos de aquí. La retirada oriental ya ha comenzado de lleno. Estoy seguro de que pronto recibiremos órdenes de cerrar. Todo el mundo será enviado a Auschwitz.

MÁS TARDE AQUELLA MISMA SEMANA, SCHINDLER RECIBIÓ efectivamente noticias de que Plaszow y todos sus subcampos tenían que ser desalojados. El direktor y su contable sabían exactamente lo que eso significaba. Vaciar el campo y pasar a la gente a otro significaba una reducción de los números globales. Significaba la muerte.

Una noche, de pie a la entrada de la oficina, Schindler dijo a Itzhak:

—Están jugando su carta final. Ha llegado el momento de que yo juegue la mía. Crearemos una fuerza de especialistas en municiones —sobre papel, claro está—, obreros que puedan construir cohetes y bombas. Luego sobornaré, suplicaré, mentiré, razonaré y, de algún modo, conseguiré la autorización para un emplazamiento. Quizás en Checoslovaquia...

—Herr Schindler —Stern sacudió la cabeza—, ¡eso es imposible!

—Que no vuelva a oírte jamás pronunciar esa palabra —contestó bruscamente Schindler—. Cuando un hombre pone límites a las posibilidades, está encogiendo su futuro y convirtiéndolo en un manejable pedazo de nada. A estas alturas, Itzhak, tu propia vida depende de que logremos eso que tú consideras imposible. Estás ayudando y reconfortando al enemigo en tu cabeza. ¡Basta ya!

A la mañana siguiente, Stern tenía a tres mujeres y seis hombres en la oficina de Schindler.

—¿Qué es esto? —preguntó el direktor.

—¿Ayudaría el dinero a nuestra causa? —respondió Stern con otra pregunta.

—Sin lugar a duda —contestó Schindler. Sonriendo con delicadeza y sin querer ofender, preguntó—: *¿Tienes* dinero?

—Más o menos —replicó Stern. Dirigiéndose hacia la más joven de las mujeres le dijo—: Muéstraselo, Elayna.

La chica rubia, extremadamente delgada y que no tendría más de diecisiete años, ladeó la cabeza y, ante el asombro de Schindler, se sacó el ojo de cristal. En la cuenca había cinco diamantes, un rubí y dos esmeraldas. Se los ofreció a Schindler.

—Eran de mi madre —dijo simplemente—. Fue enviada a Treblinka.

Schindler le dio las gracias y se volvió hacia los demás, que también estaban depositando joyas sobre su escritorio. Desconcertado, preguntó:

—¿Dónde las han tenido guardadas? —las mujeres bajaron la mirada. Los hombres parecían avergonzados o enfadados—. Lo siento, no comprendo. ¿Han encontrado algún escondite? Quizás…

—Se las comieron, Herr Direktor —dijo Stern sencillamente—. Se las han estado comiendo una y otra vez.

Incómodos, pero orgullosos, los nueve obreros judíos aceptaron las palabras de gratitud de Schindler y fueron dejando la oficina. Antes de hacerlo, sin embargo, Elayna se dirigió lentamente hacia el escritorio del direktor. Miraba con atención lo que había detrás de Schindler y este, instintivamente, se apartó de su camino.

—¿Me permite? —preguntó prudentemente señalando el objeto de metal.

—Por supuesto —respondió con un asomo de sorpresa en su rostro. Todos se habían detenido.

La chica se arrodilló junto al escritorio y, suavemente, tomó el objeto en su mano. Pareció contemplarlo durante un largo momento. Luego, la expresión de su rostro cambió y levantó la cabeza con una extraña expresión interrogante hacia Schindler.

—Es un pisapapeles —dijo éste como a la defensiva y miró a Stern confundido—. No es más que un pisapapeles.

Elayna sonrió suavemente y volvió a colocar el objeto sobre el escritorio.

—¡Dios le bendiga! —dijo—. ¡Muchas gracias y que Dios le bendiga!

OSKAR SCHINDLER GASTÓ HASTA EL ÚLTIMO MARCO. UTILIZÓ LAS joyas de su esposa, sus efectos personales, literalmente todo lo que tenía de valor para conseguir la autorización final que recibió en octubre de 1944. Había conseguido papeles que le permitían trasladar a 700 hombres y 300 mujeres a una fábrica en Brnenec, Checoslovaquia.

El direktor se iba sirviendo de sonrisas, amenazas, desfachatez y promesas e iba añadiendo grupos adicionales hasta conseguir un total de *Schindlerjuden* de 1,098. Los 25,000 restantes, hombres, mujeres y niños de Plaszow, fueron enviados a Auschwitz y corrieron la misma suerte que los varios millones que les habían precedido.

La fábrica de Brnenec, tal y como Herr Schindler había ideado, produjo bombas y cápsulas de proyectiles de artillería para la *Wehrmacht* hasta que fueron liberados siete meses después al terminar la guerra. Sin embargo, durante ese tiempo, ni una sola munición pasó los controles de calidad establecidos por los militares alemanes.

Con todo, hubo un momento durante el caos de la salida de Plaszow que Itzhak Stern recordaría durante el resto de su vida. En la estación de tren Itzhak fue apretujado en un contenedor de ganado con los demás que se habían salvado. Afortunadamente, este tren no se dirigió a Auschwitz sino a la factoría en Checoslovaquia. Estaba tan comprimido en aquel coche sucio y húmedo que apenas podía moverse y casi no podía respirar. De repente, oyó a su amigo que le llamaba frenéticamente: «¡Itzhak! ¡Itzhak Stern!»

—¡Aquí, Herr Schindler! ¡Estoy aquí! —Itzhak se las arregló como pudo y metió la cara por un pequeño hueco para que pudiera verle.

El direktor sonrió con los dientes apretados. Era presa del pánico.

—Itzhak —dijo enérgicamente— me he dejado el pisapapeles en la oficina. Creo que voy a volver a buscarlo —echó un rápido vistazo alrededor—. Sí, quiero ir —buscó un cigarrillo—. Pero ahora no puedo volverme. Si los dejo a todos ahora…

Mientras Schindler balbuceaba con insistencia, Stern se contorsionó como pudo dentro del vagón abarrotado. Por un momento, su cara desapareció.

—¡Itzhak! —Schindler golpeó el vagón con el puño—. ¿Estás ahí?

Lentamente, una mano salió por el agujero. Era la mano de Itzhak Stern y en ella se encontraba el pisapapeles. El tren comenzó a moverse; Schindler lo agarró y trotó junto al tren mientras la cara sonriente de su amigo volvía a asomarse.

—Pasé por la oficina una última vez —gritó Itzhak por encima del ruido del tren—. Lo agarré para usted.

—¡Gracias! —dijo Schindler, mientras corría más aprisa para no quedarse atrás.

—¿Por qué lo necesita? —consiguió gritar Itzhak mientras el tren tomaba impulso y se alejó.

Oskar se detuvo. Antes de dirigirse al automóvil que le serviría de transporte, miró el objeto que sostenía en la mano y arqueó las cejas. Lo colocó en el bolsillo izquierdo de la chaqueta de su traje cruzado de color gris, sacudió la cabeza y dijo: «No lo sé. Realmente no lo sé».

⚹ TRES

Denver, Colorado – Junio

El Museo de Ciencias Naturales de Denver es uno de los mejores ejemplos del ámbito académico funcional del mundo. Su imponente edificio de cuatro plantas, en el número 2001 de Colorado Boulevard, es un monumento a los siglos de conocimiento reunidos y archivados en las categorías de antropología, zoología y ciencias de la Tierra. El museo es, asimismo, un depósito de documentos y fotografías históricas. Estos artículos en particular están vigilados por un personal sumamente bien organizado y conocido por el mundo exterior como el grupo de Biblioteca y Archivos.

Dylan Langford era muy consciente del poder que ejercían esas personas. Hasta había llegado a hacer galletas para ellos una vez. «No esperes a necesitar a los de Biblioteca y Archivos para ser amable con ellos —le habían dicho cuando hacía la carrera—, entonces será demasiado tarde». Por experiencia sabía que, si abrigaban el más pequeño resentimiento, podían convertirse en la gente más boba del planeta, incapaz de encontrar cualquier cosa o de responder a cualquier pregunta.

El hermano menor de Kendra Harper solo llevaba unos cuantos meses en el museo. Tenía veintinueve años e iba muy rápido en su carrera. Con más de metro ochenta de estatura y muy flaco, su pelo prematuramente canoso y sus entradas le hacían parecer mayor. Conocedor de la competencia que reinaba en el mundo de la antropología y la arqueología, Dylan explotaba esa percepción porque, en su campo, los jóvenes eran dejados de lado a la hora del ascenso.

Había llegado a ser todo un director de antropología. Aunque no era el jefe del departamento, tenía libertad para llevar a cabo su propia línea de estudio. Estaba realmente cualificado. Tras recibir su BA (licenciatura en Letras) en la Universidad de Nebraska, había conseguido un MA (máster en Letras) y, finalmente, su PhD (doctorado en Investigación) especializándose en antropología por la Universidad de Johns Hopkins.

Su oficina no era grande, pero era más agradable que la mayoría de los cuchitriles interiores de la tercera planta. Este era un cuchitril con su nombre en una placa sobre la puerta que, de momento, estaba abierta. En la oficina lucía un mapamundi del tamaño de la pared y un enorme escritorio de los años setenta, o algo por el estilo. Por detrás de éste había un ordenador que sobresalía de una pared llena de estanterías, repletas de manuales de investigación, libros de texto de la universidad que no había conseguido vender y que eran demasiado baratos para tirarlos. Su sillón con ruedas era el único asiento de su oficina —sin contar la silla plegable guardada detrás de la puerta— y, con frecuencia, lo hacía girar alegremente como un niño, desde el escritorio hasta donde estaba el ordenador.

Dylan echó un vistazo a su reloj y se retiró del ordenador haciendo un giro completo en la corta distancia hasta su escritorio. «*Son casi las dos en punto,*» pensó. Tamborileó con los dedos en la tapa de su mesa. Odiaba que la gente llegara tarde. Dorry todavía no se había retrasado.

Su hermana había llamado para abrirle camino a su vecina, Dorry Chandler, y que esta pudiera ponerse en contacto con él. «Es amable, divertida y todo eso, Dylan —había dicho Kendra— y la aprecio mucho. Pero es puntillosa, ya sabes, es periodista y tiene una de esas… eh… personalidades… un tanto fanáticas». No estaba muy seguro de entender lo que su hermana había querido decir con «personalidad fanática», pero sintió que él también la tenía.

—¡Hola! ¿Dylan? —Dorry asomó la cabeza y sonrió—. ¿Dylan?

Llevaba unos vaqueros y un polo rosa que hacía que su pelo pareciera arder.

—¡Hola, Dorry! —dijo él, levantándose de su sillón y rodeando el escritorio mientras miraba su reloj a hurtadillas—. Llegas puntual.

—Dijiste a las 2:00. Son las 2:00. *Llego* puntual. Créeme, de haber sido las 2:01 te habría llamado.

Dylan se rió.

—Eres la última de la especie.

—No —Dorry sonrió de satisfacción—. Evidentemente, todavía estás tú.

Dylan se rió de nuevo. Ella le caía bien.

—Sí, todavía quedo yo. Oye, me encantó conocerlos a ti y a tu marido la otra noche. ¿Mark, no?

—Sí, buena memoria. ¿Sabes?, Mark también tiene la manía de la hora. Es detective del Departamento de Policía de Denver, así que eso va con el puesto —Dylan asintió con la cabeza—. De verdad que aprecio mucho que te tomes el tiempo para verme, Dylan. Es más una curiosidad que otra cosa, supongo, pero de las personas que conozco tú eres la única que trabaja en un museo, así que…

Dylan estaba acostumbrado a esa forma particular de pensar. «*Tú trabajas en un museo. Tienes que saberlo todo*». Le resultaba divertido. La gente trataba al portero de la misma manera. Después de todo, también él trabajaba en un museo. «*Perdone, señor, ya sé que ahora está puliendo los suelos pero, ¿durante qué periodo paleontológico se manifestó el ADN para llevar a cabo la ampliación de la especie?*» Era increíble. Se preguntó si trataban a las demás profesiones del mismo modo.

—Bueno —dijo—, veamos qué es lo que tienes.

Mientras Dorry hurgaba en su bolso, él retiró la silla de detrás de la puerta y la abrió.

—Siéntate. Lo siento, pero estamos un poco apretados aquí.

—Es más grande que mi oficina —comentó Dorry mientras sacaba el objeto de su bolso.

Dylan agarró el objeto, echó un rápido vistazo a Dorry y se colocó detrás de su escritorio. Visiblemente pasmado por lo que estaba viendo, se deslizó sin prisa en su silla y encendió una pequeña lámpara enganchada a una especie de artefacto amplificador. Frunciendo el ceño, dijo:

—¿De dónde has sacado esto?

—Mi hijo lo encontró. En realidad fue en nuestro jardín trasero.

Dylan levantó la vista con una expresión de estupefacción en su rostro.

—¡Venga ya! ¿En serio?

—Sí. ¿Por qué?

—No lo sé —dijo, sin darle importancia—, supongo que no todos los días uno se encuentra una reliquia mesopotámica cerca del jardín de alguien en Denver.

—¿Qué?

Dylan se rió.

—No pretendo ser melodramático. Francamente, la pieza no es *del todo* rara… No lo creo. Resulta que la reconozco porque hay tropecientas mil piezas exactamente igual a esta en los museos de todo el mundo… La incógnita está en que tu crío la encontrara donde —hizo una pausa—. Además, está también esta escritura…

—O sea, que eso *es* algún tipo de escritura, ¿no?

—Ajá —Dylan pasó la uña por las ranuras—. No la reconozco, pero lo pasaré y averiguaré lo que es. Dentro de una o dos semanas deberíamos saber algo más.

—¿Dos? —los ojos de Dorry estaban como platos—. Había pensado que podríamos… quiero decir si pudieras… ¿dos semanas?

Él sonrió, se levantó y pasó al otro lado del escritorio donde se encontraba Dorry.

—Mira —se encogió de hombros—. Este tipo de cosas no forman parte de mi especialidad. Sin embargo tengo algunos colegas. Lo descifraremos.

Dorry se puso en pie y asintió.

—Está bien, gracias. Es razonable. Lo que ocurre es que soy el tipo de persona que quiere las cosas en el momento, ¿sabes? Yo pensé: «*Él trabaja en un museo y…*»

Dylan sonrió.

Después de irse Dorry, cerró la puerta y volvió a su escritorio. Se sentó y comenzó a balancear el sillón lentamente de atrás hacia delante con el pie. Clavó los ojos en el mapa de la pared con la mirada vacía, sin verlo realmente, perdido en sus pensamientos. Solo le echaba una mirada de vez en cuando al objeto que aún tenía en sus manos. «*De modo que un crío encuentra esto en su jardín —pensó—; esto es medio raro, ¿o no lo es?*»

Nadie podía saber con seguridad cómo llegaba a parar una reliquia en concreto a un sitio en particular. Este era uno de los misterios permanentes de su profesión y una mera conjetura. No obstante, los orígenes eran más fáciles de precisar. Por ejemplo, nadie sabía cómo había acabado la cerámica obsidiana, con caras elaboradas formadas en sus cantos, a tres mil metros de profundidad mar adentro en la costa del Pacífico. Sin embargo, los arqueólogos fueron capaces de determinar que tenía más de tres mil años y que procedía del sureste de Asia.

Acercando la silla a su escritorio, sacudió la cabeza bruscamente para despejar su mente y colocó el objeto que tenía en la mano bajo la luz de aumento. Mentalmente fue repasando lo que ya sabía. «*Casi con toda seguridad es bronce reforzado con plomo. Es una pieza fundida, no tiene más tallado que la escritura. La inscripción está claramente grabada. No hay coloración ni corrosión evidente. ¿Es eso raro? No lo sé».*

Durante un minuto o más, Dylan se sentó completamente quieto; luego abrió el cajón que estaba junto a su rodilla derecha. Cuidadosamente sacó un pequeño peso electrónico y lo colocó cerca de la luz, sobre el escritorio. Enchufándolo a un adaptador que había en la base de la lámpara lo encendió y colocó el objeto sobre el platillo de pesar. Dylan pulsó los botones de «Borrar» y «Cero», luego observó cómo aparecían en verde los números digitales 139.22. *«Hum. Está bien. Un poco más de 139 gramos… casi cinco onzas»,* sacó una pequeña cinta de medir del cajón que tenía enfrente. *«Doce centímetros de largo y… 3.66 centímetros por su lado más ancho».*

Se recostó en su silla, de cara al mapa, y comenzó a moverse de nuevo hacia delante y hacia atrás. Revisó lo que sabía, que no era mucho. *«Soy antropólogo, no arqueólogo».* Sonrió. La mayoría de las personas que conocía no distinguían la diferencia. Tenía que explicárselo a su madre cada vez que iba a casa por vacaciones. Los arqueólogos estudian las civilizaciones antiguas, mientras que el antropólogo se interesa por los seres humanos en sí, su entorno, su interacción social y su cultura.

El área particular de su especialidad se centraba en los indios de las llanuras de principios de 1800. *«Muéstrame una punta de flecha y te diré lo que comían para cenar —se* volvió y miró el objeto situado sobre el peso—, *pero es que no tengo ni idea de esto».* De repente se levantó, agarró el objeto y, deslizándolo en el bolsillo de su pantalón, se dirigió hacia la puerta. *«Puede que no sepa nada —sonrió* para sus adentros— *pero conozco a algunos "archis" que sí saben».*

Dos semanas más tarde, Dorry se encontró en un atasco cuando iba hacia el centro de Denver. Observaba con cierta preocupación los coches deportivos que intentaban meterse delante de ella, mientras pescaba el teléfono móvil que sonaba dentro de su bolso. Vio que en la pantalla ponía «CASA», presionó la tecla y contestó:

—¿Quién es, mi niño pequeño o el grande?

Al otro lado de la línea, Mark se rió.

—Soy tu niño grande. ¿Por qué preguntas?

—Porque si fuera mi niño pequeño —dijo Dorry irónicamente—, no querría que oyera a su madre gritar como una lunática.

—¿Tráfico?

—¡Ajá! Es posible que mate a alguien en un par de minutos.

—No me digas eso, que soy poli.

Dorry rió.

—De haber sabido que los polis tenían turnos y terminaban a las tres de la tarde no habría asistido nunca a la escuela de periodismo. Habría hecho la carrera de obstáculos contigo en la academia.

—Ya, pero no tenías esa opinión sobre mi trabajo cuando el horario era de once de la noche a siete de la mañana —replicó Mark.

Cambiando de tema dijo:

—Oye, te he llamado porque… Dylan se puso en contacto conmigo hace un rato. El hermano de Kendra, el tipo del museo.

—¿Ah, sí? —dijo Dorry y su estado de ánimo cambió de inmediato, a pesar del tráfico—. ¿Qué dijo?

—La verdad es que nada —contestó Mark—. Me dijo que pasaría por aquí esta noche. Supongo que para visitar a su hermana. De todos modos me dijo que tenía información sobre el objeto y preguntó si podía dejarse caer por casa. Le dije que hiciera planes para cenar con nosotros —silencio al otro lado de la línea—. ¿Dorry?

—¿Sí? —su humor había vuelto a cambiar—. ¡Mark, no llegaré a casa hasta después de las siete! Tengo que escribir un artículo esta noche… ¿Cenar? ¿A qué hora viene?

—Bueno, le dije… a las siete… Te diré lo que vamos a hacer: Michael y yo cocinaremos. No tendrás que ocuparte de nada.

—¡Uh! —dijo Dorry con los dientes apretados—. 6968777.

—¿Qué? —preguntó Mark.

—He dicho 6968777. Es el número de Domino's Pizza. Encarga cualquier cosa.

—Está bien.

—¿Mark?

—¿Sí?

—Nada de anchoas.

Aquella noche, después de cenar, Mark supervisó el baño de Michael y le metió en la cama mientras Dorry hacía café y entablaba una pequeña charla con Dylan. Cuando ya, por fin, estaban todos en el salón, Mark preguntó:

—Bien, ¿es algo bueno o te hemos hecho perder el tiempo?

—Es bueno, creo —dijo Dylan con una amplia sonrisa—. En todo caso es algo intrigante. ¿Están preparados? —Mark y Dorry asintieron con la cabeza—. Bueno, allá va.

Sacó el objeto de la mochila que había traído y que, con anterioridad, había dejado sobre el sofá.

—Bueno… —empezó—. Se lo di a una *archi* que tiene su despacho más allá de mi oficina, al final del pasillo… una arqueóloga —añadió, al ver la expresión de intriga en la cara de los Chandler—. Se llama Abby. Es agradable. Y además es guapa. Me dijo que sí cuando la invité a salir y esto es otro punto a favor —levantó la mirada y sonrió antes de proseguir—. Es nueva en Denver y en el museo, como yo, y como es joven está ansiosa por demostrar que su doctorado en investigación no es un golpe de suerte.

—Entonces, ¿qué dijo? —presionó Dorry.

—Espera un momento. Estoy llegando a eso —contestó Dylan. Sacó de la mochila un ordenador personal del tamaño de la palma de la mano, pulsó unos cuantos botones con un lápiz de plástico y dijo—: bronce reforzado con plomo.

Alzó la mirada.

—Yo pensaba desde el principio que era bronce reforzado con plomo, pero esto es algo muy viejo; quiero decir, realmente antiguo. No pertenece exactamente a la Edad del Bronce, pero casi.

Mark se inclinó hacia delante.

—¿Y eso qué significa? ¿Qué antigüedad tiene?

—Menos de dos mil cuatrocientos años, pero casi con toda seguridad tiene más de mil ochocientos. Antiguo.

—¡Estás de broma! —dijo Dorry.

—No. Podría tener solo mil seiscientos... o mil setecientos años, pero Abby lo duda. Dice que la calidad de la fundición no es tan buena y eso señalaría que es más antiguo. Según ella es blanda, aunque a mí no me lo parece. —Los tres miraron el objeto que estaba sobre la mesa del café—. *Blando* es un término relativo en lo que respecta a los metales, supongo.

Dylan prosiguió:

—El bronce es una aleación, una amalgama de metales que se creó originalmente al añadir estaño al cobre. Este último era demasiado quebradizo para utilizarlo en otra cosa que no fuera la ornamentación.

Miró de nuevo su ordenador.

—El plomo se añadía deliberadamente a la mezcla, durante ese periodo, para bajar la temperatura de fusión y facilitar el vertido y el moldeado. Cuando esto se hizo —se inclinó y agarró el objeto de encima de la mesa—, el bronce reforzado con plomo se utilizaba mayormente para hacer estatuas, vasijas y algunas armas. Y, algo que me pareció interesante, el Imperio Romano utilizaba las monedas de bronce reforzadas con plomo durante el mismo periodo de la fundición de esta pieza en particular.

—¡Uau! —exclamó Dorry—. ¿Sabía ella de dónde procede?

Dylan encogió la cara y cerró un ojo.

—Es difícil de decir partiendo de la composición. Escuchen la lista de lugares que hacían este tipo de cosas durante ese mismo periodo —pulsó un botón de su ordenador con el pulgar—: Babilonia, Egipto, Grecia, Mesopotamia, China, Persia y la mayor parte de Europa —sonrió—. Es difícil estrechar el cerco con esta lista… pero no han preguntado por la escritura.

Inconscientemente, Mark y Dorry se acercaron más a Dylan.

—¿Pudo realmente traducir… eso? —preguntó Mark.

—Espera un minuto —se rió Dylan—. Las palabras están en arameo —viendo el ceño fruncido en el rostro de sus amigos, explicó—: En realidad, el arameo es un agrupamiento o combinación de las lenguas conocidas desde casi el principio de la historia documentada. Incluye árabe, hebreo, etíope así como el acádico de Babilonia y Siria. El primer atisbo de este estilo escrito apareció alrededor del año 900 A.C. Algunas porciones de la Biblia y todos los manuscritos del Mar Muerto se escribieron en arameo, y se conservan obras doctrinales de Samaria en esta misma escritura. Lo crean o no, el arameo sigue siendo una lengua que se habla en partes de Siria, Iraq, Turquía, Irán y el Líbano —Dylan sonrió ampliamente y levantó el objeto—. De modo que no fue difícil de traducir.

—¡O sea, que *pudieron* traducirlo! —dijo Mark.

—Bueno, Abby lo hizo —respondió Dylan—. ¿Quieren saber lo que dice?

—¡Sí! —dijeron Mark y Dorry al unísono.

—Muy bien. No tiene mucho sentido, pero es bastante interesante. En cualquier caso, ésta es la traducción: «Por tu mano, el pueblo vivirá».

Por un momento, los tres se quedaron en silencio. Dylan volvió a poner el objeto sobre la mesa de café. Mark lo agarró.

—¡Uh! Por tu mano, el pueblo vivirá.

Dorry alargó la mano hacia Mark y agitó los dedos.

—Déjame verlo —Mark se lo dio—. ¿Qué significa eso? —preguntó a Dylan.

Él se encogió de hombros.

—No lo sé. Probablemente nunca lo sabremos. Es un enigma que pertenece a la misma categoría de la forma en la que acabó en su jardín.

Mientras hablaban, contó historias de los hallazgos antiguos que habían tenido lugar a lo largo de los años en el continente norteamericano. En Missouri, Oklahoma y Alabama habían aparecido monedas del Imperio Romano, y en el lecho de un río, cerca de Black Mountain en Carolina del Norte. Un barco chino encontrado bajo novecientos metros de barro, cerca de Sacramento, fue sometido a la prueba de carbono y resultó tener más de mil años de antigüedad. En una cueva descubierta al sur de Illinois, en 1982, se hallaron piedras grabadas con escritura semítica antigua y retratos de egipcios, romanos y hebreos.

—Y nadie tiene la menor idea de cómo llegaron esas cosas aquí —dijo.

Eran casi las diez cuando Dorry anunció, a regañadientes, que la velada había llegado a su fin. Mientras explicaba que tenía que trabajar en un artículo que debía estar listo para la mañana siguiente, ella y Mark acompañaron a Dylan a la puerta.

—Muchas gracias, Dylan. Apreciamos de verdad el tiempo que has dedicado a esto —dijo ella—. Te ruego que le des también las gracias a Abby.

—¡No importa! —dijo—. Le daré las gracias a Abby. A propósito, olvidé mencionar esto. Esa cosa está hueca.

—¿Qué? —preguntó Mark.

—Sí, no es nada del otro mundo. Ella le pasó un aparato de radioscopia, radiación electromagnética, accesorios con haz de luz y resulta que está hundido. Bueno, gracias por la pizza y seguimos en contacto, ¿vale?

Ellos le aseguraron que así sería.

Una hora después, Dorry estaba escribiendo, Mark dormía y el objeto de la conversación de la noche estaba sobre la mesa de café, un souvenir único, un tema de conversación… una reliquia de la acequia.

⚹ Cuatro

Mark, Dorry y Michael habían tomado el *brunch* más pronto de lo habitual. Huevos revueltos, bacón y salchichas, gofres de los de verdad (no de esos que se compran congelados) con arándanos, zumo de naranja y café. Era el mismo menú que Mark preparaba todos los sábados. El único comodín era la fruta que le ponía a los gofres. A veces eran fresas o plátanos, pero los arándanos eran los favoritos de Michael, así es que la mayor parte de las veces eran estos los que comían.

Mark se sentó a la mesa del desayuno, escudriñando el periódico mientras Dorry limpiaba la cocina y se bebía su cuarta taza de café. Eso también era una tradición de los sábados. Mark preparaba la comida y Dorry recogía y limpiaba el desorden. Michael estaba en la butaca viendo los dibujos animados, pero Mark siempre se quedaba en la cocina y le leía a su mujer.

—¿Sale algo tuyo aquí, hoy?

—¡Ajá! —dijo Dorry mientras enjuagaba un plato y lo metía en el lavaplatos—. Debería estar en la primera sección.

—¿Y trata de…? —Mark pasó las páginas rápidamente buscando la firma de su esposa.

49

—El ayuntamiento vota la restricción de los letreros para los pequeños comercios y la redistribución de los miembros del consejo escolar. Estoy segura de que querrás recortarlo y enmarcarlo.

—Aquí está —Mark extendió el periódico sobre la mesa—. Página catorce, Dorry Chandler. ¿Tengo que leerlo?

—No, pero si dejas que *yo* lo lea, podría volver a dormir.

—Aburrido, ¿eh?

—Increíblemente.

—Suena aburrido.

—Eres muy perspicaz —dijo Dorry mientras cerraba el lavaplatos y pulsaba el botón de encendido. Se sirvió otra taza de café y se sentó frente a Mark—. ¿Qué más viene? ¡Léemelo!

—Está bien —contestó Mark—. Veamos… ¿Qué leemos? ¿Deportes?, ¿noticias generales?, ¿deportes?, ¿noticias internacionales?, ¿estilo de vida? o… ¿deportes?

—Lo que sea menos deportes —respondió Dorry dando un sorbo a su café.

—El entrenador de los Broncos está disgustado por las condiciones del césped para el partido de mañana.

—¡Qué trágico!, ¡siguiente!

—Los Rockies y los Braves hablan de un intercambio fuera de temporada.

—¿Un intercambio? Yo sé que *mi* vida va a cambiar. Perdón —dijo Dorry golpeando la cucharilla sobre el lateral de su taza de café—. ¡Disculpa, Marky! ¿Qué parte de «cualquier cosa menos deportes» no has entendido?

Mark intentó reprimir una sonrisa.

—¿Qué? ¡Oh, lo siento, querida! Tienes razón. Permíteme buscar algunos artículos pesados, monótonos, de esos que embotan la mente, para disfrutarlos juntos.

Agarró otra sección haciendo una floritura.

—¡Eh! Aquí hay una foto de una señora que tiene 104 años.

—¡Imposible!

—Hum… señora Bonnie Mae Bounds de Fordyce, Arkansas. La leyenda de la foto dice que tiene 104 años. Y no parece tener ni un día más de 100.

—¡Qué divertido! ¿Quieres café?

—¡Claro!

Dorry se puso en pie y se estiró. Antes de servir el café, echó un vistazo a la foto de la anciana. No había ningún artículo que acompañara a la fotografía. Era el relleno de una agencia de noticias enviado a los periódicos como algo de interés humano para utilizarlo en los días en que había pocas noticias. La fotografía era grande, casi un octavo de página. Bonnie Mae Bounds, una mujer afroamericana de pelo blanco como la nieve, estaba sentada en una mecedora de madera, de alto respaldo, y un chal rodeaba su regazo. La foto se había tomado en un interior, probablemente en su casa. En la pared, por encima del hombro derecho, Dorry vio un cuadro que representaba a una casa y, justo detrás de ella, una estantería. Aunque la foto era en blanco y negro, Dorry imaginó que el largo vestido que llevaba sería verde oscuro o azul.

—¡Caramba! Ciento cuatro años —Dorry se acercó al mostrador para tomar la cafetera.

Mark pasó la página. Luego, un par de páginas más.

—Se inician clases de natación para niños de cinco años en el Club Deportivo. Esto nos interesa, ¿verdad? —Mark levantó la vista— ¿Dorry?

Dorry estaba en pie, junto al mostrador, al lado de la nevera. Le daba la espalda a Mark, tenía la cafetera en la mano y no movía ni un solo músculo. Cuando Mark pronunció su nombre se giró con una expresión de intriga en el rostro.

—Vuelve a esa fotografía —dijo.

—¿Qué?

Dorry se dio de nuevo la vuelta y colocó la cafetera en su soporte.

—La fotografía de la anciana, vuelve a esa página —regresó a su lado.

—¿Por qué quieres...? —comenzó a decir cuando consiguió pasar la hoja con el pulgar.

—¡Mark! —le interrumpió ella metiéndole prisa con un gesto de la mano.

—¡Vale, vale! —replicó él—. Bueno, aquí está —alisó el periódico y lo ladeó hacia ella.

Dorry se puso de rodillas junto a su marido y levantó el extremo de la página para dirigir el ángulo hacia la luz. Arqueó las cejas y se quedó con la boca abierta.

—¿Has visto esto? —preguntó simplemente y volvió a poner el periódico sobre la mesa. Se sentó en el suelo y miró a Mark—. ¿Lo has visto?

Totalmente desconcertado por la reacción de su esposa, Mark frunció el ceño.

—¿Qué dices? ¿Si he visto qué?

Dorry se puso de pie sin decir una palabra. Giró el periódico hasta ponerlo frente a Mark y señaló con el dedo la fotografía. Mark se inclinó y siguió la dirección que Dorry indicaba. Durante un largo rato lo miró fijamente. Luego se enderezó y dijo:

—Debes estar bromeando.

Durante varios segundos se estuvieron mirando el uno al otro boquiabiertos. Mark habló primero.

—Déjame verlo otra vez —agarró el periódico y dirigiéndose a la ventana lo dobló de forma que lo único que se viera fuese la fotografía. La sostuvo a la luz. La estantería detrás de la anciana estaba llena de adornos y de pequeñas fotos enmarcadas, además de los libros. Pero, sin duda alguna, allí sobre la estantería, junto al codo izquierdo de la señora Bonnie Mae Bounds, había un objeto exactamente igual al que Michael había encontrado varios meses antes en su jardín trasero.

Mark giró la fotografía de un lado y de otro como si pudiera obtener una visión más precisa, mientras Dorry iba a toda prisa al salón y agarraba *su* reliquia, que estaba en la mesa de café. Volviendo a la cocina se puso muy cerca de Mark y sostuvo el objeto en alto, al lado de la fotografía.

—¿Qué te parece? —Mark habló con cautela—. Desde luego se parece al que tenemos. Pero Dylan dijo que las piezas como esta no eran algo insólito.

—Sí, pero es que es idéntica —replicó Dorry—. Mira, incluso se puede ver la escritura.

Después de un momento, Mark dijo:

—Entonces, ¿qué hacemos ahora? ¿Quieres averiguar?

—Sí; quiero investigar sobre ello. ¿*Tú* no sientes curiosidad? Quiero decir, ¿por qué hay dos cosas de estas?; ¿y por qué una anciana de 104 años tiene una? ¡Déjame ver la foto otra vez! —estiró la mano para tomar el periódico—. No me fijé en esto… ¿qué pone aquí, AP? —miró—. ¡Sí, pone AP! Está bien, el *Post* tendrá un registro de la fecha y la hora en que les entró por cable. De esa forma puedo localizar al fotógrafo. Puede ser que consigamos una dirección o un número de teléfono de la señora.

—No será difícil de localizar —dijo Mark—. ¿Cuántas personas de 104 años podría haber en Fordyce, Arkansas?

El martes siguiente, desde su escritorio en la sala de redacción del *Post*, Dorry habló por teléfono con Braxton Pringle, un empleado del *Fordyce News Advocate* quien, a juzgar por la voz, parecía joven. Braxton era el fotógrafo y reportero responsable de la fotografía que Mark y Dorry habían visto.

Tras descubrir que Dorry era periodista y que trabajaba en el *Denver Post*, Braxton le dio entusiasmado la dirección de la señora —1022 Jug Creek Road— y luego procedió a acribillarla a preguntas acerca del periodismo. Según le dijo, era su pasión.

Después de responder pacientemente a las preguntas, durante varios minutos, Dorry recondujo la conversación a Bonnie Mae Bounds.

—Lo que me interesa es algo que vi en esa fotografía que tomaste; algo que había en la estantería, detrás de ella.

—Recuerdo esa estantería. Había un montón de cachivaches allí —dijo Braxton—. De todos modos, ya sabes cómo ponerte en contacto conmigo si piensas que puedo serte de alguna ayuda. Guarda nuestro número, ¿vale?

—Lo haré, Braxton. Y tú, mantente firme ahí. Serás un gran reportero.

Aquella noche, a la hora de la cena, Mark y Dorry no pudieron hablar de otra cosa que no fuera Bonnie Mae Bounds, el objeto de su estantería y qué podría ser, teniendo en cuenta que ellos tenían un duplicado en su salón. De este modo, los acontecimientos se desarrollaron de una forma natural cuando Mark mencionó que tenía que volar a Memphis la próxima semana. En los últimos dos meses había tenido que desplazarse cuatro veces para colaborar con los departamentos de policía de otras ciudades, por cuestiones de interés mutuo. Chicago, Salt Lake, Memphis y, de nuevo, Memphis. Mark era especialista en casos que involucraban a personas desaparecidas y le llamaban con frecuencia para pedirle ayuda, sobre todo cuando había niños de por medio. Este era uno de esos casos: dos hermanos, un niño y una niña de los suburbios de Denver que llevaban meses desaparecidos.

Una hora después de saber que Mark tenía que ir de nuevo a Memphis, Dorry ya había verificado por Internet que Fordyce estaba a menos de cuatro horas en coche desde allí. Con esa información y el visto bueno de Mark, reservó un coche de alquiler en Hertz, utilizó el millaje para conseguir un billete de ida y vuelta en el mismo vuelo que su esposo y habló con sus padres para que cuidaran a Michael. Apenas podía esperar. ¡Iban a ir a Arkansas!

⚛ Cinco

Era el típico caso en el que se corre mucho al principio y luego hay que aguantar largas esperas. Esto último no le resultaba nada fácil a Dorry Chandler.

Ocho días después de su conversación con Braxton Pringel, su vuelo despegó puntual a las 7:52 del miércoles por la mañana. Ya era viernes y ella estaba esperando de nuevo. Mark utilizaba el coche de alquiler y ella se veía sola, metida en un hotel de la carretera I-40, situado cerca de... la nada.

Aquella tarde irían a Fordyce y se alojarían en un hotel. Al día siguiente, sábado, lo tenían todo preparado para pasar todo el tiempo que pudieran con la señora Bounds. *«Mark no tardará en llegar»,* se dijo Dorry, mientras se dejaba caer en la cama deshecha y pensaba en darse una ducha. En lugar de eso, se levantó y se sirvió la última taza de café de la cafetera de la habitación y preparó más.

Cuando Mark llegó, Dorry ya estaba duchada y vestida, había hecho el equipaje y estaba lista para ponerse en marcha.

—¡Muy bien! —dijo, juntando las manos y dirigiéndose a la puerta—. ¡Vamos!

—¡Eh, Dorry! ¡Dame un segundo para recuperar el aliento! Al menos dime «hola» o algo.

—Tienes razón —contestó, volviendo atrás y dándole un abrazo—. Lo que sucede es que me he estado aburriendo como una ostra.

—No estoy muy seguro de que sea resultado del aburrimiento —Mark hizo un mohín—. Dame solo un minuto y saldremos de aquí. ¿Has almorzado?

—No —respondió ella—. Pensé que tomaríamos algo por el camino. ¿Qué ha pasado con tus reuniones?

—Nada —dijo Mark desde el cuarto de baño—. Este es mi último viaje a Memphis, al menos para este caso. Créeme, esos niños no están aquí. No es que tenga alguna pista sobre dónde ir a continuación...

Soltó una palabrota. No fue más que una palabra en voz baja, pero lo suficientemente alta como para que Dorry lo oyera desde la cama, donde estaba sentada.

Dorry analizó a Mark cuando éste salió del baño, secándose la cara con una toalla. Ella sabía perfectamente que se tomaba cada caso como algo personal. Aquellos que acababan mal o que, pasado un cierto tiempo, seguían adelante con muy pocos progresos llegaban a causarle una enfermedad física. Dorry se preocupaba por él, sobre todo cuando estaba llevando algún caso de niños desaparecidos.

Sin embargo, en menos de una hora, Mark había recuperado su forma de ser. Antes de que el Ford Taurus verde tomara la incorporación a la interestatal, habían contactado con la madre de Dorry y con Michael. Acababan de volver del cine y Dorry elevó una silenciosa oración de agradecimiento por haberlos encontrado en casa y que contestaran su llamada. Mientras Michael parloteaba, hablándole a su padre sobre la película, Dorry observó cómo se esfumaba la angustia de Mark. Cuando colgaron, Mark estaba sonriente.

FORDYCE, ARKANSAS

—Está lloviendo —dijo Mark a la mañana siguiente, cuando descorrió las cortinas de la habitación del hotel—. ¿Quieres que me duche yo primero? —Dorry no se movió—. ¡Dorry, despierta! Son las siete y media. ¿Quieres que me duche yo primero?

Dorry nunca entendió porqué no se limitaba a *ducharse*. Se preguntó por qué sentía la necesidad de pedirle permiso primero. *«¡Dúchate! ¡Hazlo! ¡Sé el primero!* —le apetecía gritarle—. *¡Por favor, siéntete como en tu casa!»*

—¿Dorry, estás despierta? —Mark la sacudió ligeramente—. Me adelanto y me voy duchando, ¿vale?

Dorry apretó los dientes y masculló:

—¡Estupendo!

—¿Qué has dicho?

Dorry casi levitó de la cama hasta la cara de Mark.

—He dicho: «¡Dúchate! ¡Hazlo!» —dijo y cayó hacia atrás, tapándose hasta la cabeza con la ropa de cama, de golpe y en un solo movimiento.

—¡Caramba! —dijo Mark dándose prisa— ¿Qué te pasa?

Quince minutos más tarde, Mark salió con cuidado del cuarto de baño. Asomó la cabeza lentamente por la esquina y vio a su esposa sentada en la butaca junto a la cama. Tenía una taza de café en la mano y una sonrisa en la cara.

—Buenos días, cariño —dijo dulcemente.

Haciendo un poco de teatro, Mark miró por toda la habitación.

—¿Eres tú? —preguntó—. Quiero asegurarme, ¿sabes?, porque hace unos minutos había una sicópata en la cama.

—No era yo, cariño —dijo Dorry—. Esa era Dorraine, ¿comprendes? —extendió su taza hacia Mark—. Soy yo, Dorry. Tú sabes que esa vieja y mala Dorraine no bebe café.

Ese era uno de los juegos de disculpas de Mark y Dorry. No había necesidad de embrollar las cosas con una larga discusión sobre quién dijo qué, quién lo dijo primero o por qué. ¿Malas palabras? Se echaba la culpa a Dorraine, la malvada gemela de Dorry. Era simple, rápido y funcionaba.

Después de tomar café y magdalenas en el vestíbulo del hotel, atravesaron a toda prisa el aparcamiento hasta llegar al Taurus. La temperatura oscilaba alrededor de los siete grados y eso empeoraba las desagradables condiciones del desnivelado asfalto; caminaban con dificultad sorteando inmensos charcos de agua. Mark agarró firmemente un trozo de papel con las instrucciones de cómo llegar a la casa de la señora Bounds que les había dado por teléfono Braxton, el chico que trabajaba para el periódico local.

Muy pronto, Mark y Dorry recorrían la Jug Creek Road con el Taurus.

—¿No dijo Braxton que vivía al otro lado de la calle, frente a la iglesia? —preguntó Mark—. Pues bien, aquí está.

Aparcó el coche cerca del bordillo, al otro lado de la calle, frente a la Iglesia Bautista Mount Zion, delante de una pequeña casa recién pintada con persianas de un verde oscuro a juego con el porche. Sobre la puerta, el número 1022 confirmaba la ubicación. Dorry respiró profundamente.

Mark se rió.

—¿Estás nerviosa?

—¡Sí que lo estoy! —respondió—. Cuando entrevisté al gobernador no me sentí tan nerviosa. No entiendo por qué me siento ahora así, pero esto parece realmente importante. ¡Vamos! —dijo, y salió del coche.

Cuando caminaban por el cuidado sendero de ladrillos que llevaba hasta la casa, Mark señaló el huerto que crecía en el jardín lateral. A pesar del tiempo frío se veía lozano, con nabos, coliflor, acelgas, zanahorias, inmensas berzas; incluso seguía habiendo tomates colgando de sus ramas. No se veía una mala hierba por ningún sitio. Al subir los escalones del porche observaron que en las jardineras a ambos lados también habían plantado hortalizas.

—Todo el vecindario debe comer de este jardín —susurró Dorry—. Mark asintió con la cabeza. Se detuvieron ante una puerta engalanada con una guirnalda otoñal. Calabazas decorativas, de un amarillo fuerte, entrelazadas con maíz indígena rojo y negro, colgaban de la blanca y limpia superficie. No había timbre, por lo que Dorry llamó con los nudillos.

Casi de inmediato, la puerta se abrió lentamente dando paso a una anciana con el cabello como de marfil. Sus ojos negros bailaban en contraste con su piel, que era de un tono acaramelado oscuro. Dorry estaba a punto de presentarse cuando la señora, con una gran sonrisa, le dijo:

—¡Oh, niña! Tú y yo vamos a ser amigas. Eres igual de alta que yo.

Dorry abrió los ojos más de lo normal, Mark intentó reprimir una risita repentina y, entonces, todos rompieron a reír. La mujer abrió la puerta de par en par y dijo:

—Vengan, entren rápido. Estamos dejando salir todo el calor de la casa.

Cuando entraron, Dorry dijo:

—Señora Bounds, soy Dorry Chan...

—Espera, hijita —interrumpió la anciana— en primer lugar, yo soy Mae Mae. La señora Bounds es mi madre y lleva ochenta y siete años muerta. Así es que tú y el policía llámenme Mae Mae.

Dorry abrió de nuevo los ojos sorprendida. Le lanzó una mirada a Mark, que parecía de nuevo al borde de la risa después de la observación sobre lo de «policía». Mae Mae había pronunciado *«po-lí-cia»*.

—Lo segundo es que ya sé quiénes son —prosiguió sonriendo a Mark—. ¡Tú eres el policía, pero te llamaré Mark! Ahora, ¡entren aquí! —dicho esto, se dio la vuelta y entró, arrastrando los pies, al pequeño salón.

—¡Siéntate aquí mismo, hijita! —Mae Mae llevó a Dorry hasta un sofá—. ¡Mark, tú ve a la cocina, por esa puerta, y trae a esta chiquilla lo que ella quiera beber. A mí, tráeme una taza de café. Lo tomo solo. La cafetera está encima del fogón.

Dorry sonrió a su esposo desde el sofá.

—Yo también tomaré café, Mark —dijo, y pensó que las cejas de él iban a acabar tocando el nacimiento de su pelo, de lo sorprendido que parecía estar. Sin embargo, murmuró humildemente un «sí, señora» y atravesó la puerta que Mae Mae le había indicado.

Dorry observó cómo la anciana se dejaba caer en la misma mecedora que había visto en el periódico. Cerca de ésta se encontraba la fuente de calor, una vieja estufa de petróleo. Inconsciente de la temperatura que hacía en la casa, que a Dorry le pareció que debía rondar los veintisiete grados, tenía una sudadera blanca lisa echada por encima de los hombros.

Dorry estaba sorprendida, casi al borde de la conmoción, de ver que una anciana como Mae Mae no pareciera tan decrépita como ella habría podido imaginar. Su rostro estaba arrugado, pero no en extremo y su postura, aunque algo encorvada, parecía excelente. Ni siquiera la piel de sus manos tenía esas manchas de la edad que tanto fastidiaban a la propia madre de Dorry con poco más de sesenta años. El pelo de Mae Mae, aunque de color blanco hueso, era espeso y saludable. Lo llevaba trenzado y enrollado en un moño en la nuca. Dorry había notado también que sus movimientos eran lentos, pero no eran los de una persona aquejada de artritis o reumatismo.

Justo detrás de ella se encontraba la biblioteca y el objeto que había provocado el viaje. Dorry lo localizó en cuanto entró en la habitación. La reliquia se apoyaba en un diminuto caballete de los que se usan para poner un marco de foto y, algo que la fotografía del periódico no revelaba, estaba sujeta a un rígido cordel de cuero.

—Tiene una casa muy bonita, Mae Mae —comenzó a decir Dorry—. ¿Cuánto tiempo ha vivido aquí?

—En Navidad hará cuarenta y un años —contestó—. Mi esposo construyó esta vieja casa con su hermano. Ellos dos solos. Era un lugar bonito. Jerold murió poco después de eso… setenta años… todavía era un hombre joven. ¡Dios, yo amaba a ese Jerold!

—¿Tiene usted hijos?

—No, hijita. Nunca los tuvimos. Mae no tiene a nadie. Toda la familia de Jerold… y la mía… se han ido todos. Pero la gente de Fordyce cuida de Mae Mae. La pintura de esta casa, mi bonito porche, todo es por la amabilidad de esta ciudad. Hay un niñito blanco que incluso viene a cortarle el césped a Mae Mae.

Mark entró con una taza de café en cada mano y le dio una a la anciana y la otra a Dorry, aceptando el agradecimiento de ambas.

—Señora Bounds —comenzó Dorry.

—Mae Mae —dijo la anciana.

—Mae Mae… —Dorry se volvía a sentir nerviosa de repente—. Cuando vimos su fotografía en el periódico sentimos curiosidad por esa… cosa —señaló hacia el objeto que estaba sobre la estantería.

Mae Mae se giró en su silla y, con una mirada interrogante, tomó la pieza que su invitada había indicado.

—¿Esto? —preguntó, sosteniéndola durante un momento para que ellos la vieran.

Durante los cinco minutos siguientes, Mae Mae estuvo sentada en silencio mientras los Chandler le contaban la historia de la reliquia que su hijo había encontrado. Le mostraron fotografías de Michael y de su casa. Finalmente, Dorry sacó el objeto de su bolso. Lo desenvolvió del pañuelo donde estaba y vio cómo Mae Mae arqueaba las cejas cuando Dorry lo colocó en sus manos.

Ni Mark ni Dorry habían podido mirar de cerca el objeto de la estantería de Mae Mae. Mark no se atrevía a ser demasiado insistente. Años de entrenamiento y experiencia como detective le habían convencido de que moverse con demasiada rapidez era un error. A veces esto hacía que una persona se cerrase e incluso que se asustase, aunque él no estaba muy seguro de que alguien consiguiera asustar a *esta* mujer.

Puso su brazo alrededor de los hombros de Dorry y la reclinó hacia atrás mientras Mae Mae examinaba ambas piezas. «*Tranquila… cálmate…*», le decía mentalmente a su esposa.

—Mae Mae, ¿puedo traerle más café? —dijo Mark poniéndose de pie intencionadamente—. Estoy seguro de que Dorry podría tomarse otro —lanzó una mirada a Dorry en la que le decía *ten cuidado* y se dirigió a la cocina una vez que las dos mujeres le dieron sus tazas.

Un silencio ensordecedor provenía del salón mientras Mark servía el café. Volvió con las tazas llenas y sonrió a Dorry, que estaba sentada muy recta en el sofá. Estaba observando cada movimiento de la anciana. Mae Mae tenía la costumbre de mover la dentadura postiza en la boca cuando estaba profundamente pensativa. Mark ya había notado esa tendencia con anterioridad, pero ahora se podía oír cómo las dentaduras chocaban entre sí. Su concentración parecía ser absoluta mientras giraba las piezas primero en un sentido y luego en el otro.

—¿Qué piensa usted, Mae Mae? —dijo Mark suavemente mientras se volvía a sentar.

Levantó la cabeza bruscamente como si hubiese olvidado que estaban allí.

—Parece otra piedra de la comida —dijo y se estiró hacia Dorry para entregarle los objetos a ella—. A ver qué te parece a ti, hijita.

Dorry tomó las piezas, pero antes de poder echarle un solo vistazo, Mark formuló la pregunta obvia para ellos dos.

—¿Cómo lo ha llamado, Mae Mae? ¿Una piedra de la comida?

—Eso es. Es igual que la piedra de la comida de mi abuelo.

Dorry examinó los dos objetos que, hasta donde ella podía ver, eran casi idénticos. La única diferencia que pudo discernir fue el grado de variación en los cantos: un lado estaba redondeado, vuelto hacia arriba, como si se hubiese doblado un pedazo de pan, y había una ligera alteración en la escritura. Además, claro está, del cordón de cuero al que estaba sujeto. Dorry pudo ver que en la esquina del objeto había una pequeña abertura que a ella le pareció natural, que se había ido hundiendo hasta salir por el otro lado, creando así un diminuto túnel, por el cual pasaba el cordel.

—¿Su abuelo le dio esto? —prosiguió Mark amablemente.

—No —dijo Mae Mae dando un sorbo a su café—. Me lo dieron después de que mi tío Gee falleciera. Mi abuelo se lo había dejado a él. Lo llevaba alrededor del cuello cuando le trajeron de África —Dorry empezó a formular una pregunta, pero Mark le dio un codazo para que guardara silencio, con la esperanza de que la anciana siguiera hablando. Lo cual hizo.

—Mi padre se llamaba James. Era de Missouri y murió a causa de la viruela, cuando yo era un bebé. Los negros no tenían muchos papeles en ese tiempo, pero se supone que debía tener veintiuno o veintidós años cuando murió. En ausencia de mi padre, mi tío Gee tomó ese lugar en mi vida. Fue él quien me entregó cuando me casé con Jerold. El tío Gee estuvo siempre conmigo hasta que murió, en mil novecientos cuarenta y tres —Mae Mae hizo una pausa, recordando. Asintió con la cabeza a lo que ella misma decía y entrecerró los ojos como si estuviera examinando la imagen en su mente. Mientras Mark y Dorry esperaban, ella terminó su café y, después, como impresionada por un recuerdo, se inclinó hacia delante e hizo un gesto hacia el objeto.

Tomándolo de manos de Dorry, enrolló el cordel alrededor de su muñeca y lo sostuvo a la luz.

—No he cambiado nunca este cordel —dijo—. Es el mismo cordón de cuero que mi tío Gee llevó. Es posible que fuera el mismo que mi abuelo usó. El tío Gee también lo llevó alrededor de su cuello, igual que su padre.

Con anterioridad, al ver el agujero por el cual el cordel atravesaba el objeto, Dorry había recordado la afirmación de Dylan de que el objeto que *él* había inspeccionado estaba hueco.

—La historia que mi mamá me contó es… que mi abuelo lo llevaba puesto cuando los traficantes de esclavos le capturaron y le trajeron a Estados Unidos. Por alguna razón no se lo quitaron nunca. Le arrebataron todo y, sin embargo, le dejaron la piedra colgando de su cuello. Le vendieron en Baton Rouge. Le subieron a la plataforma de subasta, completamente en cueros. Se llevaron toda la ropa del hombre, pero no tocaron la piedra. ¡Jamás! El tío Gee me dijo que su padre, mi abuelo, la llevó hasta el día en que lo mataron. Fue un accidente en una tala forestal. Por supuesto, a muchos les cuesta llamarlo accidente cuando se trata de alguien que no se ofrece voluntario para arrastrar troncos en primera fila —Mae Mae miró fijamente a Mark, evaluando cómo reaccionaba éste a su última afirmación. Como no vio más que compasión en sus ojos, prosiguió—: En ese tiempo, el tío Gee y su madre vivían en otro lugar. El hombre blanco a quien pertenecían era un buen tipo. Cuando murió mi abuelo, el padre del tío Gee, el hombre blanco se hizo con esta cosa —indicó el objeto que Mark tenía en la mano— y, en algún momento, cuando mi tío tenía dos o tres años, lo puso alrededor del cuello de ese niñito, mi tío Gee. Cuando creció un poco, el hombre le dijo que imaginaba que esta cosa era especial. Dijo que era el regalo de un padre a su hijo.

Dorry le quitó el objeto a Mark y volvió a compararlo con el otro.

—Mae Mae, ¿se refirió su tío Gee alguna vez a esto como a una piedra de la comida?

—Sí; lo hizo —respondió ella—. Dijo que era su inspiración.

Mark se deslizó hasta el borde del sofá y se inclinó un poco hacia delante.

—¿Por qué cree usted que lo llamó «piedra de la comida»?

—Porque eso es lo que era —se volvió hacia Dorry—. Este chico no ha estado escuchando mi historia —todos rieron al ver la fingida exasperación de Mae Mae. Luego, dirigiéndose a Mark, siguió diciendo—: Todo el mundo sabía lo que era una piedra de la comida. Es simplemente algo que todos sabían, o al menos *solían* saber. Estoy hablando de mi gente, claro está, ¿me oyes? Se suponía que esa plantación en la que mi abuelo trabajaba era un buen sitio. Cuando le mataron, todo se vino abajo. El trigo ya no producía. La mala hierba se apoderó de todo. Los blancos le echaban la culpa al tiempo, pero mamá dijo que los esclavos sabían que era porque habían perdido la piedra de la comida.

—¿Qué ocurrió cuando su tío la recibió?

—Exactamente lo que estás pensando que sucedió —dijo ella con aire de suficiencia—. La plantación Gee floreció como el Jardín del Edén. Todos los negros de aquel lugar estaban tan entusiasmados con que la piedra de la comida hubiese regresado a uno de los suyos… porque sabían lo que significaba. El hombre blanco no le dio mucha importancia, pero los negros sabían que habían estado comiendo de la sobreabundancia y estaban contentos. De cualquier modo, esta es la historia que mi mamá siempre contó. Y, desde aquel día, cualquiera que tuviera la piedra, tendría una mano con las plantas como no has visto jamás.

—Dice usted que tío Gee llevó esto —dijo Mark—. ¿Tenía buena mano con las plantas cuando creció?

Mae Mae hizo una pausa durante un momento. Casi sin expresión alguna en su rostro, fijó sus ojos en Mark y se limitó a decir:

—Sí.

—Usted… o él… —Dorry intentó encontrar las palabras correctas—. ¿Le dijo alguien, alguna vez, lo que decía esta inscripción?, ¿esta escritura?

—No he hablado jamás a nadie acerca de esto. El tío Gee tampoco dijo nada, suponiendo que lo supiera. Yo me imaginé que todas esas marcas en el lateral eran algún tipo de escritura.

En ese momento, Dorry le comentó lo de la traducción del objeto que se había encontrado en su jardín. Señaló que los grabados en su «piedra de la comida» eran idénticos excepto en un pequeño trozo. Después de que Mae Mae fuera a su habitación y trajera una gran lupa, Dorry colocó ambos objetos, uno al lado del otro, sobre la otomana. Durante el resto de la mañana conversaron y examinaron las piezas del pasado causantes de que se hubieran conocido y ahora estuvieran juntos. Dorry refirió a Mae Mae el análisis de Dylan y la conclusión química de que se trataba de bronce reforzado con plomo. Se quedó asombrada al enterarse, después de todos esos años, que su «piedra de la comida» no era una piedra en absoluto.

Sobre un papel Mark dibujó una copia exacta de la inscripción de la «piedra de la comida» y salió a la calle para buscar su teléfono móvil, que estaba en el coche de alquiler. Su propósito era localizar a Dylan y quedar con él en enviarle la copia por fax, con la intención de que lo tradujeran rápidamente.

Cuando volvió, informó que había conseguido encontrar a su amigo en un restaurante de Los Ángeles.

—Abby también está allí. Me ha dado el teléfono de su hotel para que podamos enviarles esto por fax —blandió el papel—. Pero están en una convención y ella no habrá acabado su sesión hasta dentro de tres horas, de modo que… —se encogió de hombros.

—¿Le apetece que vayamos a comer? —dijo Dorry a Mae Mae.

—¿A un restaurante? —preguntó ella.

—Sí, señora.

—¡Dios mío! Déjame agarrar mi abrigo —Mae Mae se rió— ¿Podemos ir a la tahona del centro?

—No tiene más que mostrarnos el camino —Mark sonrió francamente.

Cuando se dirigían a la puerta de salida, Mae Mae dijo:

—¡Ayúdame a bajar las escaleras, chico! —miró a Mark y luego exclamó—: ¡Mira el jardín de Mae Mae! El tío Gee no era el único que tenía buena mano para el jardín. Cuando caminaban por el lateral de la casa, Mark y Dorry no proferían más que exclamaciones de admiración mientras la orgullosa anciana señalaba su éxito evidente con casi todo lo que plantaba.

Unos minutos más tarde, cuando ya casi llegaban al coche, Mae Mae se detuvo repentinamente. Pensando que algo no iba bien, Mark y Dorry se pararon también.

—¿Está usted bien, Mae Mae? —preguntó Dorry.

—¡Oh sí, hijita! —contestó—. Estoy todo lo bien que puedo estar.

Ladeó la cabeza, empujó su dentadura hacia fuera y luego hacia dentro una sola vez, rápidamente, y dijo:

—Pero acabo de pensar en algo —comentó con una gran sonrisa—. Toda la conversación que hemos mantenido y ni siquiera me han preguntado cuál era el *verdadero* nombre del tío Gee. Era un hombre famoso.

Y, dicho esto, pidió:

—Ahora, ayuden a Mae Mae a entrar en el coche.

⚜ Seis

Missouri — Enero de 1865

Moses había estado sentado por más de una hora en el carro y daba gracias a Dios de que no hiciera viento. Ya hacía bastante frío sin viento, pensó. La suave luminiscencia de las estrellas y la luna creciente le permitían ver con claridad. Analizó el vaho que salía de sus orificios nasales. Le recordaba el fuego de los dragones de los libros que solía leer a los niños en la granja. Sorprendentemente, vio que el vapor no subía ni bajaba, sino que flotaba dibujando una línea plana que cruzaba el lomo de la yegua parda que estaba delante de él. Moses la había enganchado al carruaje esa tarde, temprano, pero no había salido de casa hasta después de las diez de la noche. Le había llevado unas tres horas llegar a esa encrucijada concreta en la frontera de Kansas.

Llevaba puestos dos abrigos sobre varias camisas y se sentía demasiado aletargado como para recordar cuántos pares de pantalones se había puesto. Las botas no le estaban ayudando demasiado, ni tampoco la colcha que llevaba alrededor de la cabeza. Se le había dicho: «¡Nada de fuego!», y él sabía cuál era la razón, pero le enfurecía que no le hubieran dicho cuánto tiempo tendría que esperar. Estaba enfadado… y asustado.

El carro hizo un movimiento brusco. «So, quieto», dijo en tono tranquilizador mientras se giraba para calmar al semental que estaba atado a la esquina trasera. El gran caballo negro era una leyenda y cualquiera desde Diamond Grove hasta Springfield le reconocía al instante. Era un corredor, y el hombre había ganado bastante dinero con él en los últimos años. Aun en mitad de la guerra la gente salía para verle correr. El semental jamás perdió una carrera.

Tras cuatro años de caos, el caballo era la única posesión de valor tangible que les quedaba a él y a su esposa. Bueno, tenían la tierra, por supuesto, algunos aperos de trabajo y la casa, pero no tenían liquidez. El caballo era lo único que le quedaba y era justo lo que le habían exigido.

Moses se deslizó hasta el borde de su asiento y se dejó caer torpemente hasta el suelo helado. Fue con cuidado a la parte trasera del carro, hablando en baja voz, intentando calmar al inmenso animal. Por un momento, se quedó cerca de él, bañado en las cálidas nubes de aliento, mientras el animal resoplaba y daba una patada en el suelo con nerviosismo.

Las cadenas del arnés de la yegua repiquetearon cuando ésta se sacudió. Moses vio que el viejo caballo de arar había girado la cabeza hacia la izquierda y mantenía las orejas muy tiesas. Luego relinchó, provocando más escalofríos aun a lo largo del ya congelado espinazo del hombre. Un sonido agudo, prolongado y acentuado por un resoplido, atravesó la gélida noche como una flecha.

Se retiró del semental y, cuidadosamente, se acercó poco a poco hasta la yegua mirando en la dirección que ella indicaba y haciendo grandes esfuerzos por ver a través de la oscuridad. Oyó a los jinetes antes de poder verlos; en realidad lo que percibió fue el ruido de los caballos al romper el hielo y convertirlo en charcos helados. Cuando apareció el primero de los cuatro hombres, él comenzó a susurrar un versículo de la Biblia que su madre le había enseñado de pequeño: «No temeré mal alguno porque tú estarás conmigo…»

Cuando los jinetes se alinearon frente al carro, parecía que el corazón se le iba a salir del pecho. Llevaban sacos de tela bien ajustados a la cabeza, a modo de capuchas. Iban atadas al cuello y habían recortado un par de agujeros para los ojos. Cada uno de los hombres iba cubierto por una sábana con un agujero en medio, metida por la cabeza, y esto hacía que la tela blanca cayera con soltura por encima de ellos a modo de túnica. Tres de los hombres llevaban pistolas Navy Colt mientras que el líder —el primer hombre que había visto— llevaba una carabina Henry calibre cuarenta. Era un arma corta y fea conocida por su precisión y su eficacia.

Eran «jinetes de la noche» —miembros de los Guerrilleros de Quantrill— y eran hombres que aprovechaban la guerra como excusa para aterrorizar los estados limítrofes de Missouri y Kansas. Cuando William Clarke Quantrill formó su banda de trescientos hombres, a finales de 1861, fueron rápidamente reconocidos por los Confederados, los de la Unión, y los civiles como carniceros que no estaban de parte de nadie, sino de ellos mismos.

Quantrill reclutó activamente a sicópatas como «Bloody Bill» (Bill el sangriento) Anderson, su lugarteniente, que participó en incursiones llevando cueros cabelludos alrededor del cuello. Los Younger —Jim, Bob y Cole— formaban parte de este grupo, al igual que Frank y Jesse James. El 21 de agosto de 1863 irrumpieron en Lawrence, Kansas, quemaron cada edificio, robaron los dos bancos de la ciudad y asesinaron a 183 hombres y niños desarmados, la mayoría de ellos ante sus familias.

El líder de los cuatro jinetes habló.

—Moses, ¿qué tal está Susan?

De pronto, las piernas ya no le sostenían: sintió verdadero pánico al comprender lo que le decía y un pensamiento le recorrió todo el cuerpo haciendo que se sintiera enfermo.

—Todavía no tienen hijos, ¿verdad? —al ver que el hombre no hacía más que parpadear, el líder gritó—: ¿Verdad?, te he preguntado.

—No. No tenemos —respondió Moses.

Tan pronto como recibió una respuesta, el jinete adoptó un tono amistoso.

—¡Oh, eso es una pena! Quizá lo que Susan necesita es un hombre de verdad. Me encanta su cabello rubio. ¿A ti no? —de nuevo, esperando una respuesta, levantó la voz—: ¿A ti no?

—Sí.

Moses se quedó allí quieto y firme. Su boca se inundó de la saliva caliente y ácida que acompaña a las nauseas, pero no se atrevió a moverse ni a escupir. Sabía lo que estaban haciendo. Le estaban haciendo saber que conocían todos los pormenores sobre él y su esposa. Era simple y llanamente una amenaza.

Moses y su esposa Susan eran simpatizantes de la Unión, tenían esclavos y tanto su hogar como su granja se habían convertido en un refugio para ellos, aun antes de la guerra. De todos era conocido que Moses gastaba su dinero en esclavos solo para liberarlos de inmediato. Por supuesto, los negros se quedaban y otros se les unían porque en ese lugar no se les maltrataba.

Una semana antes de ese día, un grupo de los hombres de Quantrill habían asaltado la granja de Moses por tercera vez. Llegaron por la noche, en manadas como los perros salvajes, destrozando todo lo que encontraban a su paso. Hasta ese momento, no habían herido ni matado a nadie. Pero durante ese último ataque se habían llevado a Mary, una mujer negra que ayudaba a su esposa con la casa y que se había convertido en su amiga; se llevaron a ella y a su bebé.

La semana anterior, cuando los hombres de Quantrill irrumpieron en la propiedad de Moses, lo hicieron al atardecer, justo después de que cayese la oscuridad. El otro hijo de Mary, James, estaba dentro de la casa con Susan y Moses, pero Mary estaba fuera amamantando al bebé. Se encontraba en el columpio, bajo la encina, cuando entraron. Los jinetes habían disparado al aire y más de uno había lanzado una antorcha al interior del pajar del granero. Afortunadamente, varias familias de esclavos liberados vivían allí y habían extinguido rápidamente el incendio. Pero cuando los asaltantes se fueron y se restauró el orden, Mary y el bebé ya no estaban allí.

No había forma de consolar a Susan y, encima, no se podía hacer nada. No se atrevía a reclamar ante la ley. Moses sabía que su propio sheriff podía muy bien ser uno de los asaltantes que ahora estaba sentado en su caballo delante de él. Lo mismo ocurría con el predicador, el doctor y el herrero. Eran hombres corrientes, con vidas normales, que podían saludar a una persona a la luz del día con la mano o con una palabra amable y, sin embargo, con frecuencia albergaban en su mente odio y violencia a los que solo daban rienda suelta después de oscurecer. Él era muy consciente de que tan solo dos años antes el propio Quantrill había sido maestro de escuela.

El día anterior le había llegado un mensaje a Moses a través de un vecino, que decía haber recibido orden de comunicar instrucciones específicas a su amigo. Estas incluían el lugar y la hora aproximada de un encuentro, si así lo deseaba, con un grupo de los hombres de Quantrill. Se hacía una sugerencia descortés acerca de que su semental podía intercambiarse por la vida de Mary y su hijo.

Una cerilla llameó cuando el jinete de la derecha encendió la colilla de un cigarro. Moses sintió cómo los hombres se relajaban; sus bromas y sus amenazas iban disminuyendo a medida que se iban enfriando por la falta de movimiento. Se dirigió al líder:

—No veo a Mary ni a su bebé. He traído el semental.

El hombre hizo que el caballo se adelantase agresivamente.

—Decidimos que ella no haría el viaje —dijo. Uno de los hombres se rió por lo bajo. El líder ordenó al jinete del cigarro que desatase al semental. Se puso en marcha inmediatamente para ejecutar la orden. Moses se rió con la intención de protestar cuando oyó el martillo de la carabina.

—¡Quédate dónde estás, Moses! —oyó decir volviéndose lentamente para encontrarse con el Henry apuntando a su cara.

El líder cambió de postura en su silla de montar mientras apuntaba el rifle con una mano.

—¿Tienes el caballo? —dijo al hombre que se encontraba detrás del carro.

—Lo tengo —le oyó decir Moses.

Moses tragó saliva con fuerza mientras el líder, sosteniendo aún la carabina con una mano, la acercó a su cara.

—Estoy pensando una de dos: que puedo matarte o que puedes irte caminando —dijo el hombre—. ¿Quieres andar?

Moses asintió débilmente.

El hombre hizo una pausa y pareció pensar por un momento; luego, preguntó:

—¿Les gusta Moses, chicos? —los otros gruñeron afirmando que sí, que claro, que les gustaba Moses y el líder, que también pareció haber tomado una decisión, estuvo de acuerdo con ello.

—A mí también me gusta —dijo el hombre que parecía haberse relajado—. Así es que… te ha tocado andar, Moses.

Con esas palabras, el hombre apartó el rifle de Moses, colocó el cañón directamente entre los ojos de la vieja yegua y apretó el gatillo. El tiro del Henry calibre cuarenta fue ensordecedor. Al instante, la yegua cayó con el arnés y tiró del carro haciendo que volcara de un lado. En su agonía, el caballo salpicó tejido y sangre sobre Moses, que se había puesto de rodillas y sostenía la cabeza del animal, totalmente conmocionado.

El semental se añadió al pánico general cuando las monturas de los jinetes reaccionaron al tiro repentino y a los sonidos que emitía la yegua moribunda. Pero, atravesando todo el estruendo, Moses oyó los gritos asustados de un bebé. Alzando la vista vio al hombre del rifle que luchaba por controlar a su caballo mientras, de la silla de montar, desataba un saco de arpillera. Tras conseguirlo, sostuvo el saco en alto y dijo:

—No está muerto —luego hizo girar su caballo y, lanzando el saco hacia donde Moses estaba, añadió—: Aquí tienes tu cambio.

—¡Oh, Jesús! —clamó Moses saltando de la posición en la que estaba para atrapar el saco—. ¡Oh, Jesús, te lo ruego!

Como en una nube, percibió el estruendo que hacían los cascos de los caballos al marcharse los jinetes al galope. Rápidamente, pero con infinito cuidado, Moses colocó el saco sobre la yegua muerta y cortó el cordel que cerraba la abertura. Retiró la rígida arpillera de alrededor del niño que lloraba y pudo ver que alguien le había envuelto en un trozo de manta antes de atar el saco. Esa era la única razón por la que el niño siguiera con vida.

Cuando Moses levantó al niño, que sollozaba, pudo ver a la luz de la Luna que estaba pálido y que se movía con dificultad. Moses se arrancó los guantes. Con sus manos desnudas pudo sentir la helada piel del niño que no llevaba ropa puesta. Desgarró con desesperación los botones de su abrigo y las camisas que llevaba debajo, hasta conseguir abrirlas para crear un lugar cálido para el bebé.

Colocó al niño, que seguía frenético, contra la piel de su abdomen y volvió a cerrar la ropa alrededor de él. Tambaleándose y sin dilación, comenzó a caminar en la dirección en la que había venido. Sabía que era mejor que quedarse y hacer un fuego. Según él veía, el problema sería alimentarlo. Podía mantener al bebé caliente, pero necesitaría leche y él, claro estaba, no tenía. Había un caserío a varios kilómetros en esa dirección. Seguramente le ayudarían.

Al caminar Moses, el niño se calmó. Andaba rápidamente en medio de la gélida oscuridad, hablaba tiernamente al niño y pronto sintió cómo este se sumía en un sueño inquieto. Estaba triste por Mary. Estaba muerta, de eso estaba bien seguro. Moses no había esperado volver con su esposa sin su amiga, pero al menos había conseguido rescatar una parte de Mary.

Miró a la luna y elevó una plegaria mientras cruzaba fatigosamente el terreno helado. Él y Susan criarían a ese niño como si fuera suyo; Susan insistiría en ello. *«Le pondré mi apellido. Solo añadiremos Carver al nombre que Mary ya le puso»*, pensó.

Sonrió recordando las risas que todos habían compartido cuando Mary le puso a su bebé el nombre de un presidente. «Ese es un nombre muy largo para un niño tan menudo», le había dicho.

«Ahora va a ser aun más largo», pensó Moses. Luego, a medida que andaba, Moses iba dando palmaditas al niño cuya vida comenzaba sin un destello de promesa y pronunció su nombre en alto: «George Washington Carver».

IOWA — SEPTIEMBRE DE 1895

Era sábado, a media mañana, y ya prometía ser un día de calor. Henry Wallace, un niño delgaducho, de pelo oscuro, ojos azules y una personalidad muy sociable se sentía entusiasmado por estar de nuevo con George Washington Carver. Henry era un charlatán que nunca parecía quedarse sin preguntas que hacerle a su amigo mayor.

—No nos acerquemos demasiado al agua ahora —dijo el hombre negro y esbelto al revoltoso niño de siete años—. A tu padre le podría dar un ataque si dejo que te coma un hipopótamo.

El pequeño rió.

—¡Oh George! —dijo Henry—. Aquí no hay hipopótamos.

—Si tú lo dices... —contestó George mirando por encima del hombro del niño—. Pero, ¿a que tampoco te gustan los cocodrilos? Entonces, hazme un favor y mantente lejos del lago.

El padre de Henry, un profesor de ciencias lácteas en la Universidad Estatal de Iowa, permitía con frecuencia que su hijo acompañara al brillante estudiante en una de sus «expediciones botánicas». Juntos, el pequeño niño blanco y el joven de piel color negro azabache hacían una pareja interesante cuando atravesaban los bosques y campos que rodeaban el campus.

En cuanto llegó al estado de Iowa, George se distinguió como estudioso. Durante los años universitarios amasó una buena colección de flora local y su trabajo en agricultura ya rivalizaba con el de sus maestros. El profesor Wallace consideró que el educado y bien hablado universitario era un excelente compañero para su joven hijo, y les animaba a pasar tiempo juntos. Sabía algo de la larga lucha de George por conseguir una educación y le parecía que el pequeño Henry tenía mucha suerte por tener la oportunidad de aprender de un hombre tan ávido de conocimiento.

George tenía treinta años y estaba a punto de conseguir aquello que perseguía: una licenciatura superior en Botánica. Cuando era niño había aprendido a leer y escribir en casa, en la granja Carver y, a la edad de doce años, se le permitió mudarse a Neosho para empezar la escolarización oficial. A Moses y Susan, sus tutores legales, les había entristecido mucho verle partir, pero sabían que su sed por aprender sobrepasaba lo que ellos pudieran satisfacer.

Por consiguiente, Moses había hecho los arreglos necesarios para que George viviera con Andrew y Mariah Watkins y que asistiera a la Escuela Lincoln para Niños Negros. Dos años más tarde, una vez alcanzado un punto en el que su conocimiento excedía al de su profesor, George se mudó a Fort Scott y, más tarde, a Minneapolis, Minnesota, donde terminó los estudios equivalentes al bachillerato.

Muy pronto recibió una beca académica para la Universidad Highland.

Desde que George vivía con la familia Watkins, había trabajado de cocinero y de encargado en una casa, incluso se las apañó para ahorrar un poco de dinero de sus míseros emolumentos. Esto hizo que pudiera pagarse el viaje hasta Kansas en carricoche. Todo parecía en orden —la correspondencia y la inscripción se habían realizado por correo— hasta que George llegó a Highland. Cuando le vio el presidente de la universidad le preguntó indignado y de forma exigente: «¿Por qué no me dijiste que eras negro?», y le dio literalmente con la puerta en las narices.

A lo largo de los años siguientes, George había experimentado la misma reacción muchas veces hasta que, finalmente, había sido aceptado (y admitido) en el Simpson College de Indianola, Iowa. Allí sobresalió y, más tarde, se trasladó a la Universidad Estatal de Iowa, donde estudió Bacteriología, Entomología, Química y Zoología, además de sus cursos de Botánica. George Carver había terminado sus estudios universitarios con honores y rápidamente puso sus miras en una licenciatura. Ahora, a punto de lograr su licenciatura superior en Botánica, era muy conocido en la facultad como alguien que pronto se uniría a sus filas. George era querido y respetado.

—¿Cuál es ésta? —preguntó el pequeño en voz alta. Señalaba una planta que crecía cerca del poste de una cerca.

George caminó sin prisa, con una sonrisa pícara en el rostro. Cuando contestó, habló con una voz aguda y ronca, que era la secuela de una larga temporada de tosferina durante la infancia.

—Bueno, huélela, Henry. ¡Venga, ahora! Huélela bien fuerte.

El niño se inclinó e inhaló a través de su nariz. De inmediato le dio un incontrolable ataque de estornudos y de risa. Finalmente, se limpió la nariz en el brazo y se frotó los ojos con los nudillos de sus pequeños puños. Todavía riéndose, dijo:

—Sabía que era ambrosía.

—Y yo sabía que lo sabías —dijo George— lo que pasa es que te gusta estornudar hasta que no puedes más. Muy bien, don Sabelotodo, ¿recuerdas el nombre de la ambrosía en latín?

Henry Wallace cerró un ojo y echó la cabeza para atrás. Con una mano delante de sí, como si estuviera intentando arrancar las palabras de su memoria, dijo:

—Eh… hum… oh… ¡miércoles! ¿*Ambrosia* algo?

—Correcto. ¿Recuerdas el resto?

El niño arrugó la cara de nuevo, pero no consiguió nada.

—No lo recuerdo —dijo—. Dímelo una vez más.

—*Ambrosia artemisiifolia.*

—¡Eso es! *Artemisiifolia. Ambrosia artemisiifolia.* ¡Ya lo tengo!

—Estoy seguro de que sí —dijo George—. Ahora vamos moviéndonos. Tenemos un gran terreno que inspeccionar.

Después de varias horas, George señaló una inmensa encina en la ribera de un riachuelo y dijo:

—¿Estás listo para comer un sándwich? Yo tengo hambre. Espero que puedas decirme el nombre oficial de ese diente de león que hay allí, porque esa es la contraseña que abre *tu* bolsa de comida.

—*Taraxacum officinale* —contestó el niño a la primera. Luego, colocando su mano en el brazo del hombre negro, añadió—: y… es comestible y medicinal.

George se rió y se dirigió a la sombra del gran árbol.

—¡Dios! ¡Te estás rebelando solo para pegarle un mordisco a *mi* sándwich!

A la sombra del gran dosel vegetal se quitaron los zapatos y la camisa y, balanceando los pies en el agua fresca y poco profunda del arroyo, desenvolvieron un simple almuerzo.

—Veamos… —dijo George—. ¿Quieres un sándwich de queso o un sándwich de queso?

—Queso —Henry sonrió con franqueza.

Comieron en silencio durante un rato, disfrutando de la comodidad del lugar que habían encontrado. El techo de hojas hacía correr una brisa por su comedor natural, que los refrescó mientras descansaban. Pero enseguida Henry empezó a hacer preguntas sobre todo lo verde que había al alcance. George se había encariñado con el niño y se sentía orgulloso de que el padre se lo hubiera confiado. Era una responsabilidad que no se tomaba a la ligera y disfrutaba con su papel de mentor.

—¿George, dónde conseguiste la piedra de la comida? —preguntó el niño.

—Henry, has oído esa historia miles de veces —suspiró George.

—Ya lo sé —dijo el niño entusiasmado— pero me gusta escucharla. Por favor, ¿puedo llevarla mientras me la cuentas otra vez? ¿*Puedo*…? ¿*Puedo* llevarla otra vez mientras me lo cuentas? ¡Por favor!

—Está bien —contestó George con resignación mientras se quitaba el cordón de cuero atado al objeto de forma extraña que llevaba alrededor del cuello. Antes de colocarlo por encima de la cabeza del niño, George le hizo una pregunta—: Henry, ¿prometes hacer algo especial con tu vida?

—Lo prometo —asintió el niño solemnemente.

—Entonces, aquí tienes —George le puso el extraño collar y comenzó a hablar. Era una historia simple y como se la había contado ya tantas veces, intentó hacer una versión abreviada—: Mi padre llevó la piedra de la comida…

—En África —interrumpió Henry.

—Sí, en África. Llevó la piedra de la comida en África. Luego, cuando le trajeron aquí…

—Todavía la tenía y siempre la llevó, y nadie se la quitó —dijo el niño deprisa.

George abrió los ojos como platos y giró la cabeza para mirar directamente al niño.

—Luego, cuando… —esperó.

Henry habló al instante:

—Y luego, cuando mataron a tu verdadero papá, tu otro padre, el señor Carver, consiguió la piedra de la comida y te la dio a ti.

Lo hizo porque dijo que tú habías sido creado para algo especial y que la piedra de la comida era el regalo de un padre a un hijo.

Durante un momento George miró fijamente a Henry y luego habló:

—¿Te gusta que te cuente esa historia?

—Sí —contestó el niño y volvieron a reposar sobre la tierra, riéndose.

Se quedaron allí descansando sobre la hierba, junto al riachuelo, un rato más. George se había puesto boca abajo y estaba examinando una pequeña área de berros que crecía en la ribera. Mientras tanto, Henry se había quedado echado boca arriba con el cordón todavía alrededor de su cuello; estaba profundamente concentrado y sostenía la piedra de la comida cerca de su cara.

—¿Cuánto tiempo hace que la llevas? —preguntó.

George lanzó un guijarro al agua.

—Supongo que desde que era un bebé. La verdad es que no recuerdo *no* haberla llevado.

—¿Pero por qué la llevas?

George se puso de lado y apoyó la cabeza en una mano.

—Porque era de mi padre —dijo—. Mi padre la llevó durante toda su vida y, aunque nunca le conocí, sospecho que era un hombre especial.

Henry pareció considerar lo que acababa de oír y luego preguntó:

—¿Era un hombre especial porque llevaba la piedra de la comida?

—No, chico —dijo George con cuidado—. Era un hombre especial porque decidió serlo.

—¿George? —el niño cambió de postura y se sentó frente a su amigo. Cruzó las piernas «al estilo indio» y se inclinó hacia delante con el objeto, indicando las marcas en uno de los lados—. ¿Sabes lo que dice aquí?

—Sí —respondió George—. Dice: «Henry Wallace será un gran hombre. Su vida destacará en este mundo porque siempre elegirá marcar la diferencia».

—¡Uau! ¿De verdad? —preguntó Henry.

—Eso es —dijo George—. Esta piedra que tienes en la mano me dice lo mismo a mí. Representa a mi padre recordándome cada día que soy importante, que tengo una misión en mi vida.

—¿Cuál es tu misión?

—Henry, mi misión es aprender a hacer las cosas más simples extraordinariamente bien, y utilizar mis habilidades y mi conocimiento para cambiar la vida de los que son menos afortunados que yo. Y voy a hacerlo con las plantas. Hay gente muriéndose de hambre, chico, y cualquier cosa que ayude a llenar el cubo de la comida es valiosa.

—Esa es también mi misión —dijo el niño con fervor—. ¿Me ayudarás?

—Por supuesto —contestó George—. A medida que vayas creciendo recuerda que has llevado la piedra de la comida y que has prometido hacer algo especial con tu vida. No siempre tendrás a George a tu lado, pero eso no importa, porque *tú* has sido creado para marcar la diferencia. Y creo que lo harás.

⚹ Siete

El aire era denso. Los dos hombres, uno frente al otro con solo un escritorio de por medio, hablaban con ásperos susurros. A las dos de la tarde el termómetro que había fuera del edificio de administración había alcanzado los treinta y nueve grados, aproximadamente. Sin embargo, lo que había afectado el ambiente de forma negativa no era el calor o la humedad que hacía en la oficina del presidente. Aquel día la tensión no solo superó al calor, sino que creó un clima que se estaba tornando rápidamente insoportable.

Cuando Booker Taliaferro Washington llegó para tomar el timón del Instituto Tuskegee, en 1881, no había edificios, ni estudiantes, ni maestros. En unos pocos años, y con un crédito de solo dos mil dólares concedido por la Legislatura del Estado de Alabama, había creado el primer centro de enseñanza para negros de la nación. Haber engatusado al hombre brillante, aunque furioso, que ahora se sentaba frente a él en el campus y conseguir que viniera como maestro había sido uno de sus mayores logros y una razón primordial para el considerable crecimiento de la escuela.

En abril de 1896, George Carver, que era profesor en la Universidad Estatal de Iowa, y que ya entonces tenía la reputación de ser un prodigioso científico, recibió una interesante oferta del famoso educador. En su carta, el doctor Washington había escrito: «No puedo ofrecerle dinero, posición o fama. Las dos primeras cosas ya las tiene. La última la conseguirá, sin duda, en la posición que ahora ocupa. Ahora le pido que abandone esas cosas. En su lugar, le ofrezco trabajo, duro, muy duro; la tarea de conducir a las personas de la degradación, la pobreza y la inutilidad a una madurez plena. Su departamento solo existe sobre papel y su laboratorio tendrá que estar en su cabeza».

La aceptación de Carver fue inmediata, y tras cumplir sus obligaciones en la Universidad de Iowa le prestó toda su atención al reto del doctor Washington. Llegó a la estación de ferrocarril en Chehaw, Alabama, a principios de octubre, y fue conducido al campus en Tuskegee en carro. Una vez allí, el profesor desempaquetó su microscopio, su surtido de productos químicos y su único traje. El doctor Washington le había escoltado personalmente al apartamento de una habitación que él llamaría hogar, vigilando de cerca cualquier signo de que el miembro más reciente de su facultad pudiera cambiar repentinamente de opinión y huir. Pero, por supuesto, no se dio el caso.

En el transcurso de varios días, las clases del profesor Carver —que incluían Botánica, Química y Estudio del Terreno— se desarrollaron dentro del Departamento de Agricultura Científica. El maestro se convirtió en inventor, creando nuevas variedades de plantas y fertilizantes. Enseñó a los granjeros y a sus familias a conservar los alimentos para el invierno y confeccionó recetas y menús que introducían dietas equilibradas y aumentaban la vitalidad de los pobres.

Sin embargo, fue el último descubrimiento de Carver el que hizo que el Instituto Tuskegee se viese implicado en la controversia, llegando a convencer al doctor Booker T. Washington de que el colegio estaba en problemas. Washington, con sus ochenta y cinco años de edad, transpiraba copiosamente mientras intentaba ignorar el calor de la tarde. Se inclinó hacia delante y habló al miembro más admirado de su facultad.

—Profesor Carver... George... ¿Qué hemos hecho?

—Bueno, doctor Washington —contestó Carver con su voz aguda y rasposa—, no creo que *nosotros* hayamos hecho algo. Desde luego, usted no tiene la culpa de la consternación que pueda haber por parte de los granjeros. Al parecer todo esto lo he formado yo —George unió las manos en su regazo, pero no era una señal de nerviosismo, porque no estaba nervioso. Era la forma de manifestar una extremada paciencia.

El presidente sacudió la cabeza:

—No se trata solo de nuestra gente, George. Los granjeros blancos también están asustados —echó un vistazo alrededor y bajó aun más la voz—: Estamos recibiendo amenazas. Usted... y la escuela. El Consejo Estatal de Agricultura enviará mañana por la mañana a una delegación de investigación. ¡George, podrían cerrar la escuela! —se frotó la cara con las manos—. ¡Dios mío... no lo vi venir... He estado viajando tanto... —respiró profundamente y dijo—: Cuéntemelo todo desde el principio. Quizás podamos averiguar qué hacer. En primer lugar, ¿por qué demonios plantaron tantos cacahuetes?

—Doctor Washington, sabe que aprecio el nivel de confianza que ha depositado en mí a lo largo de los años —George se secó la frente—. Jamás ha criticado una decisión mía, ni me ha vigilado. Usted sabe que siempre he tenido en mente el mejor interés del granjero, incluso cuando estoy tratando con los estudiantes —Washington asentía pacientemente—. Sin embargo, ese grado de confianza le ha colocado, de forma natural, y en cierto modo, en una postura de desinformación en cuanto a mis esfuerzos diarios. ¿Recuerda aquella extensión de veintiún acres estéril, en el límite oriental del campus? Fue donado a la escuela hace cuatro años.

—Sí, lo recuerdo —respondió Washington—, se nos dio porque no servía para nada.

—Correcto —confirmó George—. Comprobé los archivos del condado. La última plantación de algodón produjo cuarenta y cuatro libras por acre. Eso fue hace cuatro años, la tierra estaba desgastada. Durante algún tiempo yo había estado experimentando a pequeña escala con un fertilizante fabricado de forma natural. Vi que esta era la oportunidad de intensificar la investigación.

Mientras George tomaba aire, el presidente interrumpió:

—¿Un fertilizante fabricado de manera natural? No le sigo… y, ¿esto nos lleva al tema de los cacahuetes?

George se aclaró la garganta.

—Sí, doctor Washington. La mayoría de los fertilizantes tienen el nitrógeno como base. Las legumbres, en especial plantas como el chícharo salvaje y los cacahuetes, tienen una bacteria en sus raíces que produce nitrógeno. Para explicarlo de una forma simple, la bacteria recoge el nitrógeno del aire y lo distribuye por medio del sistema de raíces a la tierra, que se enriquece.

—Entonces, ¿debo entender que plantó usted cacahuetes en esa parcela estéril?

—Sí, señor. Cacahuetes. Durante dos años plantamos cacahuetes. El tercer año volvimos a plantar algodón en esos mismos veintiún acres —George hizo una pausa y observó al presidente del colegio, esperando la pregunta que él sabía que iba a hacer.

—¿Y? —el doctor Washington alargó la palabra y empezó a notarse un toque de exasperación en su voz.

—Y al tercer año, esa parcela de terreno de veintiún acres produjo casi once mil libras de algodón. Por cierto, las matemáticas dan como resultado más de quinientas libras de algodón por acre.

El doctor Washington no se lo podía creer. Se inclinó hacia delante, miró a su alrededor rápidamente como para esconder un secreto y dijo:

—¿Lo sabe alguien más?

—¡Por supuesto! —exclamó Carver—. Me aseguré de que cada granjero entre Montgomery y Columbus viera el campo con sus propios ojos. ¡Esa es la razón por la que plantaron los cacahuetes!

El doctor Washington cayó hacia atrás en su silla y exhaló un suspiro. Miró por la ventana y golpeó el escritorio con los nudillos con nerviosismo. Luego, se levantó y, dando la vuelta al escritorio en dirección a George, se sentó en la esquina del mismo diciendo:

—Quiero asegurarme de haberlo entendido. Usted convenció a todos los granjeros en cien kilómetros a la redonda de que plantaran cacahuetes porque su tierra estaba desgastada.

—La tierra *estaba* desgastada —insistió George—. Estaba...

El doctor Washington alzó la mano.

—Déjeme acabar —dijo. Tomó una profunda bocanada de aire para recobrar la compostura y prosiguió—: Resumiendo, esos hombres plantaron todos sus campos de cacahuetes. Ahora tienen miles de libras, toneladas, de cacahuetes y no hay mercado para su cosecha. ¿Correcto?

—En este momento, si —respondió Carver—. Es correcto.

El presidente se puso de pie y dio un puñetazo sobre la mesa. Con su cara pegada a la del hombre más joven, gruñó:

—Pero, ¡hombre de Dios! ¿No entiende lo que eso significa para esta universidad? ¡Esos granjeros blancos tienen nuestras vidas en sus manos! ¡Solo existimos por la gracia y el favor de la legislatura de Alabama y ahora hemos arruinado potencialmente a un tercio de las familias granjeras de este estado!

—Doctor Washington —dijo George suavemente—, esos granjeros se habrían arruinado de todas formas en un año. La gente se habría muerto de hambre.

Washington dio otro puñetazo sobre el escritorio y dijo una palabrota.

—¡Pero no por nuestra culpa! —gritó—. ¡No habría sido nuestra mano la que les matara de hambre!

Durante un largo rato ambos hombres permanecieron en silencio. El presidente de la universidad caminó airado alrededor de la oficina, mirando con el ceño fruncido al profesor, que seguía fastidiándole por seguir calmado. No pasó mucho tiempo antes de que George Carver hablara. Lo hizo con una voz amable:

—Doctor Washington, le he admirado durante muchos años. De usted he aprendido a tratar con los altibajos de la vida. Usted me dijo cuando llegué aquí que «el carácter, y no las circunstancias, es lo que hace al hombre». Lo que tenemos aquí, señor, es una circunstancia. Me educó usted en cuanto al servicio a los demás. Dijo: «Al mundo le importa muy poco lo que una persona sepa. Lo que cuenta es lo que esa persona *haga* con lo que sabe». Señor, estamos *haciendo*. He aprendido de usted lo referente al poder. Cuando se dirigió usted a nuestros nuevos estudiantes, justo la semana pasada, dijo: «Hay dos formas de ejercer la fuerza. Una es empujando y la otra es tirando». Yo creo que estamos tirando.

Cuando el presidente volvió a sentarse en su silla, George Carver se puso en pie. Su voz se hizo más fuerte cuando habló.

—De usted, señor, he aprendido acerca del control que tiene sobre nuestro pueblo la carencia de una imagen propia. Un día, después de alabar en público a un joven granjero, usted me dijo en privado: «Ninguna raza puede prosperar hasta que aprenda que hay tanta dignidad en cultivar un campo como en escribir un poema». Señor, estoy seguro de que reconoce los inmensos campos que estamos cultivando.

El labio del doctor Washington empezó a temblar, pero mantuvo la mirada de Carver, que ahora había rodeado el escritorio y se inclinaba cerca de la cara de su mentor. Prosiguió:

—Doctor Washington, usted me enseñó acerca de los blancos, del amor y de la capacidad de mi propio corazón. ¿Recuerda el día en que usted y yo visitamos al asambleísta del estado en Montgomery? ¿Lo recuerda, señor?

—Sí —dijo Washington mientras sus ojos se inundaban y una lágrima rodaba por su mejilla.

George agarró el antebrazo del presidente con sus manos mientras doblaba una rodilla junto a la silla.

—El asambleísta estaba a cargo de los créditos para libros de texto de todos los colegios universitarios. Después de que sonriera y le dijera a usted que «no», ¿qué le llamó ese hombre? —el doctor

Washington estaba en silencio. Bajó lentamente la mirada hacia su regazo—. Señor —repitió George—, ¿qué le llamó ese hombre?

—Negro.

—¿Cómo?

El presidente levantó la cabeza. Las lágrimas fluían libremente. Miró a George directamente a los ojos y dijo:

—Negro. El hombre me llamó negro.

—Correcto, doctor Washington. Entonces salió usted de su oficina y antes de salir del edificio usted me dijo, y cito textualmente: «No permitiré que ningún hombre encoja o degrade mi alma haciendo que le odie».

—Señor, usted me ha mostrado que hay valor en la adversidad, que mis retos construyen músculo y que mis decisiones importan. Déjeme pronunciar algunas palabras importantes que entregué a mi memoria. Son de la página 197 de su autobiografía —George cerró los ojos y recitó—: «He aprendido que el éxito debe medirse, no tanto por la posición que uno ha alcanzado en la vida como por los obstáculos que ha vencido mientras elegía triunfar. De la dura lucha sobrehumana por la que uno está obligado a pasar se obtiene una fuerza y una confianza que otro puede perderse cuando su camino es mucho más llano por razones de nacimiento o raza».

Abriendo los ojos y poniéndose en pie, George dijo:

—Doctor Booker T. Washington, le digo que estamos superando un obstáculo mucho mayor que la abundancia de cacahuetes. Usted me ha enseñado que somos una sola raza: la raza humana. El color de la piel y la forma del pelo no significan nada, pero el largo, el ancho y la amplitud del alma lo significan todo. Yo amo a esos granjeros. Y, aunque en estos momentos ellos seguramente no me aman, encontraré una respuesta para esos buenos hombres. Estoy seguro de que, a la larga, lo que ahora estamos experimentando demostrará ser beneficioso para los granjeros y para nuestra escuela universitaria.

El doctor Washington sacó un pañuelo de su bolsillo, se secó los ojos y se sonó la nariz.

—Está bien. Puedo aceptarlo —dijo poniéndose en pie—. Por el momento… Pero, ¿qué hacemos ahora? ¿Y qué deberíamos decir al Consejo Agrícola?

George lo pensó por un momento y después respondió:

—La mayoría de los granjeros acaban de empezar con la cosecha. No quisiera asustarle, pero su temor y nuestra situación empeorarán antes de ir a mejor. Diga al Consejo Agrícola que dentro de dos semanas tendrá algo que anunciarles… no, mejor diez días… una declaración acerca de nuevos usos y oportunidades para los cacahuetes. Ínsteles a que tengan paciencia y dígales que el granjero que tenga la mayor cosecha de cacahuetes será el más feliz cuando usted haga el anuncio.

El doctor Washington arqueó las cejas.

—Y… señor —prosiguió George con una sonrisa pícara—, dé esta información al consejo con una mirada astuta que diga: «Sé algo que no les estoy diciendo».

El presidente sacudió la cabeza y rió con ironía.

—*Sabré* algo que no les estaré diciendo, George. No les comentaré que no tengo la más mínima idea acerca de lo que se trata.

George se rió.

—No, en serio —preguntó el doctor Washington—, ¿cuáles son sus planes?

George levantó la barbilla.

—Crearé nuevos usos y oportunidades para los cacahuetes.

El doctor Washington suspiró pacientemente.

—No veo la necesidad de recordarle que no tenemos más que diez días para lograr esa hazaña. Después de todo, usted es quien me ha dado el calendario. Pero tengo curiosidad… ¿Cómo pretende crear esos nuevos usos y oportunidades?

—Bueno, señor —comenzó a decir George— de la forma en la que lo he imaginado… no tendré que *crear* nada. Los usos y oportunidades para los cacahuetes ya existen. Mire, el tema es el siguiente… —bajó la voz como si estuviera conspirando y se acercó más al doctor Washington—. Durante toda mi vida me he estado levantando a las cuatro de la mañana para ir al bosque y hablar con Dios. Allí es donde Él me revela sus secretos. Cuando todos los demás están durmiendo, yo oigo mejor a Dios y me entero de cuál es mi plan. Nunca busco a tientas hasta encontrar métodos. Después de mi charla matinal con Él, voy a mi laboratorio y llevo a cabo sus deseos para ese día. Y esta mañana… —echó un vistazo alrededor— le pregunté por qué hizo el cacahuete.

El presidente se limitó a mirarle. Luego, abrió la boca como si fuera a decir algo, pero la volvió a cerrar.

—¡Venga, adelante! —le apremió George riéndose— ¡Haga la pregunta que le está ardiendo en la boca!

—De acuerdo, vamos allá —respondió el doctor Washington—: ¿Cuál fue la contestación de Dios?

—En primer lugar —comenzó a explicar George—, yo estaba allí afuera, en la oscuridad, sintiendo pena de mí mismo. Ya he hablado con algunos de los granjeros que están molestos, de modo que sabía que esta situación estaba a punto de desencadenarse. Algunas veces, cuando empiezo a compadecerme de mí mismo, le pido demasiado al buen Señor. Y eso es lo que hice esta mañana. Dije: «Dios, ¿por qué hiciste el universo?» y Él me contestó: «¡George, tienes que preguntar algo que esté más en proporción con esa pequeña mente tuya!» Entonces, dije: «Está bien, Señor. Dime, pues, por qué hiciste el mundo o por qué hiciste a las personas». Él replicó: «¡Lo siento! Sigue estando fuera del alcance de tu pequeño cerebro».

»Pero yo seguí insistiendo. Pregunté: "¿Por qué creaste las plantas?" El Señor respondió: "Este es también un tema que sobrepasa tus escasos poderes de comprensión". Con toda humildad, pues, pregunté: "¿Los cacahuetes?" Y el Señor Dios dijo: "¡Sí! Concederé los misterios del cacahuete a tu modesto nivel de inteligencia". Me dijo: "Llévatelo al laboratorio y distribúyelo en agua, grasas, aceites, gomas, resinas, azúcares, almidones y aminoácidos. Luego, vuelve a combinar todos esos elementos bajo mis tres leyes de compatibilidad, temperatura y presión. ¡Entonces sabrás por qué hice el cacahuete!", me explicó el buen Señor».

Con estas palabras, George abrió los brazos y añadió:

—¡Y en diez días, doctor Washington, tendremos algunas respuestas!

Los dos hombres se rieron de buena gana y, después, el presidente preguntó:

—¿Dios te contesta siempre?

George se inclinó hacia delante y, de repente, se puso serio de nuevo.

—A ver si me explico: El Señor siempre me proporciona ideas que cambian la vida. No es que yo sea especial. El Señor le da a *todo el mundo* ese tipo de ideas. Por decirlo de forma literal, esas ideas son el mapa del tesoro del Todopoderoso. La elección de cavar para conseguir el tesoro, sin embargo, depende de cada uno de nosotros. Cada hombre y mujer de este planeta tienen en su interior el poder de cambiar el mundo, pero éste no se manifiesta hasta que uno ejerce la elección consciente de utilizarlo.

George consideró sus propias palabras y añadió:

—Esta es la razón por la cual, en nuestro mundo, hay tantas personas deprimidas y que no se sienten realizadas. Se han unido a las crecientes multitudes de los que no actúan siguiendo esas ideas que cambian la vida y que son solo suyas. Una persona que *actúa* siguiendo una idea es feliz y se siente realizada. Sin embargo, alguien que solo *pretende* actuar se ve absorbido por una espiral que le hunde cada vez más en un pozo de culpa y pesar. Piense en los libros y canciones que no se escribirán jamás; palabras que permanecerán en la mente de una persona demasiado temerosa, egoísta o perezosa para cavar en busca del tesoro. Yo estoy convencido, aunque no tenga ninguna prueba de ello, pero estoy seguro de que cada elección que uno hace y cada acción que uno emprende, o deja de llevar a cabo, afecta de forma relevante a la vida de todos los demás. Todos estamos conectados unos a otros por medio de nuestros actos. Nuestras decisiones de actuar, o de no hacerlo, ayudan o dejan de hacerlo. Lo que quiero decir es que esas elecciones crean una reacción en cadena que puede durar siglos. Se lo voy a explicar: tome, por ejemplo, a una persona que haya cambiado literalmente el mundo por medio de un invento. Con frecuencia, ese tipo de persona suele señalar un libro en particular que le dirigió o que le inspiró para hacer la obra de su vida. Ahora bien; ¿con quién tenemos la deuda de gratitud por haber enriquecido nuestras vidas, de forma tan relevante, con ese invento? ¿Con el inventor o con el autor del libro que este admite libremente haberle conducido originalmente a una vida de inventos?

George cambió de postura en su silla y, cruzando los brazos, se dio golpecitos con el índice en la barbilla, como si estuviera perdido en sus pensamientos.

—¿O deberíamos, quizás, darle las gracias al maestro que alentó al niño para que se convirtiera en autor? Ciertamente, sin el maestro el libro no se habría escrito jamás. Además, ese fue el libro que inspiró a la persona que creó el invento que cambió el mundo.

Seguía golpeándose la barbilla con el índice mientras observaba al doctor Washington por el rabillo del ojo. Siguió pensando en voz alta:

—Quizás el mundo tenga una deuda con la anciana que creó una beca para que un joven pudiera ir a un colegio universitario y se convirtiera en el maestro que animó al niño para que se convirtiera en el autor del libro que inspiró a la persona cuyo invento cambió al mundo. Es posible que debamos apreciar al hombre que condujo el carro… —George hizo una pausa.

Paralizado, Booker T. Washington —el hombre que había sido esclavo y al que muchos consideraban como uno de los mayores genios del siglo xx— no podía más que mirar fijamente a su amigo. Apremió a George para que concluyera su pensamiento y repitió sus últimas palabras:

—¿El hombre que condujo el carro?

—Ya sabe, el hombre que condujo el carro… que transportaba la madera utilizada para construir la consulta del doctor. Nadie se lo imaginó, pero la consulta estaba donde se salvó la vida de esa mujer que, años más tarde, dio a luz al niño que creció y creó la beca por primera vez —sonrió y se puso de pie—. Sí; está claro que tenemos que pensar en el hombre que condujo el carro, porque *él* es quien cambió al mundo.

Con estas palabras, George se encogió de hombros y se dirigió a la puerta. Antes de marcharse, se dio la vuelta una última vez y dijo:

—O quizás alguien ayudó al hombre que condujo el carro, ¿se da cuenta? —con una amplia sonrisa, añadió—: En cualquier caso, ocurren muchas más cosas en Tuskegee, Alabama, aparte de un puñado de personas que tienen demasiados cacahuetes. Este no es el final de *esta* historia.

Alabama — Enero de 1943

El orador dijo con una voz clara:

—Y cuando salió de su laboratorio, en la mañana del décimo día, entre los usos y las oportunidades que había descubierto para el cacahuete, se encontraba el pegamento; la crema de afeitar; el champú; el jabón, el insecticida; la crema de cacahuete, por supuesto; el lubricante para ejes; la gasolina diesel; el linóleo —el vicepresidente de los Estados Unidos de América le dio la vuelta a la página en la que tenía sus notas—; la nitroglicerina; el aislante; la lejía; la tinta…

El doctor Frederick Patterson, presidente del Instituto Tuskegee, cruzó las piernas y volvió a descruzarlas. Austin Curtiss, el asistente de Carver, estaba sentado junto a él en el borde izquierdo de la nueva plataforma que la Asociación del Gobierno Estudiantil acababa de montar esa misma mañana. Patterson tenía un poco de frío; por lo demás, se sentía a gusto aquella soleada mañana de invierno. Recorrió la audiencia con la mirada en busca de caras familiares y reconocía unas cuantas, incluido Henry Ford que, junto con su esposa, estaba sentado en primera fila. Volvió a dirigir su atención al vicepresidente, que seguía leyendo extractos de una lista de artículos que llegaban a un total de más de trescientos:

—… el ablandador de carne; el aceite para cocinar; el vinagre; la leche evaporada…

Durante tres días, Tuskegee había experimentado una avalancha de personas que llegaban por aire, autobús, tren, coche, carro o a pie. Literalmente de todas las partes del mundo, miles de personas habían desafiado los peligros y las inconveniencias de viajar durante esa época terrible de un mundo en guerra. La pequeña ciudad no tenía hoteles ni restaurantes suficientes para atender a los visitantes, ya que la mayoría había venido sin invitación. Por tanto, muchos de ellos tuvieron que esperar pacientemente en los campos y calles, reuniéndose en grupos para charlar tranquilamente y, alguna que otra vez, encendían una pequeña hoguera después de oscurecer para mantener a raya la rasca de enero.

Cada iglesia y edificio escolar en Macon County —incluso el palacio de justicia— habían abierto sus puertas para proporcionar alojamiento temporal a las familias que inundaban la pequeña comunidad. Todos habían venido a honrar al hombre cuyos restos descansaban ahora en el ataúd de madera de roble lacada, colocado cuidadosamente sobre una mesa ancha al pie de la plataforma. George Washington Carver había muerto a la edad de setenta y siete años, mientras dormía, en algún momento de la noche del 5 de enero.

Unos sentados, la mayoría de pie; esa multitud representaba a todas las edades y razas, porque los había emocionado a todos. Había una delegación de la India, enviada por Mahatma Gandhi, quien había buscado el consejo de Carver para construir y mantener el sistema agrícola de su país. Entre los asistentes se encontraban altos cargos de Gran Bretaña, Brasil y Chile. Incluso Joseph Stalin, quien había solicitado la ayuda de Carver para explotar la inmensa expansión de tierra en Rusia, había enviado un representante para presentar sus respetos. En aquel momento todos escuchaban asombrados la lista que resaltaba una historia que habían oído muchas veces.

—... carbón; tinte para el textil y para la madera; cosméticos; fertilizante; crema para bebés; ácido tánico y una salsa, un sucedáneo de la mantequilla que se ha hecho más famoso bajo el nombre de la salsa Worcestershire.

Deliberadamente, el vicepresidente dejó a un lado la lista y levantó la mirada. Era un hombre delgado de estatura media. Su cabello plateado iba a juego con el traje gris oscuro que usaba. Sobre su solapa llevaba una insignia que representaba a un esqueje de pícea. Desde su situación privilegiada sobre la plataforma podía ver que muchos otros, entre la multitud, también llevaban en la chaqueta o en el vestido algún tipo de planta, para honrar al hombre cuya vida había servido de tanto.

Quitándose las gafas de leer, el vicepresidente dijo:

—Muchos de ustedes sabrán, o quizás no, que he servido a este país como secretario de agricultura durante siete años. He estado en una posición única para poder ver, de primera mano, el impacto del trabajo del doctor Carver. Cada día pienso en los cientos de miles de niños cuyas vidas se han salvado en el África occidental gracias a la proteína de la que ahora disponen en forma de leche de cacahuete. Fue *él* quien enseñó al mundo cómo debía sintetizarla. Asimismo, marcó la diferencia en el esfuerzo de la guerra. El año pasado, sin ir más lejos, el doctor Carver escribió un artículo que, evidentemente, se imprimió una y otra vez en todos los periódicos de Estados Unidos. Ya conocen el nombre del mismo —la audiencia asentía con la cabeza y sonreía—. «El jardín de la naturaleza para la victoria y la paz». ¿Sabían que el pasado verano se plantaron más de veinte millones de jardines de la victoria en nuestro país? —se escuchó un grito ahogado de asombro que procedía de la multitud—. Las estadísticas del

Departamento de Agricultura muestran que más del cuarenta por ciento de los alimentos que ha consumido nuestro país este año es producto de jardines de la victoria.

Austin Curtiss, el ayudante de Carver, comenzó a aplaudir. Solo tenía veinte años y jamás había visto antes a alguien que aplaudiera en un funeral, pero según su forma de pensar, era totalmente adecuado. El doctor Carver le había tomado bajo su protección como ayudante y había cambiado la vida del chico. Austin se puso de pie… y, por un momento, pensó que igual sería el único en aplaudir. Pero el doctor Patterson también se levantó y lo mismo hicieron todos los hombres, mujeres y niños que allí estaban, aplaudiendo y asintiendo con la cabeza en señal de aprobación.

Cuando por fin se sentaron, el presidente de la universidad puso brevemente su brazo alrededor de los hombros del joven mientras el vicepresidente proseguía:

—El doctor Carver fue un individuo entrañable para muchos de los que estamos aquí. Calvin Coolidge le consideraba un amigo; Theodore Roosevelt también y, por supuesto, nuestro actual presidente, Franklin Delano Roosevelt. Harvey Firestone, Thomas Edison y usted, señor Ford… —señaló al célebre industrial que estaba en la primera fila—. Todos ustedes veían al doctor Carver como un amigo íntimo, ¿no es así? —Ford meneó enérgicamente la cabeza para indicar que estaba de acuerdo.

El vicepresidente se inclinó hacia delante en el podio. La ovación que había tenido lugar unos momentos antes había hecho cambiar el ánimo de esa reunión, haciéndola pasar de unos comienzos sombríos a un ambiente más relajado, casi de celebración.

—Señor Ford, siento curiosidad —dijo haciendo un guiño—, ¿consiguió convencer al doctor Carver para que aceptara dinero suyo? —Ford sacudió la cabeza y pronunció la palabra *no* mientras tomaba la mano de su esposa y escuchaba expectante.

—Es lo que yo pensaba —dijo el vicepresidente—. ¿Y qué *hizo* por usted y por el señor Firestone? —contestó su propia pregunta y siguió hablando con el señor Ford—. Sorprendentemente, el hombre desarrolló un material plástico a partir de la semilla de soja que ustedes pudieron utilizar en sus automóviles —dirigió la mirada a toda la audiencia en general y dijo—: Y, en un avance científico que me sigue asombrando hasta el día de hoy, el doctor Carver creó un proceso para extraer goma a partir de la leche de la planta conocida como vara de San José —hizo una pausa, se giró para sacudir la cabeza, maravillado, mientras miraba a los dos hombres sentados en la plataforma por detrás de él y, como si no se lo creyera, repitió—: ¡Goma… de la leche de la planta de la vara de San José!

El vicepresidente se calló por un momento y, alzando la cabeza, habló directamente a una mujer que estaba sentada en la primera fila, junto a la esposa de Henry Ford:

Señora Bounds, ¿quiere unirse a mí aquí sobre el estrado? —luego se volvió a los hombres sentados detrás de él y añadió—: ¿Doctor Patterson? ¿Señor Curtiss? ¿Tienen la bondad de acompañarnos aquí en el estrado?

La audiencia observaba con curiosidad mientras el vicepresidente iba hacia los escalones y tendía su mano a una hermosa mujer que aparentaba tener unos cuarenta años. Tenía la piel suave, color caramelo, y llevaba un simple vestido negro. Ayudándola a subir a la plataforma, habló con ella en privado durante un momento y luego se dirigió a la multitud:

—Ya conocen ustedes a estos dos caballeros. La dama que se acaba de unir a nosotros es la señora Bonnie Mae Bounds de Fordyce, Arkansas. Es la sobrina del doctor Carver y su único pariente vivo.

Mientras que el vicepresidente hablaba, el doctor Patterson y Austin saludaron a la señora Bounds. Luego los tres volvieron a dirigir su atención a él.

—Esta mañana temprano —dijo— he tenido la oportunidad de leer la última voluntad y el testamento del doctor Carver. Estaba escrito en una sola página y con su puño y letra. Aunque debo admitir que es algo inusual revelar el contenido de la voluntad de un hombre en su entierro, por los poderes que me son conferidos como representante oficial del gobierno de Estados Unidos, eso es exactamente lo que pretendo hacer.

Un murmullo recorrió la multitud mientras el vicepresidente alzaba sus manos pidiendo paciencia y silencio.

—No hay más que dos disposiciones en el testamento. Una es en relación con el patrimonio económico del doctor Carver. Bueno, uno podría preguntar, con razón: «¿A cuánto podría ascender su patrimonio económico?» Después de todo, estamos hablando de un hombre que nunca tuvo un aumento o un simple pago por el trabajo externo que hacía —hizo una pausa, miró a la audiencia que estaba embelesada—. ¿Cuánto *ganó*, pues? Haciendo unas cuentas rápidas, se ve que durante un periodo de cuarenta y siete años y cuatro meses, el doctor Carver recibió 568 cheques, de 125 dólares cada uno. El total de sus ingresos brutos es de 71,000 dólares. De ese importe, el doctor Carver hacía donativos a su iglesia, pagaba sus facturas, ayudaba a los menos afortunados y ahorraba lo que podía —se volvió hacia el presidente de la universidad—. ¿Doctor Patterson? El doctor Carver deseaba dejar su patrimonio al Instituto Tuskegee. Los ahorros, señor… el dinero que el doctor Carver no gastó en sí mismo… son un total de un poco más de sesenta mil dólares.

Hubo un grito ahogado de asombro que salió de la multitud. Las lágrimas acudieron rápidamente y de forma evidente a los rostros de muchos de ellos mientras el doctor Patterson sacudía la cabeza y decía en voz baja: «¡Gracias, Señor!»

El vicepresidente centró la mirada en la señora.

—Señora Bounds, el doctor Carver quería que tuviese usted esto —fue hacia la pequeña mujer y, a la vista de todos, habló en voz baja con ella durante un momento. Luego, ella inclinó la cabeza y él colocó cuidadosamente el objeto alrededor de su cuello.

Bonnie Mae Bounds sostuvo la piedra de la comida del tío Gee en sus manos. El gastado cuero del cordel era suave y estaba frío al tocar la piel desnuda de su cuello. No lo había visto desde que era una niña pequeña —él la llevaba bajo su camisa—, pero ahora miró su forma y su color, y pasó el dedo índice por todas las ranuras rugosas, mientras escuchaba las palabras finales del vicepresidente.

—Hoy enterramos a este maravilloso hombre al lado de su amigo, el doctor Booker T. Washington, y le echaremos de menos. Él comenzaba todos sus días con una ferviente oración para que Dios le revelara los secretos de las flores, las plantas, la tierra y las malas hierbas. Solo quería poner más comida en el estómago de los hambrientos, cubrir con más ropa al desnudo y dar mejor cobijo al que no tenía hogar. Ahora, su obra está hecha. Sin embargo, porque él nos ha mostrado el camino… la nuestra no ha hecho más que empezar.

CUANDO EL VICEPRESIDENTE HUBO ACABADO AQUELLA MAÑANA, estrechó la mano de Austin Curtiss, del doctor Patterson y de Bonnie Mae, y descendió los escalones para hablar un momento con los Ford. Finalmente, se detuvo ante el féretro e inclinó la cabeza brevemente antes de ser escoltado hasta su coche y marcharse.

Bonnie Mae había vuelto a su sitio, junto a la señora Ford, y escuchó pacientemente mientras el doctor Patterson hizo sus observaciones y elevó una oración final. Después, los Ford habían hablado con ella, como lo hicieron unas mil personas que solo querían abrazarla, estrechar su mano u ofrecerle sus condolencias. Ella y su esposo no habían estado solos ni un solo momento hasta que subieron a bordo del autobús para emprender el largo viaje de vuelta a Arkansas.

Se quedó dormida casi de inmediato y no se despertó hasta que el autobús llevaba ya un rato en Mississippi. Estaba oscuro cuando abrió los ojos. Primero tocó el objeto que llevaba alrededor del cuello y luego habló en voz baja:

—¿Jerold? ¿Estás despierto?

—Sí, nena —contestó su esposo—. He estado despierto, pero tú estabas algo cansada.

—Todavía estoy exhausta —dijo mientras miraba por la ventanilla del autobús. Estaban viajando por una carretera rural y, de vez en cuando, Bonnie Mae entreveía el parpadeo de una chimenea que brillaba a través de la cortina de la ventana de alguna pequeña granja. *«Este es el tipo de personas a las que él ayudó»*, pensó—. ¡Todo esto es tan triste, Jerold! El tío Gee era el último que quedaba de mi familia.

—Ya lo sé, cariño —dijo a su esposa— pero puedes estar muy orgullosa. Has oído lo que ha dicho ese hombre hoy… justo allí, en la casa de tu tío Gee. ¡Cambió al mundo! Eso es lo que dijo el hombre —luego, por si acaso, en un intento de alegrarla, Jerold añadió—: Y encima has conocido al vicepresidente de Estados Unidos.

Ella se sentó más derecha.

—¡Sí! —dijo—. Y no podía haber sido más amable. Cuando estuvimos hoy con él, en casa del tío Gee, el chico Curtiss y yo, nos contó todo acerca de crecer en Iowa. ¿Sabías que su padre era maestro en el colegio universitario del tío Gee? El tío Gee llevaba al vicepresidente Wallace por los bosques cuando era un niño. Dice que recogían plantas juntos —guardó silencio por un momento, aparentemente perdida en sus pensamientos; luego dijo—: ¿Sabes que nos pidió que le llamásemos Henry? No lo hicimos, pero él nos lo dijo.

—Bonnie Mae —dijo Jerold, cambiando de postura en el incómodo asiento para estar frente a su esposa—. Bonnie Mae, ¿qué te ha dicho hoy el vicepresidente? ¿Qué fue lo que te dijo allí, delante de todo el mundo, cuando te dio la piedra de la comida de tu tío Gee?

Sus ojos se iluminaron.

—¡Oh, Dios mío! —dijo—. Casi se me olvida. Fue tan amable. Justo antes de ponerlo alrededor de mi cuello, me dijo… dijo: «Bonnie Mae… ¿prometes hacer algo especial con tu vida?»

⚜ OCHO

DURANTE EL PASEO HASTA EL LUGAR DONDE COMIERON, LOS Chandler escucharon en silencio, anonadados, mientras Mae Mae les contaba la historia de su tío Gee y cómo llegó ella a poseer la piedra de la comida. Sentada en el asiento de atrás, el instinto periodístico de Dorry iba destacando las cosas importantes. Tomó notas, hizo círculos alrededor del nombre de Henry Wallace con la intención de hacer una búsqueda por Internet cuando llegara a casa. ¿Secretario de Agricultura y vicepresidente con Roosevelt? No había oído nunca hablar de él.

Eran las doce y diez cuando Mark sujetó la puerta de Klappenbach's Bakery para que Dorry y Mae Mae entrasen. Más tarde, Dorry comentaría que cuando entraron en el restaurante se había sentido como si estuviera acompañando a la reina de Inglaterra. La dueña del restaurante les escoltó directamente hasta un reservado y la gente que estaba de pie, junto a la puerta, se puso a aplaudir a su paso. Mientras cruzaban el restaurante, a Mark le divertía ver cómo se iba formando una ola de clientes habituales que se levantaban para saludar a la personalidad más reconocida de la ciudad y la llamaban por su nombre:

—¡Hola, Mae Mae! —gritó una niña desde el otro extremo de la sala.

Todos se rieron cuando la anciana también gritó:

—¡Hola, Sugar! ¡Ven aquí y dale un abrazo a Mae Mae!

Cuando la niña lo hizo, todo el restaurante observó la escena sonriendo.

Mark y Dorry estaban asombrados.

—Esto es como estar con Elvis —comentó Mark, dirigiendo su mirada a una camarera que estaba a su lado, sonriendo por la conmoción que la anciana estaba provocando.

Cuando por fin se sentaron y les tomaron la comanda, Dorry comentó:

—Mae Mae, ¡es usted toda una celebridad!

—No, hijita —se rió—. ¡Mae Mae solo es vieja! Cuánto más vieja es Mae Mae, más locuras hace esta gente. Pero aun así, yo los quiero.

—Sigan hablando ustedes dos —dijo Mark de pronto, mientras se deslizaba fuera del reservado—. Necesito hablar con alguien que me deje utilizar un fax para enviar este dibujo de la piedra de la comida a Dylan. Con un poco de suerte no les importará que pasemos el rato aquí mientras esperamos a que nos devuelva la llamada. Él tiene mi móvil.

Viéndole marchar, Mae Mae dijo:

—Tienes un marido muy dulce. Es igualito que mi Jerold.

—Sí, señora —contestó Dorry—, Mark es un marido maravilloso y un padre fantástico —cambiando de tema, preguntó—: Mae Mae, el doctor Carver le dejó la piedra de la comida a usted. Acaso, ¿no tenía hijos?

—No —respondió—; nunca se casó. Estaba demasiado ocupado con su trabajo. Una vez me escribió diciendo que estaba enamorado de una maestra de Tuskegee, pero yo creo que ella debió cansarse de esperarle. Eso ocurrió en la misma época en la que los grandes periódicos orientales estuvieron detrás de él. Decían que no era científico porque reconocía que el mérito era del Señor. Le preguntaron cómo hacía sus descubrimientos y él les contó cómo se levantaba cada mañana cuando todavía era de noche. Les dijo que Dios quitó el velo de los ojos para que viera lo que se suponía que debía hacer. ¡Y los periódicos le machacaron por ello! Dijeron que un científico debe tener un método mejor que ese. ¡A mí me parece que ese método funcionó muy bien!

Mae Mae resopló.

—No son más que unos criticones… ¿Alguien les ha hecho una estatua? ¿Están en los libros de historia? ¿Ha ido el vicepresidente de los Estados Unidos de América a *sus* funerales?

Dorry negaba con la cabeza.

—No lo creo —Mae Mae se echó hacia atrás con un «hum» audible, como si hubiera terminado de hablar; sin embargo, volvió a empezar de nuevo, casi de inmediato—. Lo único que tío Gee comentó sobre ese tema fue cuando les advirtió: «¡Tengan mucho cuidado! —dijo—. Que no entiendan algo, o incluso que no lo crean, no significa que no sea verdad». —De repente se rió—. Él siempre estaba sonriendo y contento. Y siempre estaba *haciendo* cosas. Nunca aflojó el ritmo. Eso lo aprendí de él. Yo tampoco aflojo el paso. Veo a todas esas personas de sesenta, setenta años… gente todavía joven. Están artríticos y tristes. ¡Mae Mae no! En cada carta que me escribía, el tío Gee hablaba de ser un ejemplo. Y eso es lo que Mae Mae sigue intentando ser. Porque la gente observa y aprende, especialmente los niños, y harán lo que tú hagas. Todos los días pienso: «*¿Qué clase de mundo sería este… si todo el mundo actuara como yo?*»

—Repita eso, Mae Mae —dijo Dorry, y lo escribió en la tapa de su bloc de notas mientras la anciana fue repitiendo las palabras lentamente.

Justo en ese momento reapareció Mark, mientras la camarera ponía la comida sobre la mesa.

—He conseguido hablar con él —declaró Mark mientras sostenía el móvil en alto—. El fax está en camino. Tan pronto como les llegue, Abby lo mirará y nos devolverán la llamada.

Mientras comían, Dorry y Mark siguieron acribillando a Mae Mae con preguntas sobre su famoso tío. Ambos estaban fascinados por el hecho de que el objeto perteneciera a una persona que había conseguido tantas cosas y que la reliquia en sí pareciera haber sido, de alguna manera, parte de esos logros.

Después de acabar la comida, los tres tomaron café y hablaron hasta que, por fin, el móvil sonó. Arqueando las cejas, Mark dijo:

—¡Vamos! —abrió el teléfono—. Mark Chandler.

—Contesta el teléfono como la policía, ¿verdad? —susurró Mae Mae a Dorry.

Dorry contuvo la risa, pero estaba pendiente a la conversación que se mantenía en el otro lado.

—Por mí está bien —dijo Mark—. De modo que estaba lo bastante claro, ¿no?... Sí, en estos momentos estamos con Mae Mae... —Mark se rió—. Eso es, la llamamos Mae Mae... Claro que sí. En lo que mí respecta, de acuerdo. ¿Necesito un bolígrafo? —Dorry empezó a rebuscar en su bolso, pero Mark levantó la mano—. De acuerdo —dijo—. Dime.

Dorry y Mae Mae observaron a Mark atentamente mientras él escuchaba. Vieron cómo se quedaba boquiabierto.

—¡No puede ser! —dijo.

—¿Qué?, ¿qué? —preguntó Dorry con insistencia—. ¿Qué es lo que dice?

Mark escuchaba atentamente a Dylan, pero miraba a Dorry a los ojos; se puso el dedo enérgicamente sobre los labios y se apartó de ella para oír lo que el otro decía.

—Dylan, vuelve a repetirlo —hizo una pausa—. Ni te imaginas lo increíble que es eso. ¿Cuándo llegas a casa? —otra pausa—. De acuerdo. Nosotros también. Tenemos el vuelo mañana desde Memphis, a media mañana. ¿Pueden organizarse Abby y tú para venir a nuestra casa mañana por la noche?... Sí... Sí, creo que ella debe estar en esto... Llevaría demasiado tiempo explicarlo y, de todos modos, no estoy seguro de entenderlo. Oye, ¿las nueve de la noche sería muy tarde? Eso nos permitiría estar un poco con Michael y podremos tenerle en la cama para cuando lleguen… Si no les importa… ¡Perfecto! ¡Muy bien! Entonces hasta entonces… Tú también. Adiós.

Cuando Mark se giró lentamente para volverse a poner frente a Dorry y a Mae Mae, cerró el teléfono y lo puso sobre la mesa. Dorry no podía decir si su marido estaba pasmado o desconcertado… o ambas cosas.

—Debo suponer que Abby lo ha traducido, ¿no? —preguntó finalmente.

Él no movió ni un músculo, pero dijo: «Uuuuh».

Dorry echó un vistazo a Mae Mae, que parecía un tanto divertida. Luego respiró profundamente para calmarse y preguntó:

—Mark, ¿qué dice la inscripción de la piedra de la comida?

Como saliendo de un trance, Mark miró primero a Dorry, luego a Mae Mae y se inclinó hacia delante. En voz baja dijo:

—¿Están preparadas para esto? Abby dice que la traducción es la siguiente: *«Por tu mano, el pueblo será alimentado».*

Mae Mae movió su dentadura hacia delante y hacia atrás porque, durante un largo momento, los tres se miraron fijamente completamente asombrados.

—Bueno —dijo ella finalmente—, ya les dije que era un piedra de la comida.

Una vez disipada la conmoción inicial, Mae Mae sacó la piedra de la comida de su bolso y la puso sobre la mesa, frente a ella, colocando el cordel de cuero en forma de círculo.

—Me lo he traído —dijo simplemente. Tocó la superficie del objeto con sus dedos y se dirigió a Mark—: ¡Repite esas palabras de nuevo!

Mark volvió a repetir:

—Por tu mano, el pueblo será alimentado.

Mae Mae tomó el objeto y lo sostuvo cerca de su cara mirándolo fijamente, con intensidad, como si viera algo dentro del mismo.

—El pueblo será alimentado —murmuró—. ¡Señor, Señor! ¿A cuánta gente alimentó tío Gee mientras llevó esto?

—¡A cuánta gente está alimentando aún hoy! —exclamó Dorry—. Piense en ello.

—Mae Mae —comenzó a decir Mark—, cuando estábamos en su casa dijo que su abuelo llevó esto y que ya se le conocía como piedra de la comida mucho antes de que George Washington Carver se convirtiera... bueno, en George Washington Carver... ¿me entiende? —ella asintió con la cabeza—. De todos modos —prosiguió él—, ¿tiene usted alguna idea de quién pudo haberlo tenido antes que su abuelo?

—No —respondió Mae Mae.

—¿En qué estás pensando? —preguntó Dorry.

—En realidad no lo sé —contestó Mark—. A duras penas consigo que mi cerebro pueda entender esto —sacudió la cabeza con pequeños movimientos rápidos y bruscos—. Lo que quiero decir es que esta cosa viene de África... ¿correcto? —lanzó una mirada inquisidora en dirección a Mae Mae. Ella asintió—. En África ya se la conocía como piedra de la comida... Aunque podemos suponer que la traducción se perdió o se olvidó hace mucho tiempo. Por alguna razón, esta pieza adquirió la reputación de tener alguna relación con producir comida o alimentar a los hambrientos... Y la gente, que no sabía lo que la escritura decía, fue perpetuando esa fama. ¡Esto no tiene sentido!

Mae Mae interrumpió con una amplia sonrisa.

—Estás pensando que quizás es mágico, ¿verdad?

—No —dijo Dorry—. Claro que no —hizo una pausa—. No lo creo. Quiero decir, ¡eso es ridículo! ¿No?

—Déjame decirlo de otro modo, hijita —dijo Mae Mae—. Puede que haya magia en esta piedra de la comida que está aquí, o puede que no. Pero Mae Mae está segura... de que *hay* magia dentro de ti.

—Yo no... —comenzó a decir Dorry.

—Lo que Mae Mae está diciendo es que puede haber toda la magia del mundo en esta roca, pero si te quedas ahí, esperando que la magia ocurra y *no haces nada*, eso es exactamente lo que vas a conseguir: ¡Nada! Por el contrario, si eliges hacer algo especial, obtendrás algo especial —una vez aclarado este punto, la anciana se echó hacia atrás, cruzó los brazos y dijo—: ¡Eso es lo que hay, y nada más!

Hicieron una pausa en su conversación mientras la camarera servía nuevas tazas de café. Se habían dado cuenta de que el restaurante ya estaba casi vacío, a pesar de la multitud que había venido a comer, pero a nadie pareció importarle que ellos siguieran allí. Cuando la camarera se retiró, Dorry comentó a Mae Mae algo que le rondaba por la mente.

—Esta mañana usted se refirió a la piedra de la comida como «una inspiración» para su tío. ¿No fue más que eso?

Durante un momento, Mae Mae se quedó pensativa y luego habló.

—Estoy segura de que significó mucho para él porque era de su padre, pero sobre todo fue un recordatorio acerca de la elección.

Mark y Dorry parecían desconcertados, como si se hubieran perdido algo.

—No comprendo —dijo Mark.

—Digámoslo de otro modo. ¿Creen que mi tío George Washington Carver marcó una diferencia en este mundo?

—Por supuesto. Con toda seguridad —contestaron.

—Tienen razón. Ahora, permítanme que les pregunte esto: ¿piensan que hay personas que no representan nunca una diferencia para este mundo?

Mark y Dorry titubearon y luego contestaron que sí, que creían que eso era verdad.

—¡Y ahí es donde están totalmente equivocados! —dijo Mae Mae señalando con el dedo—. Todo el mundo, cada individuo sin excepción, marca una diferencia. Pero hay una *elección* que determina el tipo de diferencia que tú marcarás. Muchas personas no ven lo relevantes que son… Ni cuánto nos importan a todos nosotros. Por eso, nunca eligen hacer algo especial con sus vidas. Y *no* hacer una elección *es* en sí mismo una elección... ¡Es una oportunidad perdida!

—¡Uau! —Mark abrió los ojos como platos y miró a Dorry—. Nunca pensé en ello de esta forma, pero es verdad.

Dorry abrió su bolso y, después de revolver en él, sacó la primera reliquia y la colocó sobre la mesa, junto a la piedra de la comida. De no ser por el cordón y la ligera variación en la forma, las dos eran casi idénticas. La principal diferencia, que ellos ya conocían, era la inscripción.

—Por tu mano, el pueblo vivirá —dijo Dorry y alzó la mirada—. ¿Mae Mae, cree usted que en éste también había una elección?

—Sí, hijita, lo creo. Y pienso que una piedra abrigaba la misma cantidad de elecciones que la otra —la anciana tomó la piedra de la comida por la cuerda y la levantó, diciendo—: La diferencia es que, en este caso, conocemos parte de la historia. Y sabemos que el tío Gee supo ver el peligro de *una oportunidad perdida*. Por eso empujaba a la gente a hacer una elección.

—¿Qué quiere usted decir? —preguntó Mark.

—El tío Gee le colgaba esta piedra a una persona y le preguntaba: «¿Prometes que harás algo especial con tu vida?» Les obligaba a responder. Sé que lo hizo muchas veces, porque el doctor Patterson, el hombre que fue presidente en Tuskegee cuando tío Gee murió, me escribió una carta y me lo dijo. Me contó que el tío Gee puso esto alrededor de su cuello muchas veces y le hizo esta misma pregunta. Me aseguró que no pasaba un solo día sin que luchara para vivir de acuerdo con la elección que había hecho.

Sostuvo la piedra de la comida más en alto, la estudió mientras giraba en el extremo del cordón; luego, la puso sobre la mesa.

—¡Ven aquí, hijo! —dijo a Mark.

—¿Qué desea, señora? —preguntó, no muy seguro de lo que ella quería que hiciera.

—Da la vuelta, ven aquí a mi lado y agáchate donde yo te pueda ver —Mark se deslizó fuera del reservado y se colocó al lado de la anciana—. Ponte de rodillas aquí —le dijo, y él lo hizo—. Quiero darte esta piedra de la comida a ti.

—¡Oh, Mae Mae! —a Dorry se le escapó un grito ahogado y se tapó la boca con la mano—. ¿Está usted segura? Pertenece a su familia.

—Ahora —dijo ella—, en un sentido, Mae Mae ya no tiene más familia. Y, en otro, *todos* somos familia. Todas las personas que están en el mundo. Nuestras vidas se están tocando todo el tiempo, ¿no es verdad?

—Sí, señora —respondió Dorry.

—De todos modos, Mae Mae tiene casi cien años y quiero que tú, Mark, tengas esto. Será un regalo que un día le darás a ese hijo tuyo. Inclina la cabeza.

Cuando Mark agachó la cabeza la anciana negra y menuda levantó el objeto y colocó el cordón de cuero alrededor de su cuello. Luego, meció su rostro entre sus manos y le dijo:

—Mark, ¿prometes que harás algo especial con tu vida?

Con la mano derecha, Mark cubrió la fría mano de ella que reposaba contra su mejilla.

—Sí, señora. Lo prometo.

Agarró la primera reliquia con la otra mano y la extendió hacia Dorry. Mae Mae la colocó en la palma de la mano de Dorry, pero mantuvo su mano allí, entrelazando sus dedos con la mujer más joven, sosteniendo el objeto entre ellas.

—Hijita —dijo a Dorry que tenía los ojos llenos de lágrimas—, ¿prometes que harás algo especial con *tu* vida?

—Sí —respondió Dorry—, lo prometo.

—Muy bien —dijo moviendo su dentadura—. Lo estaré esperando. Ahora, lleven a Mae Mae a casa. Los quiero, pero estoy exhausta.

❦ NUEVE

DENVER, COLORADO — OCTUBRE

FALTABAN DIEZ MINUTOS PARA LAS NUEVE DE LA NOCHE. SABIENDO que Dylan llegaría puntual, Dorry hizo un pequeño y rápido recorrido a toda la casa para asegurarse de que todo estaba limpio y ordenado. No conocía a Abby y quería causar una buena primera impresión.

El vuelo desde Memphis había aterrizado justo antes del mediodía. Cuando fueron a recoger a Michael se quedaron a comer con los padres de Dorry, pero aun así sobre las dos y media ya estaban en casa. Era una tarde de otoño perfecta; Mark y Dorry habían pasado la mayor parte de ella jugando fuera con su hijo. Alrededor de las seis Mark y Michael habían preparado la cena mientras Dorry se ponía al día con la inundación de correos electrónicos del trabajo. Al menos se sentía aliviada de no tener nada previsto para la mañana siguiente.

Ahora Michael ya estaba acostado —y dormido—, y Mark hizo una cafetera nueva mientras Dorry recogía un camión basculante Matchbox de entre los cojines del sofá del salón.

—¿Cuántos de estos tiene Michael? —preguntó al entrar a la cocina, haciendo rodar el juguete por encima del mostrador hasta donde se encontraba su esposo.

Con destreza, Mark agarró el camión cuando se cayó del borde y lo puso encima de la nevera.

—No lo sé —dijo—, pero ya te digo los que va a tener si vuelvo a pisar otro con el pie descalzo en mitad de la noche. ¡Pisé ese pequeño tanque en el cuarto de baño la semana pasada y casi me mato!

El timbre de la puerta sonó.

—Ahí están —dijo Dorry—. Ve haciéndoles pasar que yo vuelvo enseguida. Quiero echarle un vistazo a Michael antes de que empecemos.

Abby Warner era una chica de veintisiete años, alta y bronceada. Llevaba su media melena castaña clara atada en una cola de caballo. Las mechas rubias combinaban con sus ojos azul claro y enmarcaban una sonrisa natural.

—¡Hola! Pasen —dijo Mark mientras entraban, primero Abby y luego Dylan, por la puerta principal. Dorry apareció en escena unos segundos más tarde y abrazó a Dylan mientras este les presentaba a la arqueóloga que se había convertido en su novia.

Acompañando al grupo hasta el salón, Dorry dijo:

—Dylan, ¡es preciosa!

—¿En serio? ¿A ti te lo parece? —contestó este bromeando—. Ni siquiera me había dado cuenta de *eso* —Mark y Dorry se rieron cuando Abby puso los ojos en blanco y se sonrojó.

—Bueno —dijo Dorry—, dejémosla tranquila hasta que la conozcamos. *Luego* podremos meternos con ella sin piedad —todos se rieron—. Abby, vente conmigo. Vamos a prepararnos el café como nos gusta y estos dos se beberán lo que les traigamos.

Mientras los chicos se ponían cómodos en el sofá, Dorry y Abby desaparecieron en la cocina. Mark le hizo un guiño a Dylan. Ambos tenían la sensación de que, por alguna razón, a Dorry le había caído bien la joven desde el primer momento.

Ya en la cocina las dos mujeres hicieron buenas migas inmediatamente. Dorry le enseñó a Abby las fotos de Michael que estaban pegadas en la nevera y le preguntó sobre su infancia. Le interesaba mucho saber por qué había elegido el colegio universitario de Darmouth y se enteró de que era una de las pocas escuelas de Estados Unidos donde se podía sacar la licenciatura en Arqueología Clásica. En ningún momento mientras se hacía el café hubo una pausa en la conversación.

—¡Vamos! —dijo Dorry levantando la bandeja con las tazas, la leche y el azúcar. Abby la siguió al salón, donde Dylan y Mark ya rondaban, impacientes, la mesa del café. Dylan estaba examinando la piedra de la comida con una lupa.

—¡Hagan sitio, chicos! —dijo Dorry mientras ellos despejaban rápidamente la mesa—. No habrán empezado a hablar sin nosotras, ¿no?

—No, solo estoy mirando —dijo Dylan—. ¡Santo cielo! ¡Esto es verdaderamente increíble!

—¿Santo cielo? —preguntó Dorry. Mark se rió por lo bajo; ya veía que su esposa estaba pensando si atormentar a Dylan o no por la elección de sus palabras.

Dylan percibió el desafío en la expresión y habló primero.

—Es una expresión perfectamente aceptable —dijo con un aire de burlona superioridad—. En los diccionarios, viene en la *S* de «Santo cielo». ¿Su definición? Cielo santo, es un grado de santidad en algún lugar entre una caballa y una vaca. Búscalo y verás.

—Vale, vale —Mark se rió cuando vio que Dorry y Abby ponían los ojos en blanco—. Vamos al tema. Dylan, dinos qué es lo que te resulta tan increíble en todo esto.

Dylan se deslizó desde el sofá hasta quedar de rodillas delante de la mesa de café y volvió a mirar la piedra de la comida con la lupa.

—En primer lugar, las similitudes —dijo—, aunque son obvias. Abby, tú eres la experta. Yo estoy fuera de mi terreno.

La arqueóloga de la cola de caballo se apretujó contra él.

—Déjame ver.

Dylan cambió de postura para dejarle sitio mientras Mark llevaba la bandeja con el azúcar y la leche al comedor. Luego pasó la lámpara al otro lado del sofá para que alumbrara directamente sobre la mesa de café.

—¿Mejor así? —preguntó y, cuando contestaron afirmativamente, él también se unió a ellos sobre el suelo del salón.

—Me sorprende que la escritura se haya conservado de una forma tan clara —dijo Abby—. Obviamente hay un desgaste, algunas partes están un poco desteñidas, pero son piezas muy bonitas.

Mirando por encima del hombro de Abby, Dorry preguntó:

—¿Por qué te sorprende la escritura?

Sin retirar sus ojos de los dos objetos, Abby respondió:

—Estoy suponiendo que ambas pertenecen, más o menos, a la misma época, por no decir exactamente, por el tamaño, el color, el grado de deterioro y, desde luego, por las traducciones tan similares. Sin embargo... En una reliquia tan antigua cabría esperar más desgaste alrededor de los bordes de los cortes de la inscripción. ¿Ven qué definición tan nítida tiene el grabado? Si tuviéramos que considerar cada hendidura como si se tratara de un diminuto acantilado, el borde del precipicio es una caída repentina. No se trata de un borde suavizado, como sería de esperar después de siglos de exposición a los elementos.

Abby volvió a utilizar la lupa.

—Quiero mirarlos bajo un aparato de mayor alcance, si no les importa que me los lleve al laboratorio del museo —hizo una pausa—. Pero lo que veo aquí... —alzó la mirada y pensó durante un momento. Volvió a colocar las piezas cuidadosamente sobre la mesa de café y prosiguió como si tal cosa—: Dos aspectos concretos me llaman la atención. Uno es la condición en la que se encuentran los objetos, que es lo que hemos estado hablando. Sé que uno se encontró en o cerca del agua, ¿correcto?

—Sí, correcto —confirmaron los Chandler.

—Un examen meramente superficial diría que esta cosa no ha pasado mucho tiempo *en el exterior*; en cuanto a estar en el agua, ya ni les cuento. Ambos objetos son iguales en ese aspecto. No están lo suficientemente erosionados como para tratarse de algo que ha estado…

Abby frunció el ceño.

—¿Que ha estado qué? —preguntó Dorry.

—Protegido personalmente —Dylan acabó la frase por ella. Volviéndose hacia Abby, que parecía aún sumida en profundos pensamientos, dijo—: Eso es lo que te tiene desconcertada, ¿verdad? ¿Piensas que ambos han estado protegidos personalmente, pasados de mano en mano como si se tratara de una reliquia de familia, durante dos mil años o más?

—Pero eso es absurdo… ¿no? —suspiró Abby.

—¡Bueeeeno! —Dylan estiró la palabra—. Creo que esto amplía un poco más la esfera de búsqueda. No sé, Ab… Pensar que un objeto pueda pasarse, intencionadamente, de una persona a otra durante dos milenios… Con imperios que empiezan y caen… Lo que quiero decir es que eso es mucho más tiempo de lo que las civilizaciones han estado en esta parte del mundo.

—Lógicamente, estoy de acuerdo contigo —admitió Abby—. Desde el punto de vista de la arqueología tampoco tiene sentido… Pero *míralos*. —Colocó ambos objetos en las manos de Dylan, un tanto desafiante—. Tienes que admitirlo… Has visto artefactos apaches con menos de doscientos años de antigüedad que estaban en peores condiciones que estos. —señalando el objeto que Michael había encontrado, dijo—: No creo que esta pieza haya estado expuesta a los elementos ni siquiera durante cien años, y mucho menos dos mil. Y éste… —Abby tomó la piedra de la comida por el cordón—. ¡Éste todavía está mejor conservado que el otro! No puedo imaginar otra posibilidad que no sea la de haber estado protegido, de alguna manera, desde que los fundieron.

Dylan asintió con la cabeza.

—Es extraño, pero estoy de acuerdo con todo lo que has dicho.

—Y, como *tú* dijiste, Dylan —intervino Mark—, ella es la experta.

—Sí que lo es —convino Dylan.

—Abby —interrumpió Dorry—, hace un minuto dijiste que había dos cosas, o dos aspectos como tú los denominaste, que te llamaban la atención. Una era el estado de estas piezas. ¿Cuál era el otro?

—La ubicación —dijo Abby simplemente—. Ambas piezas se recogieron en el continente norteamericano. Es algo realmente inusual, pero que nos dice exactamente lo mismo.

—¿Y cómo es eso?

Abby se encogió de hombros.

—Considéralo de esta forma: este continente es una red arqueológica. Los objetos más raros de este mundo, los más escasos y de mayor valor, siempre gravitan hacia las sociedades económicamente superiores y culturalmente libres… Y eso es lo que tenemos en Norteamérica. Matemáticamente, dentro de veinte mil años todo debería acabar aquí.

—De modo que esto —dijo Mark—, la piedra de la comida, vino de África a mediados del siglo diecinueve. Y esto, la de Michael, no estuvo tanto tiempo en ese riachuelo…

Abby le interrumpió.

—Al menos, no en un sentido arqueológico.

Consciente de la necesidad de hacer un receso, Dorry dijo:

—Mark, vayan los tres a la cocina y hagan café. Cuéntales. a Abby y a Dylan, toda la historia de Mae Mae y George Washington Carver. Yo voy a echarle un vistazo a Michael y a hacer un par de búsquedas en Internet. Hay pastel en la nevera.

Veinte minutos más tarde, Dorry volvió a la cocina y se unió a los demás que estaban sentados alrededor de la mesa del desayuno. Mark casi había acabado con la historia y contaba ahora a Abby y a Dylan el funeral de George Washington Carver y cómo había conseguido Mae Mae la piedra de la comida. Mientras él hablaba, Abby sostenía la piedra en su mano.

—No quisiera parecer un tío raro —dijo Mark al terminar el relato—, pero juro que me pasó algo cuando me puse esa cosa alrededor del cuello y prometí que haría algo con mi vida.

—Algo *especial* con tu vida —corrigió Dorry.

—Es cierto. Algo especial.

—Te ocurrió algo… ¿en qué sentido? —preguntó Abby.

—Sinceramente, ni siquiera estoy seguro de poder explicar lo que sentí —dijo Mark. Alzó las manos y las dejó caer en un gesto vago—. Supongo que, de alguna forma, he estado intentando hacer algo especial con mi vida, pero cuando lo dije, o más bien cuando Mae Mae lo dijo, cuando hice la elección, sentí un poder, un propósito… o una certeza… una seguridad… algo.

—Ni siquiera entiendo esto —dijo Dylan. Alargó su mano hacia Abby, en silencio, pidiendo la piedra de la comida. Cuando la tomó, sacudió la cabeza como para aclararse y habló lentamente—: ¡Está bien! La traducción de lo que pone aquí es… —miró a Abby expectante.

—Por tu mano, el pueblo será alimentado —contestó ella.

Dylan miró a los otros tres y repitió las palabras de Abby.

—Por tu mano, el pueblo será alimentado —hizo una pausa dramática—. ¿Será alimentado… alimentado? ¿Y George Washington Carver llevaba esto al cuello? Chicos, lo que quiero decir es lo siguiente: contra todo pronóstico humano consiguió todos aquellos logros… ¿Y ustedes me dicen que llevaba esto puesto? Me cuesta creerlo.

—Discúlpame —dijo Dorry levantando su mano—. Permítanme añadir algo más de inquietud a este tema —desplegó un montón de papeles—. Los acabo de sacar de la impresora… sondeado en las profundidades del ciberespacio —volviéndose hacia su marido, preguntó—: ¿Mark? ¿Les has hablado a Abby y Dylan de Patterson?

—¿Patterson? —Mark parecía perdido—. No estoy muy seguro de *acordarme*. Dime otra vez quién era.

Dorry barajó las páginas que había puesto sobre la mesa.

—¡Menos mal que tomo notas! —comentó a Abby mientras levantaba las cejas— el doctor Frederick Patterson era el presidente del Instituto Tuskegee cuando Carver murió. Mae Mae le conoció en el funeral en 1943.

—¡Ah, sí! Ya lo recuerdo.

—¿Recuerdas que Mae Mae me dijo que el doctor Patterson le escribió una carta? En ella decía que Carver le había puesto varias veces la piedra de la comida alrededor del cuello y le había pedido que prometiera hacer algo especial con su vida. Te acuerdas de eso, ¿no?

—Sí, desde luego —contestó Mark—. Le dijo que había intentado hacer honor a esa elección cada día de su vida.

—¡Pues bien! Ni te imaginas lo bien que cumplió su promesa —replicó Dorry—. Ni te imaginas lo que ha salido en el buscador de Internet cuando he escrito su nombre. Escucha esto —leyó una frase que había resaltado de una de las páginas de la impresora—: «Como fundador del United Negro College Fund, el doctor Frederick Patterson recibió la muy merecida Medalla Presidencial de la Libertad, que le fue concedida personalmente por el presidente Reagan. El doctor Patterson, primer miembro afroamericano del Comité Central de la Cruz Roja Americana, creó institutos de investigación, escuelas, becas públicas…» —Dorry alzó la mirada—. Llevaría una semana leer todo lo que hizo este tipo. ¡Es increíble!

Dylan estaba inclinado sobre la mesa, con la boca abierta mientras Dorry leía. Cuando acabó, levantó la piedra de la comida y preguntó—:Y ese tipo… Patterson. ¿Llevó esto alrededor de su cuello?

—Obviamente, varias veces —respondió Dorry, mientras los demás se quedaban embobados mirándola—. Denme un segundo. ¡Esperen a oír esto! —luego dijo a Mark—: ¿Les has hablado de Henry Wallace?

Mark asintió.

—¿El vicepresidente? —preguntó Abby.

—¡Ajá! —confirmó Dorry—. Hay diez veces más entradas en Internet acerca de él que de Patterson. ¿Saben que correteaba por los bosques con Carver cuando era niño, en Iowa?

—¡Espera un minuto! —dijo Dylan incrédulo—. No se me había ocurrido conectar esos puntos. ¿Carver puso la piedra de la comida a ese niño en Iowa?

Dorry asintió y Dylan miró a Mark.

—Esta es la persona de la que nos estabas hablando hace unos minutos… ¿*Este* niño creció y llegó a ser el secretario de agricultura y vicepresidente de Estados Unidos? —Dylan estaba a punto de salirse por el otro lado de la mesa.

—Bueno —dijo Dorry—, dejen que se lo ponga todo aun un poco más difícil de creer —dio la vuelta a varios papeles—. ¡Aquí!… secretario de agricultura en 1933… vicepresidente en 1940. Esto fue bajo el mandato de Roosevelt; a propósito… aguarden un momento… ¡Aquí está! Henry Wallace desarrolló algunas de las primeras variedades de maíz híbrido y, al plantar su semilla, los granjeros de Estados Unidos duplicaron y triplicaron su rendimiento por acre.

Dorry echó un vistazo. Los ojos de Mark estaban abiertos como platos y asentía despacio con la cabeza.

—¡Oh! Un momento —dijo ella volviendo las páginas mientras buscaba una parte concreta que había señalado—.

El siguiente trozo es… Bueno, aquí está —dijo a los demás—: Esto es solo de *una* de las páginas web que tienen esta información… ¿están preparados?

—¡Dispara! —respondieron.

Dorry empezó a leer:

—«En 1940, poco después de haber sido elegido vicepresidente, Wallace viajó a México y quedó consternado al ver la producción de maíz de un país en el que éste constituía la parte más importante de la dieta de una familia. La producción por acre era drásticamente inferior a la de los granjeros estadounidenses, que plantaban variedades híbridas. El vicepresidente no tardó en crear un centro agrícola en México para desarrollar variedades de maíz adaptadas al clima y al terreno de esa región».

Dorry alzó la mirada y dijo:

—Si seguimos leyendo, oigan esto —prosiguió—: «Uno de los primeros científicos que se unió a este centro empezado por Wallace fue un hombre llamado Norman Borlaug. Veinte años después de la construcción, la producción de maíz en México se había duplicado y la de trigo había crecido cinco veces. Borlaug obtuvo el Premio Nobel de la Paz en 1970 por la obra que hizo en el centro —Dorry levantó la cabeza.

Nadie habló. Se limitaron a mirarla mientras ella sostenía frente a sí los papeles que había sacado de Internet.

—De modo que, ¿por qué consiguió Borlaug el Premio Nobel de la Paz? Aquí dice, no se pierdan esto, que el trabajo de ese centro en México dedicado a la expansión de la producción de maíz, trigo y arroz impidió la hambruna en todo el mundo… y, a lo largo de los años, se salvó la vida de mil millones de personas.

—¿Mil millones? —susurró Abby.

—¡Sí! Mil millones —contestó Dorry—. Con tres ceros.

—¡Vaya! —Dylan repitió—: con tres ceros. Cientos de cientos de millones… Amigos, ésta es la ilustración de un libro de texto explicando el efecto mariposa.

—¿El efecto qué? —preguntó Mark.

—El efecto mariposa, la sensibilidad a las condiciones iniciales dentro de la teoría del caos.

—En cristiano, por favor —dijo Abby dándole un codazo.

Ignorándola, Dylan prosiguió:

—En 1962, Edward Lorenz presentó un escrito a la Academia de Ciencias de Nueva York que levantó una protesta airada por su precisión y su sinceridad sin adornos. Le llamó el efecto mariposa. Dicho de una forma simple, el efecto mariposa dice que una mariposa puede agitar sus alas en un lugar del mundo y poner en movimiento moléculas de aire… que, a su vez, hacen que *otras* moléculas de aire se muevan… que mueven a *otras* moléculas de aire, que pueden llegar a crear un huracán al otro lado del mundo —Dylan abrió las manos como lo haría un animador al recibir un aplauso y repitió—: «El efecto mariposa».

Mientras digerían este nuevo pensamiento, los cuatro amigos reaccionaron cada uno de una manera distinta. Dylan, que había sido el último en hablar, se quedó totalmente callado y se limitó a mirar a los demás. Abby retorció la punta de su coleta alrededor del dedo índice de su mano derecha. Mark pasó una y otra vez la uña de su dedo pulgar por la ranura del borde de la mesa mientras Dorry, completamente ausente, bebía un sorbo de café ya frío.

Mark fue el primero en romper el silencio.

—De modo que, en términos humanos, estás diciendo que Carver es un ejemplo del efecto mariposa.

—Sin la menor duda —dijo Dylan—. Míralo de esta forma: Carver influyó en Wallace, que estableció el centro en México. De allí salió Borlaug… que fue quien dirigió sus esfuerzos. Y el resultado final fue que se evitó la hambruna en el mundo y se salvaron miles de millones de vidas.

—En realidad —interpuso Abby—, ese no fue el resultado final. Esa tormenta *en particular* que puso en movimiento la mariposa no murió nunca. Sigue reuniendo fuerzas. Piensen en las cosas que todavía están por conseguir, las vidas que con seguridad se van a ver tocadas por esos cientos de millones de personas que no estarían vivas si... —su voz se fue apagando mientras arqueaba las cejas, maravillada.

Mark acabó la frase.

—...que no estarían vivas si Carver no hubiese pasado tiempo con ese niño pequeño...

—...que creció y llegó a ser vicepresidente... —dijo Dylan.

—...y empezó con el centro en México... —añadió Abby mientras se miraban unos a otros con los ojos como platos.

—¡Santo cielo! —exclamó Dorry mientras ellos rompían a reír.

Mark se puso de pie y se apoyó contra el muro, todavía perdido en el concepto de que una vida pudiera tener tanto significado.

—Métanse esto en la cabeza —dijo—. Esos mil millones de personas no son más que una parte de *un* solo movimiento que hizo Carver. ¿El asunto de los cacahuetes? Ese fue un batir distinto de sus alas, por seguir con la misma metáfora. Consideren esto: ¿piensan que la conexión del «niño pequeño» fue grande? Cuando Carver agitó sus alas y creó todos esos usos para el cacahuete, ¿cuántos miles de millones se vieron afectados por ello?

—Esta es mi pregunta —dijo Dylan poniéndose de pie. Movió la piedra de la comida y la puso en el centro de la mesa—. ¿Dónde ha estado esta cosa? —miró a los demás intensamente—. «Por tu mano, el pueblo será alimentado» —luego, Dylan puso el objeto de Michael en el centro de la mesa—. Y esta: «¿Por tu mano, el pueblo *vivirá*?»; ¿qué significa *eso*?; ¿y dónde ha estado *esto*?

Dylan se volvió hacia su novia.

—Ab, piensa en ello —dijo—. Tú crees que el estado de estos objetos indica una manipulación personal. Vale; estoy de acuerdo. Ahora... quiero saber *quién los tuvo en sus manos*.

⚜ DIEZ

Mark había rescatado a Dorry de una mañana dura en el *Post*, justo a tiempo para unirse a Dylan y Abby y comer en un restaurante del centro. Era la quinta vez que se juntaban desde su primer encuentro como grupo. Estaban descubriendo muy rápidamente lo mucho que disfrutaban de la compañía mutua; todos ellos estaban cada vez más interesados en el misterio de las reliquias, que se iba haciendo cada vez más amplio.

La experiencia de Mark como detective le había señalado como líder reconocido de su búsqueda. Bajo su dirección habían acordado encargarse de tareas por separado, explorando distintos ángulos, recopilando información. Mark envió solicitudes al banco de datos del FBI, Scotland Yard e Interpol, con la esperanza de que un «informe de objetos robados» pudiera incluir la descripción de uno de los objetos. A diferencia de las publicaciones de noticias, que hacían un informe en líneas generales —explicó—, los informes de arresto requerían unos listados pormenorizados. A pesar de ello, no era optimista.

Dorry se encargó del tema desde el ángulo del periodismo, con amigos del departamento de investigación del *Post*. Se centró en los hallazgos arqueológicos y fue estrechando el círculo de la búsqueda a «piezas de bronce reforzadas con plomo que pesen menos de 200 gramos» y tuvo que pasar por montañas de artículos, muchos de ellos anteriores a la era de Internet, de Associated Press o United Press International.

Tras haber pedido unos sándwiches y habérselos comido, los cuatro amigos intentaron organizar sus datos y sus preguntas de la forma más ordenada posible. Cuando Abby fue haciendo una lista de sus hallazgos y mencionó que las dos reliquias estaban huecas, Dylan la detuvo.

—¡Eh!, tengo una pregunta —dijo—. ¿Ambos objetos están hundidos de la misma manera?

Se dio cuenta de que Abby había fruncido el ceño, y explicó:

—Quiero decir... ¿los fundieron en esa forma hundida o quedaron así mediante una presión, como cuando doblas la antena de un coche hasta que se rompe? Si haces eso dos veces con la misma antena, el resultado será una pieza cerrada a ambos lados y hundida en el centro.

—Ya veo adonde quieres llegar —dijo Abby entrecerrando los ojos para concentrarse—. Si sometiera los objetos a radioscopia y llegara a la conclusión de que ha habido cierre por presión... —hizo una pausa.

—¿Qué? —preguntó Dorry.

—El cierre por presión demostraría que los objetos se encontrarían en una forma secundaria, es decir rotos.

—¿Y eso significaría...? —apremió Dorry.

—Significaría que tenemos una nueva pregunta —contestó Abby—. Y esta sería: ¿Cómo eran esos objetos en su forma primitiva? —se echó hacia atrás en la silla y cruzó los brazos—. Supuse que las reliquias no habían sufrido prácticamente ningún cambio por la falta de erosión en la superficie. Pero eso no excluye la posibilidad de que hubiera un suceso catastrófico. Y en términos arqueológicos, eso puede ser cualquier cosa, desde el impacto de un meteorito hasta un golpe de martillo. Es lo contrario a la erosión que ocurre a lo largo del tiempo.

Abby se quedó callada durante un momento, pensando, y luego respiró profundamente.

—Al menos esto me da una dirección —dijo, y se volvió hacia Dylan—. Cuenta a Mark y a Dorry lo de Perasi.

—Bueno —comenzó Dylan—, en el museo tenemos a un chico que se llama Perasi; es indio y es un dios de los ordenadores. Un tipo bajito, regordete. Nunca se va a casa… Juraría que duerme allí. Forma parte del personal de Biblioteca y Archivos. Bueno, a lo que voy —dijo Dylan con una expresión picarona—, yo le llevo pizza de vez en cuando, así que es mi colega. Pues bien, hace dos o tres meses consiguió poner en marcha su nueva plataforma de ordenador… Software vanguardista… Les digo que es el no va más, un monstruo de sistema. Somos uno de los cuatro museos que tienen uno de estos en EE.UU. Perasi dice que hay gobiernos de países que no tienen sistemas tan potentes como este. Puede hacer cualquier cosa, créanme. ¡Este chico podría crear un programa para determinar cuántos centímetros de cuerda se usan para hacer las canastas de baloncesto que tienen los Boys' Clubs de Estados Unidos al este del río Mississippi! De modo que, para mí… para nosotros… Perasi ha creado un motor de búsqueda masiva diseñado específicamente para buscar fotografías, pinturas, estatuas, cintas de video, microfichas… Ese tipo de cosas. Introdujo representaciones en 3-D de los dos objetos en el programa y el ordenador hará un barrido en busca de objetos que tengan la misma apariencia y que puedan salir en cualquier medio visual.

Dorry estaba asombrada.

—¿Es eso posible? —preguntó.

—Absolutamente —dijo entusiasmado—. Yo solo le pedí que mirara en los archivos de *nuestro* museo y él dijo: ¿Y qué pasa con el resto del mundo? ¡Y no estaba de broma! Solo para demostrarme lo que era capaz de hacer, mientras yo estaba allí de pie, puso en marcha un programa que buscó «presidentes de Estados Unidos que practicaban tiro con arco». Introdujo «solo fotos en color» para estrechar el campo. ¡En diecisiete minutos me enseñó una de Eisenhower y una de Nixon!

—Entonces, ¿qué es lo que va a buscar exactamente? —preguntó Mark—. ¿Y cuándo va a empezar?

—Mientras nosotros estamos hablando, Perasi está programando. Dice que estará preparado para ponerlo en marcha esta noche. Como no tenemos una fecha límite, le dije que hiciera un barrido tan amplio como pudiera. Está programando para buscar fotografías —publicadas y no publicadas—, lo que significa que el ordenador buscará también en las colecciones y los nuevos archivos de los museos de todo el mundo. Está explorando pinturas, tallados y estatuas, y además está cruzando referencias de todo ello... por si hay una pintura de una estatua o una fotografía de un tallado.

—¡Buen trabajo, chicos! —dijo Mark cuando vieron la hora que era y se levantaron de la mesa—. ¡Sigamos dándole caña!

AL DEJAR EL RESTAURANTE, HABÍAN QUEDADO EN VOLVER A encontrarse el sábado por la tarde a las cuatro. Era martes y les parecía que cinco días serían suficientes para trabajar en sus proyectos; esperaban hacer algunos progresos sobre los que poder comentar. Sin embargo, el jueves por la tarde el teléfono sonó en casa de los Chandler. Al otro lado de la línea, Dylan murmuraba: «Venga, contesten».

—Dígame —contestó Dorry. Eran las ocho y media. Acababa de acostar a Michael y estaba a punto de tomar un baño.

—Dorry, ¿está Mark ahí? ¿Se puede poner en el otro teléfono? Necesito hablar con ambos.

En menos de veinte segundos, Mark levantó el teléfono.

—¡Qué hay, Dylan! ¿Qué cuentas?

—¿Están los dos en línea?

—Sí —contestaron los Chandler.

—Tenemos que vernos mañana por la mañana —dijo Dylan precipitadamente—, antes del trabajo, a menos que pueda ser esta noche. Pero, claro, ustedes tienen a Michael. De todos modos no encuentro a Abby. Tendrá que ser por la mañana. Si…

—¡Eh, Dylan, espera! ¡Para un momento! —dijo Mark— ¡Hombre, respira! ¿Qué demonios ocurre?

—No estoy de broma —dijo Dylan—. Estoy en el museo con Perasi. Me llamó y me dijo que bajara. Abby está en el cine con su ayudante de laboratorio y creo que tiene el móvil apagado. Yo estoy aquí y tenemos un dato en este programa. ¡Hice una llamada y, no veas! Esto lo cambia todo. ¡No se pueden imaginar! ¿Podemos vernos por la mañana?

Mark estaba en el inalámbrico y se había dirigido al dormitorio, desde donde Dorry contestó la llamada de Dylan. Le oyeron balbucear por el entusiasmo mientras ellos se miraban el uno al otro. Mark frunció el ceño e hizo un gesto a su mujer que significaba: *«¿Qué es lo que pasa?»* Dorry se encogió de hombros como diciendo: *«No tengo la menor idea»*. Mark volvió a hablar.

—Dylan, cálmate, amigo. Cuéntame qué es lo que tienes.

—No —respondió Dylan—, todavía no. Tengo que hacer una llamada más; déjame hablar con Ab y entonces puede ser que *de verdad* tengamos algo de lo que hablar.

—¡Dylan! —dijo Dorry—. Tienes que…

—Por favor, tienen que confiar en mí en este tema. ¿Dónde podemos vernos por la mañana y cuál es la hora más temprana a la que pueden venir?

—Bueno… —empezó a decir Mark.

—¿Qué les parece la cafetería justo enfrente del museo? —apremió Dylan—. Yo voy a pasar la noche aquí.

—¿En serio? —preguntó Dorry levantando las cejas y mirando a Mark, que seguía en el dormitorio con el teléfono inalámbrico.

—Desde luego. Tengo que conseguir hablar con Abby, pero aparte de eso, voy a estar vigilando este ordenador toda la noche. ¿Podemos quedar a las seis en punto?

—¡Uf! —Mark echó una mirada de interrogación a Dorry, que calculó rápidamente el horario para ver cómo haría con su niño y, después, asintió con la cabeza.

—Sí —respondió—, a las seis está bien.

—De acuerdo. No se retrasen. Nos vemos allí —dijo Dylan, y colgó antes de que los Chandler pudieran despedirse.

A la mañana siguiente, Abby y Dylan estaban esperando a la puerta del pequeño restaurante cuando vieron que Mark y Dorry subían por la acera a las seis menos cinco. Como era tan temprano, los Chandler habían podido aparcar una calle más abajo de la cafetería. Tras saludar a la joven pareja, Dylan abrió la puerta y dijo:

—Hola chicos. Vamos.

Abby abrazó a Dorry y le dijo con secretismo:

—¡Cielos! Me gustaría soltarlo todo ahora mismo, pero me mataría. Hemos pasado la noche aquí… quiero decir, en el museo. ¡Estoy tan entusiasmada!

—¿*Tú* también has pasado la noche aquí? —dijo Dorry mientras todos se quitaban las chaquetas y se sentaban en la mesa más lejana a la puerta. Gracias a Dylan ya había cuatro tazas en la mesa y una cafetera en medio, que Dorry agarró inmediatamente, empezando a servir.

—Sí —ahora Abby se dirigía a ellos dos—. Anoche fui a ver un espectáculo con algunos amigos y cuando llegué a casa Dylan estaba en el aparcamiento del complejo donde está mi apartamento. Olvidé encender mi teléfono cuando salí del teatro. Cuando me enseñó lo que están a punto de ver… volví al museo y me quedé. Perasi también está allí.

—Y entonces, ¿*qué*? —dijo Mark—. No nos tengan más tiempo en suspense. ¿Qué?

Dylan sacó un sobre de papel manila, lo abrió y metió la mano dentro.

—¡Chicos, respiren profundamente! —dijo con mucho misterio, y sacó una hoja de papel del interior del sobre—. Lo que están a punto de ver los va a asombrar y los va a dejar con la boca abierta.

—¿No te vi hacer este truco de magia en un barco de crucero? —preguntó Mark con una sinceridad fingida.

—¡Sh! —ordenó Dorry—. Sigue, Dylan.

Pero Dylan, antes de colocar el papel sobre la mesa, puso la mano para ocultar parte del mismo. Cuando desplegó la página delante de ellos, Mark y Dorry vieron que era una hoja de impresora, en color, que mostraba una pintura. Esta tenía un marco dorado y representaba a un guerrero. La mano de Dylan tapaba parte de la imagen de este.

—Este cuadro pertenece a un museo de Venecia, Italia, y forma parte de una colección que perteneció a Carlos VII de Francia —miró a la parte de papel que estaba debajo de su mano y susurró—: ¿Saben quién es este?

Dorry miró fijamente con mucha atención. El personaje del cuadro llevaba una armadura blanca y estaba de pie frente a un ejército. La palma de la mano de Dylan ocultaba la cara y los brazos del guerrero. Cuando deslizó lentamente su mano hacia la parte de arriba de la pintura, el rostro del personaje de la armadura fue lo primero que quedó al descubierto. Dorry vio que era el rostro de una chica joven y dijo prudentemente:

—¿Juana de Arco?

Ante esas palabras, Dylan retiró la mano del resto del cuadro. Dorry se llevó los dedos a la boca y dio un grito ahogado de asombro.

—¡No me lo puedo creer! —dijo— Mark, ¿estás viendo eso?

Él asintió con la cabeza.

Ambos brazos del personaje estaban levantados por encima de su cabeza. En su mano izquierda llevaba una espada. Pero en su mano derecha, la Doncella de Orleans, Juana de Arco, la chica de diecisiete años que condujo el ejército del rey a la victoria, sostenía una de las reliquias. La apretaba fuertemente en la palma de la mano, pero la imagen era inconfundible.

—El director del museo me dijo que el tema de la pintura es, según parece, la Batalla de Orleans en 1429 —dijo Dylan— Lo comprobé: la ganó.

—¡No sé ni qué decir! —exclamó Mark.

—No digas nada todavía —dijo Abby—. Solo espera.

—¿Aún hay más? —preguntó Dorry, mirando rápidamente a Abby y luego a Dylan y, de nuevo, a la pintura de Juana.

—Sí; lo hay —dijo Dylan echando de nuevo mano al sobre—. Comprueba esto.

Empujó una fotografía hasta ponerla frente a Mark. Dorry cambió de postura para obtener un ángulo mejor y poder verla. Eran cuatro hombres. Uno estaba sentado detrás de un escritorio; los demás estaban posando detrás de él. De forma claramente visible en la fotografía, en el plano más cercano a la cámara, viéndose incluso mejor que los hombres, se encontraba el objeto de la búsqueda del ordenador. Estaba sobre el escritorio.

—¿Quién…? —murmuró Mark mientras tocaba cuidadosamente con el dedo la reliquia que se veía en la foto.

—Oskar Schindler —dijo Abby—. *¿La lista de Schindler?* ¿No han visto la película de Spielberg? —Dorry asintió sin comprender—. Ese es el verdadero hombre. El que está sentado detrás del escritorio —se dirigió a Dylan y le dijo—: Muéstrales el resto.

Del interior del sobre, Dylan sacó un montón de hojas impresas y empezó a colocarlas una por una delante de Mark y Dorry. Schindler firmando papeles. Schindler con un nazi de uniforme. Schindler riéndose. Comiendo. Con una mujer sobre sus rodillas. En total, ocho fotografías. En cada una de ellas aparecía el escritorio y el objeto estaba enfocado de forma destacada, sobre él, en todos los planos. Dylan colocó una más, la novena. Era una foto espontánea de Oskar Schindler con la reliquia en la mano.

Mark y Dorry estaban enmudecidos de asombro. No podían retirar los ojos de la prueba que tenían delante: por alguna razón, esos objetos se *tenían* en muy alta estima y habían ido pasando de persona en persona a lo largo de los años.

—A propósito —dijo Dylan mientras se sentaba con los brazos cruzados, esperando pacientemente a que los Chandler tomaran un respiro—, una web registra 491,000 resultados en la búsqueda de Juana de Arco y el ordenador de Perasi rastreó 58,641 imágenes de ella para descubrir la pintura en Italia. Con Schindler fue más fácil: 27,900 resultados y estos nueve planos aparecieron entre las 2,556 imágenes buscadas.

—¡Uau! —dijo Mark.

—Cuéntales, Dylan —apremió Abby.

—Contarnos, ¿qué? —exigió Dorry.

—Aún hay más —contestó Dylan—. Solo hemos estado funcionando durante dos días, pero el programa ha cazado al gran pez.

—¿Mayor que esto? —dijo Mark indicando los papeles dispersados por encima de la mesa.

—A mí me lo parece —contestó Dylan, deslizando el sobre de papel manila sobre la mesa y sin perder contacto ocular con Mark—, y creo que tú pensarás lo mismo. ¡Ábrelo!

Mark titubeó solo un segundo y levantó la solapa del sobre. Retiró la única hoja de papel que quedaba en el interior y vio que se trataba de otra impresión de una fotografía a color, en realidad eran dos y estaban colocadas la una al lado de la otra en la misma página. Era un primer plano de una de las reliquias, una vista frontal y otra de la parte de atrás. En la esquina inferior derecha de cada fotografía había una leyenda: «Artículo 267 – Lote 4932881. pe. L/nfd».

Mark frunció el ceño.

—El ordenador encontró… una fotografía del objeto —dijo—, así solo.

Al principio, Dorry se sintió también algo confundida. Luego, echó mano a la hoja que tenía su marido y la examinó rápidamente; levantó la vista hacia Abby y volvió a mirar la fotografía.

—¿Lo ves? —preguntó Abby apremiándola.

—¡Sí! —contestó a Dorry—. ¿Qué hacemos ahora?

—¿Qué? —dijo Mark—. ¿Pero qué es lo que ven?

—Mark —dijo Dorry sin apartar la vista de las fotografías en ningún momento— este no es uno de los que tenemos. ¡Es otro diferente!

Mark se echó hacia atrás y miró a Dylan.

—¿En serio? —preguntó—. ¿Es un objeto totalmente distinto?

—Sí, lo es. Mira los bordes —contestó Dylan señalando—. A primera vista, la inscripción me pareció la misma. Sin embargo, supe que se trataba de un nuevo objeto, quiero decir, nuevo para nosotros, por los bordes; Abby confirmó que el mensaje también es distinto. Buena foto, inmejorable resolución; pudo hacer la traducción con la fotografía.

Mark y Dorry giraron rápidamente la cabeza hacia Abby.

—¿Qué es lo que dice? —preguntó Dorry.

—Por tu mano —dijo Abby en voz baja—, el pueblo será libre.

—¡Libre! —Mark cerró los ojos—. «Vivirá», «será alimentado» y ahora «libre». —Abrió los ojos y preguntó a Dylan—: ¿Dónde se encuentra *este*?

—Esto te va a gustar —respondió Dylan—. Está en el Smithsonian… en Washington D.C. No pude ponerme en contacto con nadie la pasada noche, pero Ab envió varios correos electrónicos a sus homólogos de allí y, claro está, tengo los números de teléfonos. Abren a las nueve —echó un vistazo a su reloj—. Como es horario de la costa oriental... faltan más o menos unos cuarenta minutos.

—¿Esto significa algo? —Dorry dio unos golpecitos con la uña sobre la serie de letras y números impresos en la esquina de la fotografía.

Abby contestó:

—Es un formato de codificación que la mayoría de los museos utilizan. Es confuso porque no es universal dentro de la comunidad internacional... pero *sí* lo es para nosotros, ¿sabes? Es como el sistema métrico. Estados Unidos lo adoptó, pero no lo utiliza. Apoyamos el sistema métrico en cada «pulgada» del camino —todos sonrieron y Abby prosiguió—: Artículo 267 – lote-4932881. pe. L/nfd. Esto es lo que significa: El número del artículo es su indicador dentro de un lote o agrupamiento específico... en este caso, el lote número 4932881.

—Entiendo —dijo Dorry.

—*«Pe»* quiere decir *efectos personales.* Esto nos hace saber que el objeto formaba parte de la propiedad particular de una persona. El número 267 sugiere que se consiguieron bastantes objetos personales de la vida de este individuo. Eso me lleva a creer que se trataba de una persona con cierta relevancia. ¿Sabes a lo que me refiero, no? Quiero decir... tener muchas cosas de una sola persona.

—¡Buen punto! —asintió Dylan.

—¿Qué significa la *«L»*? —apremió Mark.

Abby explicó:

—Es una *«L»* de *«loan»,* en inglés. Significa que es un artículo disponible para el préstamo. Esta letra mayúscula indica que la pieza se puede prestar a escuelas, instituciones privadas... más o menos cualquiera que la asegure. Si en su lugar hubiese una «*l*» minúscula, sabríamos que el objeto solo está disponible para prestarlo a museos.

—Finalmente, «*nfd*» quiere decir «*not for display*», es decir: que no se puede exponer —Abby entrecerró los ojos y se encogió ligeramente de hombros—. Esto significa, probablemente, que se ha puesto de lado y que se considera de menor importancia. Pero, cuando piensas sobre ello, ese es un término relativo. El Smithsonian posee 140 millones de artículos individuales.

—Debes estar bromeando —dijo Mark.

—En absoluto —respondió ella—. ¿Te puedes imaginar la carga administrativa que eso representa? La identificación del artículo, el etiquetado, la restauración, el mantenimiento... es difícil entender el número de personas que se requiere para funcionar como ellos lo hacen.

Dorry sostuvo la copia de la foto en alto y habló a Dylan:

—¿Sabremos *hoy* a quién pertenecían los efectos personales entre los que se hallaba esto?

—Lo sabremos en treinta minutos.

⚜ Once

Boston — Marzo de 1770

Solo era una bola de nieve. No era especialmente pesada; tenía el tamaño aproximado y la forma de la mano de un niño de doce años. Aunque pasó por encima de las cabezas de los allí reunidos, el lanzamiento en sí no llevaba una fuerza especial para provocar la reacción que siguió. Sin embargo, la precisión era indiscutible.

Quizás fuese una piedra, o una concha de ostra de la calle, que se las apañó para meterse en el montoncito apretado de hielo medio derretido, pero cuando alcanzó a Matthew Kilroy justo detrás de la oreja, la rabia que este había mantenido a raya durante meses ya no se pudo controlar. Enseguida levantó su rifle. No tenía más que apretar el gatillo. Y eso es exactamente lo que hizo.

Hugh Montgomery, el hombre que se encontraba a la derecha de Kilroy, fue el siguiente en disparar; descargó su arma a ritmo de concierto junto al hombre que tenía a *su* derecha. El pánico cundió súbitamente. Uno tras otro —aunque, en realidad, no siguiendo a nadie—, los soldados británicos dispararon catorce mosquetes en un espacio de menos de cinco segundos: cada uno de ellos alcanzó su objetivo.

En el frío y quieto atardecer del 5 de marzo, el espeso humo de las pistolas se negaba a disiparse. En lugar de ello, se había quedado colgado sobre aquella carnicería, como si de un espíritu maligno se tratara. Prestaban un aire de asombrada impresión a los colonos, quienes, por el momento, no podían creer lo que había ocurrido, y a los soldados, que no podían dar crédito a lo que habían hecho.

Crispus Attucks había sido el primero en caer. Attucks era un hombre negro que había pasado los últimos veinte años trabajando en balleneros fuera de Boston. Se había arrastrado durante unos centímetros antes de desplomarse. Ahora yacía muerto en la calle con dos balas de mosquete en el pecho. Sus ojos seguían abiertos, mirando fijamente sin ver más allá de los soldados del vigésimo noveno regimiento del puerto, desde el que no volvería a zarpar nunca más.

Samuel Gray, un fabricante de cuerda, fue asesinado mientras transportaba un rollo de treinta metros de cáñamo sobre su hombro. Murió instantáneamente a causa de una bala que le entró en la cabeza, a la altura del nacimiento del pelo, justo delante de la sien.

James Caldwell había echado a correr a la primera descarga de disparos y fue alcanzado en la espalda por dos balas, suficiente prueba para muchos de que la excusa de la defensa propia de los británicos era una invención. Caldwell, marino mercante, con esposa e hijo en Boston, murió donde cayó.

Patrick Carr, de treinta años de edad, trabajaba como fabricante de pantalones de montar, de cuero, en una tienda de Queen Street. Cuando sonó el primer disparo cubrió a un niño con su cuerpo. Un soldado abrió fuego desde el balcón de la Oficina de Aduanas y le hirió en la cadera. El plomo siguió una trayectoria rebelde a través de su cuerpo y salió por el lado derecho. Carr murió en su cama, dos semanas más tarde.

De los cinco que murieron, solo Samuel Maverick fue culpable de algo más que palabras. En realidad había tirado las bolas de nieve a los soldados. Era un chico alto, de diecisiete años. Aprendiz de Hiram Greenwood, un tornero de marfil, debería haber estado trabajando. Había desobedecido las instrucciones explícitas de su madre, quien le había dicho que se mantuviera alejado de la Oficina de Aduanas de King Street, donde los soldados británicos estaban acomodados en barracas. La madre de Samuel era viuda y dependía de su único hijo para hacerle compañía y para los ingresos. Un tiro, que le había perforado el estómago, había herido a Samuel de muerte. Le sacaron la bala de mosquete por la espalda, pero murió en los brazos de su madre a la mañana siguiente.

Otros seis hombres y niños fueron también gravemente heridos y atendidos por la multitud que había ido recobrando la compostura y empezaba a regresar al lugar. Con los rifles descargados y en un intento de evitar ser colgados de inmediato, los soldados se retiraron rápidamente hacia la Oficina de Aduanas. Fueron interceptados por Benjamin Burdick, un bostoniano de nacimiento que fue directamente hacia los soldados y escupió a los pies de Thomas Preston, el capitán del vigésimo noveno.

—Solo quiero ver caras a las que pueda maldecir delante de Dios —dijo Burdick, y volvió a escupir.

—¡Márchese de aquí! —ordenó Preston—. ¡Esta pelea ha acabado!

—Recuerde este día, señor —respondió Burdick—. ¡Esta pelea no ha hecho más que empezar!

Y así sería. Durante más de una década, la prudente hospitalidad ofrecida a los británicos por sus colonos americanos fue rodando inexorablemente cuesta abajo. Cargado de deudas, que se acrecentaron durante la guerra francesa e india, el rey intentó equilibrar las cuentas de Gran Bretaña utilizando a sus «hijos americanos» como una fuente de ingresos.

La Stamp Act (Ley del Timbre), impuesta por el Parlamento Británico el 22 de marzo de 1765, no fue más que un ejemplo de la estrategia para el saqueo. Fue un impuesto directo sobre los periódicos, almanaques, testamentos, facturas de venta, licencias, panfletos; ¡incluso sobre las barajas de cartas y los simples recibos! Un desfile constante de proclamaciones, actos y decretos comenzaron a imponer cargas financieras imposibles sobre negocios y familias de igual modo.

La furia de los colonos no se debía al importe de los impuestos que los británicos intentaban cobrar. El motivo de su ira era saber hasta qué punto tenía derecho el rey Jorge a imponerles ningún gravamen. Todos coincidían en que el poder de recaudar impuestos de forma indiscriminada podía muy bien utilizarse para destruirlos.

En respuesta al creciente malestar, el rey utilizó abiertamente los impuestos para financiar regimientos de infantería británica, que trasladó de forma permanente a los alrededores de Boston para la «seguridad» de la gente local. En febrero de 1768 Samuel Adams, de Massachusetts, creó un panfleto en el que instaba a los colonos a rebelarse contra esa «protección» y contra los impuestos, sin hacer una manifestación. Consiguió convencer a los comerciantes de Massachusetts y a los de Nueva York para que iniciaran un boicot a todos los artículos británicos. Muy pronto llegaron al puerto de Harbor buques de guerra británicos.

En marzo de 1769, Filadelfia se unió al boicot de las mercancías británicas y, en mayo, en respuesta a un discurso de George Washington, Virginia se añadió a la lista de las colonias que boicoteaban todo lo británico. Alrededor de octubre, esa lista había crecido e incluía a Nueva Jersey, Carolina del Norte y Rhode Island. La respuesta del rey Jorge fue enviar tropas adicionales.

Cuando, al final, un regimiento de soldados —miembros de una fuerza de ocupación indeseada— terminaron disparando contra civiles desarmados, fue algo tan inevitable como espeluznante. Conocido para siempre como la Masacre de Boston, el suceso se convirtió en un referente —un punto común— para una nación que luchaba contra su propio nacimiento. Benjamin Burdick tuvo mucha razón en su valoración sobre la relevancia de aquel momento histórico: la lucha no había hecho más que comenzar.

FILADELFIA — 27 DE JUNIO DE 1776

El mayor de los dos hombres había cerrado los ojos, en un esfuerzo por concentrarse totalmente, mientras la voz de su amigo llenaba el carruaje, salía por las ventanas abiertas y se mezclaba con el sonido de los cascos de los caballos que golpeaban la calle de adoquines. Frunció ligeramente el ceño y, tan educadamente como pudo, le interrumpió:

—Deténgase justo ahí. Brillante, ciertamente… y con todo lo maravilloso que pueda ser… Si me lo permite…

Se expresó cuidadosamente y, con el mayor respeto, señaló la elección de palabras con las que no estaba de acuerdo.

—Ahí, al principio del segundo párrafo… Estoy de acuerdo con que, en efecto, las verdades *son* «sagradas e innegables». Sin embargo, en mi opinión, la frase pide a gritos un término más simple, más contundente. Hizo una pausa.

—Pruebe con… *evidente.*

El hombre más joven leía las palabras que había escrito con mucho esmero. Estaba sentado y las páginas se balanceaban en su regazo mientras el cochero conducía al caballo a través de otro enorme bache. Consideró la sugerencia durante un momento y luego indicó su conformidad con un gruñido, mientras tomaba nota mentalmente para hacer el cambio en la frase.

—Gracias, John —dijo.

—Prosigo. Empezaré de nuevo con el segundo párrafo: «Mantenemos que estas verdades son evidentes, que todos los hombres son creados iguales…» —lanzó una breve mirada a su amigo, quien, bamboleándose en el asiento frente a él, asintió con la cabeza aceptando el cambio—…que han sido dotados por su Creador de ciertos derechos inalienables entre los que se encuentran la vida, la libertad y la búsqueda de la felicidad.

»Que para garantizar esos derechos, se instituyen gobiernos entre los hombres que deriven sus justos poderes del consentimiento de los gobernados. Que cuando cualquier forma de gobierno se convierta en destructor de estos fines, el pueblo tiene derecho a alterarlo, o abolirlo, e instituir un nuevo gobierno que base su fundamento en dichos principios y organice sus poderes en dicha forma, como les pueda parecer más idóneo, para conseguir su seguridad y su felicidad.

»De hecho, la prudencia dictará que los gobiernos que lleven mucho tiempo establecidos no deberían cambiarse por causas leves o transitorias; por consiguiente...»

El movimiento y el sonido hipnótico del carruaje, tirado por un caballo, amenazaban con hacer dormir a John Adams. Mientras intentaba centrarse en el contenido del escrito del joven, permitió sin embargo que su mente se desconectase. La agobiante responsabilidad que había asumido recientemente parecía aumentar por minutos. Ahora servía al Congreso Continental en no menos de veintiséis comités distintos —como líder de un tercio de los mismos— y a la mañana siguiente presentaría al Congreso el borrador final de esta afirmación o declaración que su joven amigo había elaborado de forma tan hermosa.

Adams abrió brevemente los ojos y estudió al personaje larguirucho que leía en voz alta delante de él. Thomas Jefferson, de solo treinta y tres años, era el más joven de sus delegados de Virginia. Sobrepasaba en casi ocho centímetros el metro ochenta de estatura y sus largas piernas se doblaban con incomodidad dentro del carruaje. El cabello color cobre de Jefferson y sus pecas hacían que llamara la atención entre los demás miembros del Congreso que, por lo general, eran mayores... y más bajitos.

Por el contrario, Adams, de Boston, solo medía alrededor del metro sesenta y ocho. Su figura redonda y su cabeza parcialmente calva le diferenciaban claramente de la delgada figura del joven. Adams, que vestía sistemáticamente de forma sencilla sin tener en cuenta las modas del momento, solo tenía cuarenta años, pero muchos pensaban que era mucho más mayor.

Hasta ese momento, la contribución de Jefferson a este Segundo Congreso no había sido nada del otro mundo. No era un orador destacado aunque, a cambio, sobresalía a la hora de presentar pensamientos claros en una página escrita, de una forma vehemente y eficaz. Fue este talento en la prosa elevada el que le hizo aterrizar en el Comité de los Cinco, como se le llamaba, e hizo que recayera específicamente en él la tarea de hacer el borrador de una proclamación que declarase la postura de éste.

El Comité de los Cinco estaba formado por Adams y Jefferson, Benjamin Franklin, Roger Sherman y Robert Livingston. El Congreso había dado por sentado, cuando se hicieron los nombramientos, que Adams confeccionaría el borrador del documento. Sin embargo, él insistió en que fuese Jefferson. Cuando el joven cuestionó su decisión, Adams respondió: «Porque tú escribes mejor que yo». Posteriormente, Adams y los demás trabajaron en el documento como consejeros editoriales.

—… que esas colonias unidas son, y por derecho han de ser, Estados libres e independientes; que… —Jefferson levantó la mirada—. ¿Me está escuchando?

Adams parpadeó. Se aclaró la garganta y tomó aire. ¿Se había quedado dormido? No estaba seguro.

—Sí. Perdóneme. Continúe, por favor.

El hombre pelirrojo encontró la línea por donde iba con el dedo y prosiguió:

—… que están exentas de todo deber de súbditos para con la Corona británica y que queda completamente rota toda conexión política entre ellas y el Estado de la Gran Bretaña…

Los dos hombres eran tan distintos como la noche y el día. Sus diferencias físicas eran obvias, pero resultaban leves en comparación con sus finanzas. La familia de Jefferson era inmensamente rica y él jamás había cocinado, limpiado, cortado leña, y ni siquiera había ensillado su propio caballo. Adams, hijo de un granjero, *había* crecido cortando leña y, siendo ya abogado en Boston, seguía haciéndolo. Sin embargo, ambos hombres habían resultado ser importantes el uno para el otro, en un periodo de tiempo asombrosamente corto. Adams estaba orgulloso de Jefferson y le consideraba un protegido. Jefferson, por su parte, veía a Adams como mentor. Quedaba claro que ambos percibieron una sensación de destino mientras lideraban la forja de una nueva nación; si alguna vez sintieron que les rondaba la duda, nadie lo supo jamás. Lucharon contra esos demonios del mismo modo eficaz en que los hombres y las mujeres de las colonias aprendieron a hacerlo contra los Casacas Rojas.

La guerra ya había comenzado. La noche del 18 de abril del año anterior, los granjeros y comerciantes fueron avisados justo a tiempo por un grabador llamado Revere, quien se encontró con las tropas británicas en marcha para destruir sus almacenes militares en Concord, Massachusetts. Un breve enfrentamiento en Lexington Green fue el «primer tiro que se oyó en el mundo». Pronto siguieron otras escaramuzas.

John Quincy, el propio hijo de Adams, que tenía ocho años, se encontraba el 16 de junio en Boston y observaba la Batalla de Bunker Hill desde lo alto de Penn's Hill, en la granja familiar. De 2,400 casacas rojas británicos, las bajas causadas por los colonos ascendieron a 1,054, es decir, el cuarenta por ciento de sus filas. El número de muertos y heridos estadounidenses fue de 441, incluidos los treinta que fueron capturados durante la retirada. Aunque los británicos ganaron la pelea, fue el punto de inflexión en las mentes de los colonos, ya que demostró que el ejército del rey no era invencible.

Aunque la guerra no fue más que uno de los factores. Según declaró Adams, la Revolución ya se había llevado a cabo antes del comienzo de la guerra, porque estaba en la mente y en el corazón del pueblo. Los colonos habían tenido que hacer elecciones difíciles durante ese tiempo. No eran de ámbito personal, sino para un bien mayor. Las acciones de Adams durante la crisis de la Ley del Timbre fue un caso puntual que muchos miembros del Congreso discutieron en privado, porque estaban sobrecogidos por su integridad personal.

La nueva ley podía haber provocado muy fácilmente la ruina de Adams. El quid de la cuestión era el siguiente: los colonos se negaban a comprar papel timbrado mientras el gobernador real se negase a reconocer los documentos legales que no llevaran los sellos exigidos. Aunque esto cortó los ingresos de Adams como abogado, se mantuvo al lado de los colonos en contraste con algunos «patriotas» que solo eligieron el sacrificio cuando su cartera no se vio afectada.

—…y en apoyo a esta declaración, confiados a la protección de la Providencia divina, nos entregamos en garantía los unos a los otros, nuestra vida, nuestra fortuna y nuestro sagrado honor.

Jefferson frunció los labios y miró a Adams, que sonreía.

—Excelente, Thomas —dijo—. Por la mañana lo presentaré a nuestros hermanos como si mi propia vida dependiera de ello.

Cuando el carruaje ralentizó en una parada, Jefferson resopló.

—Cuando este documento se ponga en circulación con su nombre en él, su propia vida *dependerá* de ello… y la mía también.

Cuando bajaron del carruaje, Jefferson dobló cuidadosamente las páginas y las puso en el bolsillo de su abrigo.

—Por aquí, John —dijo conduciendo a su amigo hacia la puerta lateral de una gran casa. Adams echó un vistazo a su alrededor. Era la primera vez que iba con Jefferson a su residencia y estaba debidamente impresionado. Mientras la mayoría de los delegados se quedaban con parientes, o se acomodaban juntos en una casa de huéspedes, el joven virginiano había arrendado esta suite de dos habitaciones el 14 de mayo, poco después de su llegada.

Al entrar en el salón, Adams vio que cubría la totalidad de la segunda planta de esta nueva casa de ladrillos. Situada en la esquina suroeste de la Séptima Calle y la Avenida Market, Adams consideraba que la suite era inmensa. Para su estatus era espléndida, igual que el carruaje, aunque sospechaba que Jefferson consideraba esos alojamientos bastante corrientes.

Jefferson tomó el abrigo de Adams y se quitó el suyo, recordando sacar las páginas del bolsillo. Señaló a su amigo una cómoda silla de alto respaldo que se hallaba cerca de una ventana abierta.

—Por favor, siéntese, John. ¿Un Madeira? —ofreció, sabiendo que era el favorito de Adams.

—Sí —aceptó este—, y si puede olvidar mi impertinencia, ¿tiene también de ese precioso tabaco de Virginia para la pipa?

Jefferson se rió.

—¡Por supuesto! —mientras descorchaba el vino, señaló con el codo un plato tapado que estaba sobre la mesa, cerca de la silla de Adams—. Por favor, aprovéchese de mi buena fortuna. Llénese los bolsillos.

Adams cargó su pipa y aceptó el vaso de su amigo. Los sonidos de la ciudad al terminar su día flotaban en el aire a través de la ventana abierta. Jefferson retiró una caja de escritura portátil de la mesa del comedor y, sentándose en una silla junto a Adams, esparció las páginas para que ambos pudieran verlas.

—Lo he hecho lo mejor posible.

—¿Es este su borrador verdaderamente definitivo? —preguntó Adams—. ¿No tiene más pensamientos?

Jefferson sonrió.

—¿Quiere usted que lo vuelva a leer? —como Adams no contestó, él respondió a su propia pregunta—. Pensaba que no

—pasó las páginas al hombre más mayor y dijo—: cópielas de su puño y letra y esté preparado para mañana.

—¿Qué va a ocurrir mañana, Thomas? —preguntó Adams con tono bonachón, mientras extraía un ascua del yesquero que se mantenía encendido sobre la mesa, junto al tabaco.

Jefferson se echó hacia atrás con su vaso y cruzó los brazos, esperando que el hombre mayor consiguiera encender su pipa para contestar.

—Será usted más fascinante que ninguno de los grandes oradores. Cicerón será recordado como un aficionado comparado con las habilidades que usted desplegará. Con el dominio del lenguaje y los altos y bajos de su gloriosa voz, el Congreso comerá de su mano —tomó un sorbo de Madeira—. Entonces, claro está, agarrarán lo que he escrito y lo harán trizas.

Los dos hombres se rieron de buena gana porque sabían que las irónicas predicciones de Jefferson eran efectivamente muy atinadas. Nadie se acercaba siquiera a la habilidad que Adams tenía como orador. Y aunque Jefferson era un experto en lingüística, también sabían que el Congreso corregiría en exceso lo que habían preparado.

—¡Ah! Casi olvidé devolverle su amuleto —dijo Jefferson de repente, estirando su mano hacia la caja de escritura que estaba ahora en el suelo y abriéndola. Escarbó un momento entre plumas usadas y papeles sueltos, y sacó un pequeño objeto rectangular. Algo hundido por un lado, de color rojizo tirando a marrón, que tenía un grabado profundo. Se lo pasó a Adams.

—¡Cuénteme de nuevo la historia que hay detrás de esto! —solicitó.

Adams no lo metió inmediatamente en su bolsillo, sino que le dio vueltas en sus manos para ver mejor el lado que llevaba las marcas.

—En realidad no hay historia —dijo Adams, sin retirar en ningún momento los ojos del objeto—. Era de mi padre, y del suyo antes que él. Mi tatarabuelo, Henry Adams, lo trajo de Inglaterra en 1638. La leyenda familiar dice que perteneció a Juana de Arco. Un Adams era el guardián del rey y lo recibió como regalo de la doncella antes de que fuese quemada —bebió un sorbo de su vino y cambió de posición en la silla, encogiéndose ligeramente—. Este es el cuento romántico que hay en cada suceso.

Jefferson sonrió.

—Curioso, ciertamente, ¿no le parece? Primero Juana de Arco… y ahora nosotros.

—Debo admitir —dijo Adams— que, de ser verdad, también es algo que se me pasa por la cabeza.

Jefferson volvió a insistir sobre la idea.

—Si reflexionamos sobre el mensaje grabado en la superficie de su objeto, conociendo un poco sobre lo que ella pretendía… y lo que nosotros queremos hacer… la coincidencia añadirá, con seguridad, contenido a la leyenda familiar —permanecieron sentados, en silencio, disfrutando de la mutua compañía hasta que Jefferson le sirvió más Madeira y preguntó—: ¿Cómo consiguió traducir las marcas?

Adams se rió de repente.

—¿Acaso le desconcierta este enigma, Thomas?

—No —respondió Jefferson un tanto a la defensiva—. ¡Por supuesto que no! No es más que una novedad —luego, intentando darle la vuelta a la tortilla, dijo—: Fue usted, John, quien insistió en que lo colocara en mi caja de escribir mientras preparaba el borrador de nuestra Declaración. Y usted, señor —siguió diciendo con una sonrisa guasona— es quien habla al Congreso con la piedra en el bolsillo como un niño llevaría su amuleto de la suerte.

Sacudiendo una vez la cabeza como diciendo «¡ahí lo tienes!», Jefferson esperó la respuesta de su amigo.

—Está en lo cierto —dijo Adams, riendo disimuladamente y mostrando un cierto grado de vergüenza. Luego, en voz baja, dijo—, pero contésteme sinceramente y dejando de lado toda réplica, ¿no le parece demasiado extraño?

Jefferson suspiró.

—¡Sí, ya lo creo! Por segunda vez, John, ¿cómo consiguió traducir las marcas?

Antes de hablar, Adams se dio cuenta de que su pipa se había acabado y señaló el cuenco de tabaco que se encontraba junto a él.

—¿Puedo? —preguntó.

—¡Faltaría más!

Jefferson esperó pacientemente a que su amigo se girara y abriera el cuenco. Llenando su pipa del aromático tabaco, Adams dijo:

—Es arameo. ¿Ya se lo había dicho?

—No.

—El arameo es una lengua antigua similar al latín.

—Estoy familiarizado con el arameo —dijo Jefferson—. Hay frases en arameo que suelen estar mezcladas con el griego y el hebreo en los textos antiguos.

—¡Exactamente! —convino Adams. Luego, como haciendo un inciso, preguntó—: ¿Estudió usted griego y hebreo?

—Con pasión —contestó—. Cuando estudiaba en el College of William and Mary, mis profesores de Lengua eran extraordinariamente enérgicos en el tema de los textos antiguos. Sin embargo, el arameo no estaba entre ellos.

Adams se reclinó en la silla y encendió su pipa.

—Cuando me aceptaron en Harvard, yo ya dominaba varias lenguas —Jefferson bebía pequeños sorbos de Madeira y escuchaba. No expresó sorpresa alguna ante el nivel de educación al que Adams había sido expuesto, porque esta era la regla y no la excepción—. Hacia el tercer año, yo también me empapé de los textos antiguos, y un día me topé con un pasaje introducido entre el hebreo que me recordó al amuleto de mi padre. Un profesor identificó el extracto como arameo y, cuando llevé la pieza al día siguiente, me ayudó a traducirlo.

Jefferson alargó la mano y tomó el objeto que Adams había dejado sobre la pequeña mesa que había entre ellos. Tocó el grabado con su nudillo.

—¡Extraordinario! ¿Y dice usted que pone: «El pueblo será libre»?

Adams dio una calada a su pipa.

—«*Por tu mano,* el pueblo será libre». *Por tu mano,* ese es el mensaje, estoy seguro.

—¿Y cómo es eso?

Adams inclinó la cabeza hacia Jefferson.

—¿Cree usted en los amuletos?

—¡Claro que no!

—Yo tampoco. *Amuleto* era la palabra que mi padre utilizaba, no yo —analizó la pipa, asegurándose de que estaba encendida y luego prosiguió—. «La suerte» es algo que no existe y llevar objetos para atraerla no es más que un peso suplementario en el bolsillo de un necio. Considere a toda esa gente tonta que lleva una pata de conejo para que le traiga suerte, sin pararse a pensar en la falta de protección que le proporcionó a su dueño original

Jefferson se rió.

—En cualquier caso —dijo Adams—, yo *creo* que las palabras, las pinturas, una estatua o un objeto pueden albergar dentro de sí el poder único de la inspiración. Y cuando uno está inspirado, con frecuencia suele emprender una acción. Solo los actos cambiarán al mundo, Thomas. Las intenciones no lo harán. Solo la acción directa *de tu mano* lo cambiará todo. Hay gente que dice: ¡seamos pacientes! Sentémonos y esperemos en el Todopoderoso. A estos yo les digo: ¡levántense! El Todopoderoso está aguardando que hagan algo. No se equivoquen: el Señor Dios nos instruye; nos guía y nos inspira, pero espera que nosotros *hagamos algo* con los dones que hemos recibido. Es una elección que muy pocos hacen. Examine las marcas sobre el objeto. No son más que palabras y no tienen más poder que mi pipa. Pero me inspiran para que yo haga una elección; yo, un hombre entre toda la población del mundo. La elección es *hacer algo*. Yo creo que la acción que un hombre emprende lo cambia todo para todos. ¿Este objeto? No tengo la más remota idea de lo que es, ni para lo que fue hecho, o cuál es su origen. Si es verdad que Juana de Arco lo llevó, puede usted estar seguro de que ella entendió su verdadero significado. La historia así nos lo dice. Era una chica que no puso el objeto en el poste de una valla y esperó con nerviosismo que otra persona hiciera lo que había que hacer. Ella sintió la inspiración, aceptó la responsabilidad y decidió: «¡Por todo lo santo, por *mi* mano, este pueblo será libre!» Thomas, ésta es la razón por la cual le dejé el objeto. Por su mano, el pueblo será libre. Mientras componía usted la declaración cuyas palabras resonarán a lo largo de los siglos, yo quería que usted estuviese inspirado para que pudiese usted inspirar. Quería que la sangre vital de su corazón se derramara sobre las páginas. No basta con que sepamos simplemente aquello que es correcto hacer. ¡Debemos *hacerlo*!

Adams se irguió e inspiró profundamente.

—¡Perdóneme, Thomas! Lo siento. Me entusiasmo fácilmente con este tema.

Jefferson alargó la mano y tocó el hombro de Adams.

—No hay necesidad de disculparse, amigo mío. Lleve esa pasión con usted mañana. ¿Otro vaso?

—No —dijo Adams, poniéndose en pie—. Tengo que hacer otro trabajo del comité, una carta atrasada para Abigail y —dando ligeros golpecitos a las páginas que se encontraban en su bolsillo— debo preparar esto.

Cuando Jefferson acompañaba a su amigo a la puerta, Adams se dio la vuelta.

—Una cosa más, Thomas, si no le resulta inconveniente.

—En absoluto —respondió Jefferson deteniéndose por un momento.

Adams se pasó la mano por su cabeza casi calva.

—Thomas… —hizo una pausa.

—¿Ocurre algo, John? —preguntó Jefferson con una expresión de inquietud en el rostro.

Adams habló:

—Deseo que no interprete mi pregunta como algo personal, sino como tema de dirección para nuestra nación…

—Adelante —contestó Jefferson con cautela—. ¿De qué se trata?

—¿Cree usted realmente que…? ¿Cómo lo escribió…? ¿Todos los hombres son creados iguales?

—¡Por supuesto!

Adams dejó que la respuesta de su amigo quedara flotando en el aire durante un momento, y luego dijo:

—¡Excelente! Entonces, considere las palabras. Buenas noches —y se dio la vuelta para marcharse.

—¡Espere! —dijo Jefferson deteniéndole—. Se está refiriendo a mis esclavos —Adams no dijo nada—. John, usted sabe lo que yo pienso con respecto a la esclavitud. Estoy en contra de ella. ¡He escrito y publicado periódicos sobre el tema!

Adams sacudió la cabeza lentamente.

—A pesar de ello, usted sigue teniéndolos, Thomas.

Jefferson parecía acongojado.

—Sin embargo, mis intenciones… —Adams levantó la mano para cortarle.

—Por tu mano el pueblo será libre… o no. Thomas, usted siempre será mi amigo. Pero me temo que la pasión por la libertad no puede ser tan fuerte en el pecho de aquellos que se han acostumbrado a privar a sus semejantes de la suya. Es una elección, Thomas, y se trata de una que la historia recogerá.

Solo unos cuantos días más tarde se firmó el documento oficial: la Declaración de Independencia. No se recogió el momento de forma especial, no hubo ceremonia; solo una habitación llena de hombres haciendo lo que creían correcto y verdadero. A medida que se fue poniendo cada uno de los nombres en la página, los hombres tomaron conciencia de que la derrota no era una opción. Si se perdía la guerra, los dueños de aquellos nombres que se desplegaban de forma tan destacada serían perseguidos y ejecutados por traidores a la Corona.

En su mayoría, los cincuenta y seis firmantes del documento sintieron el tirón de la historia mientras «prometían entregar su vida, su fortuna y su sagrado honor». Solo la firma de Stephen Hopkins de Rhode Island puso de manifiesto el estremecimiento de una mano. Había sufrido durante largo tiempo de una grave parálisis y firmaba utilizando su mano izquierda para guiar a la derecha. Al terminar de escribir las letras de su nombre, Hopkins se irguió y dijo: «¡Señores! Mi mano tiembla, pero mi corazón no».

John Adams siguió sirviendo a la joven nación como segundo presidente de los Estados Unidos de América. Thomas Jefferson fue elegido presidente después de Adams. Aunque no siempre estuvieron de acuerdo y, según cuenta la historia, esto ocurría muy a menudo, siguieron siendo amigos. Sus vidas se vieron entrelazadas por el destino. Dos hombres que habían sido reunidos para un momento que cambió al mundo.

Muchos años más tarde, el viernes 30 de junio de 1826, varios de los líderes de Boston viajaron hasta cerca de Braintree para visitar al ex presidente que estaba enfermo. Adams se encontraba en su biblioteca, sentado en su silla favorita. Le dijeron que en cuatro días la nación celebraría su cincuenta aniversario; cincuenta años desde que se firmó la Declaración de Independencia. Querían saber si le gustaría ofrecer un brindis que sirviera para presentarle ante las inmensas multitudes que le esperaban. Sin la menor vacilación, el anciano levantó su voz y dijo: «¡Independencia para siempre!» Cuando le preguntaron si deseaba añadir alguna cosa más, Adams sonrió. Su respuesta fue: «Ni una sola palabra».

Aquella noche del 4 de julio, los hijos y nietos de Adams se reunieron alrededor del gran hombre y escucharon con él las ovaciones y las alegres explosiones de los fuegos artificiales que resonaban por toda la ciudad. A las 6:20 su corazón se detuvo. John Adams tenía 90 años y 247 días. Sus últimas palabras fueron: «Thomas Jefferson sobrevive». Pero Jefferson había muerto tres horas antes.

⚜ DOCE

UNA HORA DESPUÉS DE AQUEL DESAYUNO TAN A PRIMERA HORA DE la mañana, todos se encontraban en la oficina de Dylan mientras él terminaba su conversación telefónica con el Smithsonian. Abby había sacado la silla plegable de detrás de la puerta y se hallaba sentada frente a Dylan. Mark, con las manos en los bolsillos, escuchaba en silencio con la espalda apoyada contra la puerta cerrada y Dorry, de rodillas junto al escritorio de Dylan, garabateaba preguntas e ideas en un bloc de notas mientras todos escuchaban un lado de la conversación.

Desde su silla giratoria, Dylan estaba disfrutando al ver las reacciones de los demás cuando él iba repitiendo los datos que le daban por teléfono. «Sí», dijo como conclusión. «Enviaremos los códigos de identificación de nuestro museo, la dirección, los números de cuenta UPS… lo tendrás todo en el transcurso de una hora… Sí, por favor envíalo por mensajería de veinticuatro horas. Y una cosa más, Don, ¿sería posible incluir la carta de Quincy con ese objeto?… ¡Fantástico! ¡Muchísimas gracias! Cualquier cosa que puedas necesitar de aquí, házmelo saber. ¡Cuídate!»

Dylan alargó la mano por encima del escritorio y volvió a colocar el auricular en su soporte.

—¡Viva! —exclamó exultante— ¿Qué les parece?

—Adams y Adams —dijo Dorry que seguía escribiendo—. Es increíble. Me gustaría poder recordar mejor la historia, pero verificaré todo esto.

Mark habló.

—Creo que todos hemos captado lo que ha dicho. A propósito, su chico sigue haciendo funcionar el ordenador, ¿verdad?

—¡Oh, sí! Funciona las 24 horas del día, siete días a la semana. Incluso cuando él se ha marchado.

—Es necesario que nos volvamos a encontrar esta noche, ¿no es así? —preguntó Mark al grupo en general.

—Sí —dijo Dorry—. Claro que sí.

Abby contuvo un bostezo.

—Yo estoy dispuesta —dijo—, pero tengo que dormir un poco en algún momento.

Dylan echó un vistazo al reloj que estaba encima de su escritorio.

—Propongo que nos vayamos a dormir un poco a casa, hasta la hora de comer, y luego a casa de Mark y Dorry... —captó la mirada de Abby y se dio cuenta de que se acababa de invitar a la casa de ellos. Se disculpó enseguida—: Lo siento. Ha sido una grosería por mi parte. ¿Les parece bien que nos encontremos en su casa?

Dorry sonrió e hizo un gesto con la mano quitando importancia al tema.

—No hay ningún problema; está bien, quedamos en nuestra casa. Eso me facilita las cosas a mí.

—¡Fantástico! De todos modos quiero pasar antes por aquí de camino a su casa. Así podré verificar con Perasi. ¿Quién sabe? Quizás podamos conseguir algún material de última hora —hizo una pausa y pensó cuidadosamente. Luego, dijo—: Volveré a llamar también a Don, al Smithsonian. Obviamente todavía tendrá que enviar la reliquia por correo, pero quiero ver si me va a enviar la carta de John Quincy Adams por fax o por correo electrónico. En ese caso la tendríamos para esta noche.

Esperaron pacientemente mientras Dylan marcaba los números en el teléfono de su escritorio y luego habló brevemente, de espaldas a ellos. En cuestión de segundos, colgó y giró de nuevo su silla.

—Ya ha salido de su oficina. Le he dejado un mensaje en su buzón de voz. Estoy seguro de que no habrá ningún problema.

—Este chico… Don, ¿no? —preguntó Abby—, ¿ha llegado a leerte alguna parte de la carta?

—No. Dijo que era bastante larga y que habla de la cesión que John Quincy Adams hizo del objeto a la colección de las cosas personales de su padre. Don me dijo que encontró la carta cuando llevó a cabo su propia búsqueda interna del objeto. Evidentemente, la carta es parte del agrupamiento de Quincy Adams; de todos modos, pienso que tendremos una copia de la misma esta noche.

—Sí —dijo Mark—. Tengo mucha curiosidad por toda esta historia. Entonces… ¿A qué hora quedamos esta noche?

Dorry interrumpió:

—Chicos, vengan cuando se despierten. Tendré comida, así es que no hay necesidad de parar por el camino —después se dirigió a Dylan y le dijo—: ¿Puedo quedarme aquí hasta que ustedes dos se marchen? No tengo nada urgente en el *Post* y me gustaría conocer a Perasi, ver el ordenador… ya saben.

—Por supuesto —dijo Dylan—. Bueno, viendo cómo se está desarrollando todo esto, sería un pedazo de artículo, ¿eh?

—No creas que no se me ha pasado por la cabeza –dijo Dorry—, pero ahora mismo siento como si hubiera estado leyendo el mayor misterio del mundo y alguien hubiese arrancado las páginas del último capítulo.

Dorry entró en el salón para colocar una bandeja de conchas de tacos sobre la mesa y vio las luces de los faros del coche de Dylan que entraba en el camino de acceso. Esperó en la puerta y, cuando él y Abby salieron, los hizo entrar en la casa. Tenían mejor aspecto que por la mañana, observó Dorry. Estaban más frescos y más limpios; ambos llevaban un pantalón vaquero y una sudadera. Dylan tenía una caja de cartón de tamaño mediano en sus manos.

—He dormido y me he duchado —dijo Abby mientras daba a Dorry un abrazo rápido.

—¡Eh, tacos! —dijo Dylan dirigiéndose a la mesa.

—Es mi comida más refinada. Siéntense como en casa, chicos. Las bebidas están en la cocina. Déjenme que acueste a Michael. Mark llegará enseguida.

—¡Hola, chicos! —dijo Mark desde la cocina—. Se les ve… despiertos. Dorry no tardará. ¿Coca-cola? ¿Café? ¿Un refresco? ¿Qué les apetece? —Abby y Dylan se unieron a él mientras servía unos refrescos y charlaron un poco mientras esperaban.

Unos minutos más tarde Dorry se unió al grupo y se dejó caer en una silla junto a la mesa.

—¡Uf! —dijo—. Michael es muy travieso. Bueno, vamos a comer —agarró los brazos de la silla y empezó a erguirse de nuevo, pero Dylan la detuvo.

—Espera un momento Dorry —dijo—. ¿Quieres ver lo que tenemos antes de comer?

—En realidad, sí, pero pensé que tendrían hambre.

Dylan sonrió con franqueza.

—¡Olvida la comida por un momento! Mark, trae un poco de café para Dorry. Querrá estar despierta para esto.

Cuando Dorry tuvo la taza en sus manos, todos se echaron hacia delante, con los codos en la mesa y Dylan comenzó.

—¿Tú primero, o yo? —preguntó a Abby.

—Adelante, empieza tú —contestó ella—. Empieza con la carta —luego, dirigiéndose a Mark y a Dorry, añadió—: Les daré las mediciones de la radioscopia cuando él haya acabado.

Dylan empezó abriendo la caja de cartón que había colocado en el suelo, junto a su silla. Quitó la página de arriba y los Chandler pudieron ver que se trataba de una copia recibida por fax que ellos supusieron sería la carta de John Quincy Adams.

—Mañana tendremos el original en nuestras manos —dijo Dylan—, pero para nuestro propósito esto nos vale igual. No vamos a probar el papel ni nada parecido. Lo que importa es el contenido de la carta. Y el contenido es… bueno… —echó una mirada a Abby, que sonrió y fingió estremecerse—. Digamos que el contenido de esta carta confirma parte de lo que ya sabemos y crea unas cuantas posibilidades más. Va dirigida al «Comité de Archivos Presidenciales» —le pasó la página a Mark—. Aquí. Lee en voz alta.

Mark la agarró y vio que la escritura era hermosa y fluida. La carta se había escrito en un papel de carta que llevaba una «*A*» en la parte alta de la página, en un estilo antiguo y muy elegante. La fecha estaba escrita a mano y se encontraba en la esquina superior derecha: 27 de diciembre de 1847.

Estimados Señores:

Espero que esta misiva les encuentre en buena salud y buen ánimo, mientras vamos al encuentro de un nuevo año. En el intento de partir de esta tierra con un firme fundamento, erigido sobre el legado de mi padre, John Adams, humildemente le confío esta reliquia de familia que forma parte de sus efectos, más que de los míos propios.

La noche de su fallecimiento, llevado meramente por un impulso, lo arranqué del lado de su cama como un recuerdo suyo. Aunque el objeto pueda parecer insignificante, la historia de la familia insiste en que una vez perteneció a Juana de Arco. No obstante, mi abuelo, después de cinco generaciones, trajo el objeto desde Somerset en

1638. A partir de él o, al menos, desde ese momento, ha ido pasando de padre a hijo hasta que lo poseyó mi padre.

Las marcas visibles en el objeto están escritas en arameo. Él las tradujo cuando era joven y dicen: «Por tu mano, el pueblo será libre». Conociendo estas palabras, sabiendo el fervor que mi padre sentía creyendo que eran ciertas y siendo plenamente consciente del papel que él tuvo en la fundación de nuestra nación, he considerado que este artículo es un recuerdo de mi herencia personal, del mismo modo que otro hijo podría contemplar la navaja de bolsillo o el reloj de su padre. En cualquier caso, lo he llevado conmigo durante toda mi vida, igual que hizo mi padre. Casualmente, el hijo que me queda vivo, Charles, inició esta acción que yo estoy emprendiendo en estos momentos, porque él piensa que el objeto no debería colocarse en su estantería ni en su bolsillo como era mi intención, sino que debía confiarse a su cuidado como un objeto personal del segundo presidente de Estados Unidos.

Para terminar: soy consciente de mi edad avanzada y del deterioro de mi salud, por ello debo inclinarme ante la importancia del registro escrito. Dudo a la hora de incluir la observación siguiente porque no se basa en ningún hecho de fuerza ni en un significado histórico. Mis siguientes palabras ahondan en la impresión y la percepción, por lo que ruego perdone a este anciano. Lucharé por transmitir este suceso de una forma basada en hechos objetivos y evitar la admiración extasiada con la que yo lo recuerdo.

Como observé anteriormente, mi persona ha llevado este objeto de mi padre hasta este día, durante más de veintiún años. Siempre ha estado en el bolsillo superior derecho de mi abrigo. Con frecuencia, cuando andaba por los pasillos del gobierno, la traducción de ese objeto irrumpía en mi mente, pero aparte de mi esposa y mis hijos, que yo sepa, nadie entendía las marcas y, además, nadie tuvo el objeto en sus manos, excepto dos personas, y esas excepciones ocurrieron el mismo día.

Como ya sabe, acabé con mi retiro autoimpuesto doce años después de que mi presidencia acabara, para poder comparecer como abogado ante la Corte Suprema de nuestra nación. Mi defensa de los africanos a bordo de la goleta *Amistad* tuvo mucho éxito, pero cuando se hizo la declaración de «no culpable» el 9 de marzo de 1841, ocurrió en mi vida el más extraño de los acontecimientos.

El juez supremo Marshall declaró que los esclavos estaban en libertad y dio instrucciones para que volvieran a su tierra natal. En ese momento, Cinque, el hombre que había liderado la rebelión en el *Amistad,* me miró esperando recibir la confirmación de que ahora estaba realmente libre y preguntó sencillamente en inglés: ¿Puedo ver la piedra? En un principio no entendí, pero él volvió a preguntar y luego golpeó mi bolsillo con su mano. Saqué el objeto. Cinque lo tomó en su mano y lo besó.

Muchas personas en la sala de justicia fueron testigos de este breve intercambio. Sin embargo, otro de los abogados, Francis Scott Key del distrito de Columbia, un aliado mío en la defensa, lo tomó suavemente de la mano de Cinque, y se sentó. Mientras yo continuaba recibiendo la mezcla de felicitaciones y amenazas que un caso de este tipo genera, observé a Key por el rabillo del ojo. Durante un cuarto de hora él pasó de mirar fijamente el objeto a mirar para otro lado como si intentara recordar un nombre olvidado.

A su debido tiempo recuperé el objeto y me fui a casa. Más tarde pregunté a Key acerca de este extraño encuentro. Dijo solamente que el objeto le impresionó como si fuera algo «tremendamente familiar». En cuanto a Cinque, solo me lo encontré en otra ocasión y nunca llegué a entender su fervor por el objeto, ni tampoco cómo sabía que estaba en mi bolsillo.

Para finalizar, debo disculparme una vez más por el dato emocionante y la fantasía con los que he presentado este objeto. Lo cedo ahora a su custodia para nuestra nación, en memoria de mi querido padre.

Sinceramente suyo,
John Quincy Adams

Mark estudió brevemente la firma y exhaló el aire de forma ruidosa, mientras iba mirando hacia el final de la carta. Abrió la boca como si quisiera decir algo y la cerró casi de inmediato.

—Me está resultando muy difícil encajar toda esta información.

—¿No es esto de lo más emocionante? —tartamudeó Abby—. ¿No es increíble?

—Sí que lo es —dijo Dylan—, pero yo estoy con Mark. Todavía no tengo toda la perspectiva. Es tan confuso como emocionante. Y esperen hasta ver el resto. Todavía no están confundidos en absoluto.

Como de costumbre, Dorry tomaba notas. Hizo una pausa, pasó algunas páginas de su cuaderno y dijo:

—Aquí tengo algún trabajo de fondo que hice esta tarde. John Adams fue el segundo presidente. Quincy fue el número seis y el primero cuyo padre también lo había sido. A propósito, de los siete primeros presidentes, John Adams fue el único que tuvo un heredero varón —alzó la mirada—. En realidad esto no significa nada, pero pensé que podía ser interesante.

De los padres fundadores: Franklin, Washington, Jefferson, Patrick Henry, John Adams fue uno de los pocos que jamás tuvo un esclavo. Tampoco los tuvo su familia. ¿Verdad que es curioso, teniendo en cuenta la traducción de la inscripción del objeto?

Dylan interrumpió:

—Y dónde te dejas el hecho de que *sabían* lo que esta decía. ¡No olvides que lo tradujeron!

—Sí —dijo Mark—. ¿Y lo que dice de Francis Scott Key en la carta? Escribió ni más ni menos que *The Star-spangled Banner*. ¿Y el *Amistad*?

—¿Han visto *esa* película? —preguntó Abby a Mark.

—Sí, ¿y saben quién hizo esa película?

—¡Spielberg! —gritaron casi al unísono.

—¡Vaya! —dijo Dylan— Tenemos una fotografía de Schindler con una de esas cosas. Ahora está relacionada con el tipo del barco *Amistad*. ¿Saben una cosa? Tengo el número de teléfono de Spielberg. Creo que le voy a llamar y le voy a preguntar si sabe qué es lo que está ocurriendo.

—Vamos, chicos —el tono serio de Mark interrumpió la broma—. Dorry —hizo un gesto con la mano—, necesito un trozo de papel y el bolígrafo —ella deslizó ambas cosas hasta ponerlas a su alcance. Tomando la página en blanco que tenía frente a él, Mark la dividió rápidamente en tres columnas y sobre cada una de ellas puso tres títulos: *Vivirá, Será alimentado* y *Libre*—. ¿Se han dado cuenta de esto? —dijo mientras escribía.

—Pensábamos que era una coincidencia... algo genial... extraño, llámenlo como quieran: George Washington Carver, que hizo grandes cosas con la alimentación... tenía la piedra de la comida —en la columna titulada *Será alimentado* Mark escribió *Carver*—. Ahora tenemos a John Adams...

—¡Eh, ya veo a donde quieres ir a parar! —interrumpió Dylan.

—¡Espera! —dijo Mark—. No corras tanto. Hagámoslo cuidadosamente. Pongamos todas las piezas de este puzle sobre la mesa...

—¡Caramba, hombre! —Dylan se agitó—. No puedes ni imaginar lo que tengo en...

—¡Dylan! ¡Espera, hombre! Tenemos que exponer esto de forma muy precisa.

—Dylan, tienes que entender —interrumpió Dorry—. Eso es lo que tiene ser detective. Despacio... con calma... puede haber una huella dactilar en esa brizna de hierba a tres kilómetros del escenario del crimen.

Ignorándola, Mark prosiguió:

—En la columna que pone *Libre* ponemos Adams... Adams... Juana de Arco...

—Francis Scott Key —dijo Abby.

—Sí —asintió Mark, escribiendo lentamente—. Francis Scott Key... ¿Quién más? —preguntó.

—El tipo del *Amistad* también va en esa columna —dijo Dylan—. Y pon a Henry Wallace y Norman Borlaug en la que pone *Será alimentado*.

—Patterson —dijo Dorry—. El presidente del colegio de Carver. Frederick Patterson. Escríbelo.

—¿Y en la columna de *Vivirá?* —preguntó Mark a los demás—. Esto no es más que una suposición, claro está, pero es bastante obvia...

—Schindler —respondieron.

—¡Dios mío! —Abby siguió hablando—. ¿Ven cómo va tomando forma? Perasi también encontró otras combinaciones. Además, todavía tengo que decirles lo que he descubierto al examinarlos.

Mark sacudió la cabeza.

—Esto es muy extraño.

Dylan sacó las dos últimas páginas de la caja y las colocó una al lado de la otra.

—Para ti, amigo mío —sonrió—. Esto se acaba de convertir en algo aun más raro.

Dorry se puso de pie, mirando por encima del hombro de Mark con su café en la mano y ambos examinaron las dos imágenes que tenían delante, pero sin reconocer ninguna de ellas.

—Perasi hace un buen trabajo, ¿no es así? —preguntó Dylan mientras empujaba una página poniéndola delante—. Miren esta primero.

Era la fotografía de un intelectual, que llevaba una bata de laboratorio y una corbata negra. Sus entradas y sus gafas de gruesos cristales con montura negra le daban la apariencia de una persona mayor, aunque la falta de arrugas y el brillo de su mirada revelaban la verdad. En realidad era un hombre todavía joven. Posaba en la foto con un microscopio pero, a su derecha, directamente encima de una pila de libros, había una reliquia.

—¿Le reconocen? —preguntó Dylan.

Mark y Dorry negaron con la cabeza.

—Díselo, Ab.

—Jonas Salk.

—¡No puede ser! —dijo Dorry agarrando la página para verla más de cerca—. Fue él quien descubrió la vacuna contra la polio. ¡Y ahí está el objeto, justo ahí!

—Eso es *Vivirá* —dijo Mark.

—¿Qué?

—*Vivirá*. Jonas Salk. La vacuna contra la polio. Ese objeto tiene que ser el que pone: «Por tu mano, el pueblo vivirá». Y… —Mark hizo una pausa para mirar cuidadosamente a su mujer— si este es *Vivirá*, teniendo en cuenta cómo se van alineando los demás, no tengo ni la menor duda de que esta es la reliquia que Michael encontró en el riachuelo.

Durante un momento no hicieron nada más que mirarse el uno al otro, perdidos en mil preguntas que a su mente le costaba formular; y en cuanto a contestarlas, ya ni digamos. Dorry rompió el silencio.

—Ab, ¿cuándo se tomó esa foto?

Abby echó un vistazo a sus notas.

—El 5 de mayo de 1955. Perasi la encontró en el microfilm de la revista *Time*. Salk murió en el 95. Tenía setenta años cuando falleció, de modo que… en esta foto debía tener unos treinta.

Hablando a la imagen del joven doctor, Dorry preguntó:

—¿De dónde sacó usted esto? ¿Y quién lo tuvo después de usted, si es que fue de otra persona? —miró a Mark—. ¿Y cómo demonios acabó en nuestro jardín trasero?

—¡Échale un vistazo a este tipo! —Dylan cambió de tema al tomar la otra página—. Es un chico espeluznante, ¿no te parece?

La imagen representaba una pintura y, aunque fue la segunda que se mostró, era la que captó la mirada de Mark y Dorry en primer lugar, cuando Dylan las puso sobre la mesa, unos minutos antes. Mientras examinaban la fotografía de Jonas Salk y hablaban sobre ella, la atención de los Chandler seguía puesta en esta imagen.

Se trataba de la pintura de un rostro masculino, de medio torso. La única palabra que podía describir al hombre era «aterrador». Su pelo negro y salvaje llevaba mechas blancas y rojas. La piel de un lado de la cara estaba pintada de azul y la otra de amarillo brillante.

Gritaba furioso como si fuese a salirse del lienzo. Pero la visión más increíble era la reliquia. Estaba allí delante, en el centro, atada directamente a la frente del hombre.

—¡Ostras! ¿Quién es? —preguntó Dorry—. ¡Me va a provocar pesadillas!

—Fecha: 1304 —apuntó Dylan.

Mark y Dorry negaron con la cabeza.

—William Wallace —leyó Abby—, héroe de Escocia. Durante un tiempo de la historia en el que la altura media masculina estaba justo por encima del metro cincuenta, William Wallace medía aproximadamente uno noventa y ocho y tenía un físico a juego con su estatura. Su espada, que, por cierto, está expuesta hoy día en... ¿dónde era?... —pasó las páginas—. Lo tengo en otra página... vale, aquí está: «La espada, de un metro sesenta y cinco centímetros de larga, con un peso de casi cuatro kilos, puede verse en el Patrons of Cowanes Hospital de Escocia». Wallace estaba obsesionado con la idea de la libertad para su pueblo y, no se pierdan esto —explicó Abby, comenzando a leer despacio—: «¡Con frecuencia llevaba su "piedra del destino" a la batalla! Fue capturado y ejecutado en 1305, suceso que muchos consideraron como el origen de un clamor aun mayor por la libertad del pueblo de Escocia» —Abby cerró su libreta de notas.

Dorry verificó lo que había escrito.

—Wallace vivió en 1305. Juana de Arco... 1431. La primera fecha que tenemos de un Adams es 1638, cuando el objeto vino a América —hizo una pausa, perdida en sus pensamientos. De repente, Dorry preguntó—: *Estamos* todos de acuerdo en que esa línea (Wallace, Juana de Arco, Adams) pertenece al mismo objeto, ¿no es así? ¿A *Libre?*

—Sí —convinieron.

—¡Caray con la dichosa línea! —murmuró Dorry y volvió a mirar sus notas.

—Abby —dijo Dylan— ¿qué hay del examen de radioscopia?

—¡Oh! —Abby sacudió la cabeza como si intentara despertarse—. ¡Casi lo olvido! —Abrió su libreta de nuevo, echó un vistazo y comenzó a hablar—. Saben que la radioscopia funciona mediante refracción de luz, ¿no? Pues bien, yo puedo ver el interior, la forma, la dureza. En fin, abreviando, las piezas *eran* huecas en su forma original y el cierre por presión en los extremos fue inmediato. Un suceso catastrófico. Quiero examinar la pieza de los Adams que llegará mañana porque la imagen que tenemos de ella, bueno, la forma parece un tanto diferente.

—Has dicho un suceso catastrófico —señaló Mark—. ¿Tienes alguna idea de cuál puede haber sido el catalizador?

Abby frunció el ceño.

—¿Qué quieres decir?

—En mi línea de trabajo —explicó Mark— el catalizador de un suceso catastrófico sería una pistola, un cuchillo, una bomba, el parachoques de un coche…

—Vale, ya te comprendo. Bueno, descarta la pistola, la bomba y el parachoques de un coche —Mark sonrió ante el comentario de Abby. Ella prosiguió—, pero creo que «cuchillo» es una posibilidad. Debe haberse tratado de un *gran* cuchillo… de peso, como una espada o un hacha. Y aquí hay algo extraño. No pueden verlo a simple vista, pero con el aumento y la resolución de la radioscopia se aprecia un cierre de borde con borde causado por el suceso catastrófico, a ambos lados del objeto *Vivirá*. Es como si una bolsa de estas de congelación que llevan como una cremallera, llevara dos: una en cada extremo de la bolsa. ¿Me siguen? ¿Entienden lo de los dos bordes? —todos asintieron y se concentraron profundamente en las palabras de Abby—. La piedra de la comida, sin embargo, tiene un cierre de borde con borde solo en un extremo. En el lado opuesto al cierre de presión de esa piedra es evidente que la fundición original creó su propia curva hueca. En ese extremo existe un lunar rugoso, del tamaño de una moneda de diez centavos. En mi opinión hubo algo pegado, en algún momento, en ese lugar preciso de la piedra de la comida.

Cambiando de tema, Abby preguntó a Dorry:

—¿Estás consiguiendo algo de tus fuentes?

Dorry sacudió la cabeza con desesperación.

—Nada de nada.

—Yo tampoco —dijo Mark—. Mucha gente ha puesto las manos sobre estas cosas, pero parece que nadie robó una jamás.

Todos se rieron.

—Bueno, esto es lo que voy a hacer a continuación —dijo Abby—. La pieza de Adams llega mañana. Le haré la radioscopia aquí, pero ahora les voy a dar grandes noticias, creo. He estado haciendo algunas comprobaciones. Tengo un colega que se graduó conmigo en la universidad y, después de hacer todo el doctorado, siguió el camino de la investigación extrema. Eso quiere decir la Universidad de Wisconsin-Madison. Ellos pertenecen a la «primera división». Entre otras cosas, hacen análisis químicos de los materiales arqueológicos. Están entre las únicos lugares del mundo que tienen los instrumentos que puedan darnos más información. Si están todos de acuerdo, ya he avisado a Perry y podemos enviarle los tres objetos mañana por la tarde. Me ha reservado hora con una máquina que se llama «espectrómetro de emisión atómica con plasma acoplado por inducción».

Los ojos de Mark se abrieron como platos.

—Vale.

Abby se rió.

—Es un nombre kilométrico, pero Perry podrá enviarme los resultados que quiero, en modelo informático, por correo electrónico. Quiero que haga dos cosas en concreto. Quiero que examine esos bordes más de cerca de lo que yo puedo hacer aquí… y quiero un envejecimiento regresivo de los bordes.

Dorry miró a Mark.

—Eso es lo que haces con las fotos de los niños, ¿verdad?

Asintió con la cabeza.

—Cuando se trabaja con personas desaparecidas es una táctica común tomar la fotografía de un adulto para poder ver si él o ella es, en realidad, el niño que se perdió años antes.

—De modo que quiero una involución de los tres objetos. Quiero tener una mejor idea de cómo eran esos bordes.

Todos se quedaron callados por un momento. Luego, Dylan dijo:

—Ab, diles por qué.

Ella titubeó y después levantó la barbilla.

—Pienso que los tres encajaban entre sí —dijo—. Creo que todos son parte de otra cosa.

Dorry se inclinó hacia delante y puso la cara contra la mesa, rodeando su cabeza con los brazos. Luego, con la misma rapidez, alzó la mirada.

—Yo así lo creo —declaró, y su cara tenía esa expresión de aprobación—. La idea me tiene un poco descolocada, pero pienso que eso me ha estado dando vueltas en la cabeza a mí también. Está todo… demasiado conectado… para que esto no haya estado, ¿cómo lo diría?… vinculado —dejó escapar una fuerte bocanada de aire y se desplomó en su silla de nuevo.

—Entonces, estamos de acuerdo… —Mark habló lentamente. Estaba haciendo garabatos con su bolígrafo sobre el trozo de papel que tenía delante—. Tengo una pregunta para ti: si todas esas piezas encajan… —soltó el bolígrafo y levantó la vista—: ¿Tenemos todas las piezas o hay alguna más?

⨯ TRECE

A las diez de la mañana la temperatura seguía siendo fría para esas alturas del año. Las nubes bajas y la bruma lloviznosa eran más propias del mes de diciembre o enero que del primer día de mayo. Nigel Bailey esperaba pacientemente bajo el toldo del Pub Baron's en la Sexta Avenida, mientras fumaba un cigarrillo. Había llamado a unos cuantos deudores de entre sus amigos —y amigos de sus amigos— para hacer que ese día llegara. Si la reunión iba bien, se convertiría en un hombre rico.

Bailey era de estatura mediana, fornido y con unos hombros anchos que indicaban una fuerza poco usual. Era de piel y ojos oscuros y lucía un tupido bigote más largo que el pelo que, en cualquier caso, llevaba escondido bajo un sombrero alto de piel de castor. Notó que el cigarrillo se había consumido llegando casi a quemarle la yema de los dedos; rápidamente lió otro y lo encendió con el último destello del primero. Tenía treinta y cuatro años y era un viajero redomado, aunque esta era la primera vez que venía a América. Había crecido en Australia y era independiente desde los catorce años. Se había abierto camino en la vida como pastor de ganado en la zona despoblada

167

de Australia hasta que dejó definitivamente el país a la edad de veintitrés años.

Durante varios años, Nigel trabajó como marinero de cubierta, luego pasó a ser oficial de cubierta y, finalmente, sobrecargo en buques de carga y navíos de pasajeros que hacían comercio, desde África hasta los puertos europeos. Fue en un viaje de este tipo, dos años antes, cuando Nigel oyó hablar por primera vez acerca de los increíbles descubrimientos que habían tenido lugar en Egipto. Con una frecuencia aproximada de una vez al mes, el Valle de los Reyes, como se le llamaba, entregaba sus inestimables tesoros al primer tonto que llegaba. En Italia estaba ocurriendo lo mismo. Las criptas y las catacumbas romanas donde reposaban los que habían muerto hacía mucho tiempo se estaban empezando a descubrir.

En el puerto marítimo de Venecia Nigel gastó el salario de un mes en una sola noche, satisfaciendo la sed de un pasajero que decía conocer el lugar exacto de uno de esos lugares. Una cantidad prodigiosa del licor más caro le permitió, por fin, fisgonear en el secreto de aquel hombre. Sin perder tiempo, Nigel dejó su empleo en el barco al día siguiente.

El enclave resultó ser falso, el mero alarde de borracho de un redomado contador de historias. Sin embargo, la búsqueda de ese lugar indicó un trampolín que le llevó a más y mejor información y a un largo viaje de meses y muchos kilómetros que, finalmente y por casualidad, dieron su fruto.

Nigel había trabajado por toda España e Italia, mayormente como leñador, ganando suficiente dinero para sufragar sus modestos gastos de subsistencia. Un día, cuando buscaba madera resistente en la finca de un productor de vino, se tropezó con una serie de montículos. Había leído las descripciones que los periódicos hacían de los enclaves de sepulturas que se habían localizado y desenterrado. Nigel sabía que con frecuencia la única evidencia de la existencia de una tumba era una pequeña colina que sobresalía del nivel del resto del terreno. A pesar de ser consciente de que se encontraba en una propiedad privada, hizo caso omiso a la posibilidad de ser llevado a prisión —Italia ya había promulgado una firme legislación en cuanto a la apertura de tumbas antiguas sin la supervisión del gobierno—; dejó a un lado su hacha y tomó una pala.

Había cinco montículos y le llevó todo un día poder penetrar en los dos primeros. En cada uno de ellos no encontró más que un esqueleto, totalmente formado y equipado con una coraza. Junto a la cabeza de ambos esqueletos había una punta de lanza hecha de algún tipo de metal. Nigel supuso que el astil de la lanza sería de madera y por ello se habría deshecho ya hacía mucho tiempo. Ambas sepulturas estaban vacías a excepción de los guerreros que yacían directamente sobre el suelo de piedra.

Al estudiar la distribución de los montículos, Nigel vio que había abierto dos de las cuatro tumbas que rodeaban a una que estaba en el centro. Relacionó a los soldados con la disposición de los cinco montículos y se preguntó a sí mismo qué podían estar custodiando, si es que realmente estaban guardando algo. Cavó en el lateral del montículo central y fue recompensado por su esfuerzo.

Cuando entró en la tumba de Constantino XI, lo hizo de rodillas. La única vela que sostenía parpadeó al rozarle la cara el aire viciado. Al principio se había sentido decepcionado. Rollos de pergaminos que se convirtieron en polvo cuando los agarró, varias vasijas resquebrajadas y algunos grabados de madera fue todo lo que pudo observar a primera vista. No había ningún montón de oro o plata. No había diamantes ni joyas.

Los huesos del emperador yacían sobre un bloque de piedra en la parte trasera de la tumba. Hacía mucho tiempo que la carne había desaparecido. En el pulgar de la mano derecha del emperador había un anillo de oro, decorado con una piedra verde de alguna clase. En su mano izquierda, que se separó en un montón de pequeños huesos cuando Nigel la movió, había otros tres anillos de un diseño similar. Poco faltó para que se percatara del medallón, opaco y lleno de tejido humano convertido en polvo que se encontraba dentro de la cavidad torácica. Metió sus dedos entre los huesos de las costillas para sacar el disco. Era evidente que el gran hombre lo había llevado sobre su pecho y que, a lo largo de los años, se había ido introduciendo en el cuerpo a medida que este se descomponía.

Cuando lo puso bajo la luz de la vela, Nigel vio que se había perforado un agujero en un lateral y que se había metido una tira de cuero a través del mismo. Al menos él pensaba que era cuero. Lo que *hubiera* sido en otro tiempo se había reducido ahora a trozos desintegrados que se enrollaban hacia arriba por encima de las costillas, a través de los huesos de la clavícula, alrededor de la base del cráneo, y bajaban por el otro lado.

Nigel cepilló los restos de la cinta del medallón y sopló para quitar un último trozo del agujero. Lo metió en su bolsillo con los anillos, abrió un saco de tela y procedió a llenarlo con todas las cosas sueltas que había en la tumba.

Nigel miró su reloj de bolsillo mientras tiraba el cigarrillo al suelo. «*¡Ahora, a vender el lote!*», pensó al ver un coche de caballo que se paraba delante del *pub*. La carroza era espléndida, de color negro con ribetes de oro y un toque de cuero rojo. Iba tirada por cuatro caballos a juego. El cochero abrió la puerta lateral y ofreció su mano al hombre que Nigel había venido a ver a Estados Unidos.

Alfred Vanderbilt salió del coche y se enderezó. Alto y elegante, llevaba un clavel rosa en el ojal de la chaqueta de color gris antracita de rayas que le llegaba hasta la rodilla. Unos pantalones a juego, guantes negros de piel de cordero y un sombrero de copa con cinta de seda completaban el elegante conjunto. Vanderbilt se hizo a un lado cuando su ayuda de cámara personal, Ronald Denyer, le siguió desde el coche. Finalmente, otros dos hombres salieron por la puerta de la carroza, uno detrás del otro.

Nigel observaba, desde la entrada del *pub*, cómo se acercaba uno de los hombres más ricos del mundo.

Había investigado muy bien y se había enterado de que Vanderbilt era un estudioso del arte y las antigüedades, hobby en el que gastaba el dinero de una forma espléndida. ¡Y disponía de mucho dinero para gastar! Solo tenía treinta y ocho años, pero Alfred había heredado la mayor parte del patrimonio Vanderbilt. A la muerte de su padre, cada uno de sus hermanos y hermanas —unos más jóvenes y otros mayores que él— habían recibido siete millones de dólares. Alfred recibió setenta y cinco millones.

Aunque Vanderbilt era inmediatamente reconocido dondequiera que iba, también se le respetaba. Se sabía que era un hombre amable y no se le consideraba uno de los magnates ladrones: hombres que utilizaban su riqueza como arma y, con ella, apaleaban a los pobres. Era *vox populi* que siendo un jovencito Alfred fue el único entre sus hermanos que insistió en comenzar su experiencia de negocio «desde abajo», como oficinista en una de las oficinas de su padre. La gente nunca olvidó esto. Su padre tampoco lo hizo y quedó patente en la división de su riqueza.

—¡Señor Vanderbilt! —llamó Nigel mientras subía el bordillo con el brazo extendido—. Soy Nigel Bailey, señor.

Vanderbilt se quitó los guantes con destreza y estrechó la mano del hombre.

—Encantado de conocerle, señor Bailey —dijo—. Le presento a mi ayuda de cámara, el señor Denver —Nigel estrechó la mano del hombre de menor estatura, que iba bien vestido aunque no con tanta elegancia como su patrón.

Luego, Vanderbilt presentó a los otros dos hombres que estaban en pie, a un lado, vestidos con traje oscuro.

—Estos señores son los doctores Osborn y Tate. El doctor Henry Fairfield Osborn, director y el doctor Lawrence Hardy Tate, conservador del Museo Americano de Historia Natural que está en la Calle Setenta y Siete —Nigel estrechó la mano de ambos hombres—. ¿Entramos? —preguntó Vanderbilt indicando la entrada del *pub* con un movimiento de su brazo, mientras su ayuda de cámara se apresuraba a abrir la puerta.

Mientras Nigel seguía al grupo hacia el interior del restaurante, su mente iba a toda velocidad. No había contado con la presencia de expertos; sobre todo unos que pudieran cuestionar sus métodos, que él mismo consideraba de aficionado, en el mejor de los casos. *«No hay de qué preocuparse —pensó— ya me las apañaré».*

Ya en el interior, los camareros corrieron a sentar al grupo de Vanderbilt en una mesa redonda, junto a la ventana principal. Alfred y Nigel se sentaron y acercaron un poco sus sillas mientras el sirviente y los doctores Osborn y Tate se apartaban discretamente. Faltaba aún bastante para la hora de la comida, de modo que Vanderbilt pidió bebidas calientes que fueron servidas de inmediato. Por el momento, Vanderbilt en solitario se dirigió a su invitado:

—Señor Bailey, mi abogado me ha dicho que acaba usted de llegar a nuestras costas.

—Sí, señor. Solo hace dos semanas que llegué. Vine en un vapor volandero desde Génova —Nigel observó que el sirviente, Ronald Denyer, se levantaba, rodeaba la mesa y vertía el té y el café.

«¡Caramba! —pensó— esto sí que es una vida diferente. Este hombre tiene su propio camarero personal».

—El acento... ¿australiano?, ¿estoy en lo cierto? —preguntó Vanderbilt.

—Sí, correcto —sonrió Nigel—. Abajo del todo. ¿Ha estado allí alguna vez?

—En realidad, varias veces —respondió Vanderbilt—. Buena gente con un espíritu muy parecido al nuestro —se aclaró la garganta—. No es mi intención meterle prisa, señor Bailey. Estoy interesado en su propuesta. Mi abogado me ha puesto al corriente de sus esfuerzos de una forma general. Sin embargo, ando muy justo de tiempo. He reservado un pasaje para Europa y salgo esta misma tarde. En realidad, de aquí nos iremos directamente al puerto.

—No hay problema. ¿Por dónde desea que empiece?

—¿Qué le parece por la ubicación de la tumba? —dijo Vanderbilt en tono cordial—. ¿Dónde se encuentra exactamente?

—¿Exactamente, eh? —respondió Nigel inocentemente—. Sí. Yo estaba dispuesto a darle la situación general de la tumba, que es el continente de Europa, pero usted quiere que le diga su ubicación exacta. Pues bien… la tumba se encuentra exactamente en Italia.

Vanderbilt se rió y guiñó un ojo a su ayuda de cámara.

—Ya lo capto, señor Bailey. Sin embargo, le ruego que conteste a esta pregunta: ¿Cómo sabe que la tumba que asaltó…?

—*Exploró* sería una mejor elección de palabras, señor Vanderbilt —interrumpió Nigel con una expresión pensativa en su rostro—. *Asaltó* es uno de esos términos que me causarían problemas con la ley —dirigió una mirada de complicidad a Osborn— y los artículos tendrían que salir de su museo.

—Permítame, entonces, expresarlo a su manera —Vanderbilt comenzó de nuevo—: ¿Cómo sabe que la tumba que «exploró» era la de… Constantino, creo que fue lo que me dijeron?

—¡Porque los huesos estaban sobre un bloque en el que habían grabado su maldito nombre! Tengo que admitirlo. No seré el tipo más brillante que conozca, ¡pero deme la oportunidad de demostrar mi valía! He estado leyendo durante bastante tiempo y no corre ningún rumor sobre el gran *C-O-N* y todas las demás letras que van seguidas de *XI*.

Vanderbilt se rió al ver el ingenio sarcástico del hombre, pero miró a Tate para recibir confirmación de la afirmación de Nigel.

El conservador del museo entendió la pregunta en los ojos de su patrón y respondió con legitimación:

—Todos los césares romanos —al menos aquellos cuyas tumbas hemos encontrado— yacían sobre un bloque de mármol. Sus nombres siempre se grababan en la piedra. Siento curiosidad, señor Bailey, ¿el mármol era de la rara variedad oscura y la losa como una lápida grande?

Los ojos de Nigel se entrecerraron y respondió al instante:

—Soy consciente de que no poseo su sofisticación, que para usted no soy más que un *galah* con piel de canguro que va saltando alrededor de la gran ciudad, pero no me gusta ser sospechoso de fraude —Tate intentó interrumpir, pero se detuvo cuando Nigel alzó su mano. Suavizándose, dijo—: Pero en vista de que tiene un trabajo que hacer —Nigel miró a Vanderbilt— y está haciendo uno bueno… —volvió a dirigirse a Tate y prosiguió—: le voy a dar las respuestas que necesita para su comprobación. Sin embargo —advirtió señalándole con el dedo—, no más pérdida de tiempo con sus solapadas preguntas. ¡No me lo voy a tomar bien! ¡No estoy de humor!

Vanderbilt observó el intercambio con interés. Tate había palidecido ante la agresiva postura del australiano. Fue él quien sugirió anteriormente una serie de trampas para asegurarse de la validez del material que se ofrecía para la venta. Los engaños eran frecuentes y él ya había salvado al museo de tener que pasar bochorno en varias ocasiones. Osborn, por su parte, mantuvo la compostura y consiguió dibujar una rígida sonrisa mientras asentía a regañadientes.

Respirando profundamente, Nigel sonrió y dijo:

—Bueno, ¿todos amigos de nuevo? Vamos allá; el mármol no era de la «rara variedad oscura». Era blanco puro, como usted bien sabe. Y el gran hombre no yacía sobre una losa parecida a una lápida. Reposaba sobre una losa como la de cualquier casa. Era gigantesca. Me habría gustado traérmela, pero no tenía una manada de elefantes en aquel momento para arrancarla del suelo. ¡Caray! ¿Son todas tan grandes?

Tate intentó reír educadamente, pero estaba tan nervioso que su risa sonó como si estuviera haciendo gárgaras. No obstante, contestó:

—En verdad sí, lo son. El mármol ha sido siempre blanco y los bloques pesan más de treinta toneladas. Para empezar, es un gran misterio saber cómo las colocaban. En verdad resultaría ridículamente difícil quitarlas de allí. A propósito, le pido disculpas por mi evidentemente inútil intento de subterfugio de hace un momento. Una persona de la posición del señor Vanderbilt suele ser el objetivo de aquellos que quieren aprovecharse de su generosidad. Necesitaba asegurarme, de algún modo, de que usted hubiera encontrado realmente a Constantino XI.

Cambiando de tema, el doctor Osborn preguntó:

—Señor Bailey, ¿qué sabe usted de Constantino?

—Poca cosa —respondió Nigel encogiéndose de hombros—. Uno no trastea los huesos de un hombre sin sentir una pizca de curiosidad acerca de lo que ocurría cuando estaba vivo. En cualquier caso, sé que tienen ustedes prisa. Yo también. ¿Lo quieren saber del tirón? Esto es lo que sé: el emperador Constantino XI —Nigel cruzó los brazos— fue sorprendido por las fuerzas turcas invasoras del sultán Mehmet en 1453. Ofreció su vida a cambio de la seguridad de su pueblo. Se rumorea que lo mató el propio sultán. Su muerte heroica fue legendaria, quizás un tanto mejorada por el hecho de que nadie supo dónde enterraron al tipo. Al menos hasta que su servidor consiguió sacarle con una pala. Fue el misterio de toda una vida… enterrado en un lugar secreto, dando lugar a todo tipo de cuentos piadosos acerca del «emperador durmiente», aislado, que un día se despertaría, echaría a los bárbaros sedientos de sangre y restauraría el Sacro Imperio Romano. Para concluir: en primer lugar, se trata realmente de él; en segundo lugar, tengo algunas de sus cosas; y en tercer lugar, he visto al hombre. No está durmiendo. Está bien muerto. Mi opinión es que ya no necesita esas cosas. Valen una fortuna y me gustaría vendérselas a usted. Ya está. ¿Es lo suficientemente directo para usted?

Los ojos de Vanderbilt centellearon mientras se inclinaba hacia delante.

—Muy bien, señor Bailey. Pero aún no me ha dicho qué es lo que encontró dentro de la tumba.

Nigel se mantuvo serio. Había temido que le hiciera esa pregunta porque, en realidad, no estaba muy contento con su botín. Pensó: «*Con todos los reyes muertos que hay en el mundo y he tenido que encontrar la tumba del único que era pobre*». Las tallas y la cerámica tenían un cierto valor, lo sabía, pero no había nada espectacular que pudiera encender la llama del deseo en un comprador. Sobre todo si este era uno con tanta cultura como el que tenía delante.

—Lo tengo todo escondido —contestó Nigel con calma. Manteniendo el contacto visual, sacó el medallón de su bolsillo y se lo entregó a Vanderbilt—, pero aquí hay una muestra. Quédeselo. Estoy seguro de que podremos llegar a un acuerdo sobre el resto.

—Probablemente —dijo el hombre rico mientras agarraba el objeto. Era circular, plano y casi del tamaño de la palma de su mano, sencillo y exquisito a la vez. Vanderbilt estaba bastante seguro de que el hombre que tenía delante se estaba marcando un farol. Le presentaba esto, que era lo mejor del lote, como un regalo, y apostaba que el resto de los artículos se comprarían sin ni siquiera verlos. Y en realidad, Vanderbilt sabía, que era muy posible que hiciera exactamente eso. Reflexionó: «*En la mente de este señor solo el oro tiene mérito. Nunca entenderá que no quiero ni necesito más joyas. Ahora me gastaría algún dinero en alguna pieza de arcilla con varios siglos de antigüedad*».

Mientras Vanderbilt sostenía el medallón en alto para captar la luz de la ventana, Nigel se alegró de haberse tomado el tiempo de limpiarlo y abrillantarlo. Aunque el disco había tenido un color entre rojizo y marrón, y estuvo cubierto de materia orgánica seca, ahora era de un rico bronce reluciente.

Por un lado del medallón había letras grabadas y enrolladas en el borde exterior. Estaban en una lengua que no le era familiar a Nigel. En el centro había un espacio vacío, del tamaño de un pulgar, áspero al tacto, como si hubiese habido algo allí con anterioridad y ahora se hubiese roto. En la otra cara del disco, sin embargo, había una docena de letras grabadas en la superficie, siguiendo un patrón circular —símbolos—, diminutas pero claramente definidas. Con un palito y un trapo Nigel había empleado horas en limpiar las ranuras de la inscripción. El medallón no era de oro, pero brillaba como el mismísimo sol.

—¿Ve el agujero? —dijo Nigel—. Había una correa que pasaba a través de él. El hombre lo llevaba alrededor del cuello.

Vanderbilt asintió con la cabeza, concentrándose en la inscripción. Tate se inclinó hacia el medallón y, cuando vio que lo habían notado, alargó la mano y dijo:

—¿Me permite?

Vanderbilt le dio el objeto y se sintió alarmado cuando el experto lo sostuvo a la luz e inmediatamente frunció el ceño.

—¿Qué ocurre? —preguntó.

En lugar de contestar, Tate, muy nervioso, dirigió otra pregunta a Nigel:

—¿Encontró usted *esto* sobre el emperador?

—Exactamente.

Tate miró a Nigel brevemente como si quisiera confirmar que su respuesta había sido afirmativa, y luego volvió a fijarse en el medallón. Frunció el ceño de una manera aun más profunda.

—Lawrence, dígame —dijo Vanderbilt—. ¿Son malas noticias?

Nigel observó que Denyer, el ayuda de cámara, se levantó instantáneamente como si estuviera preparado para proteger a su jefe. Nigel pensó: «*Si está intentando ser sutil no lo está consiguiendo en absoluto»*. Siéntate, amigo —dijo en voz alta—. No voy a saltar por encima de la mesa —luego hizo una pregunta a Tate—. Tengamos la fiesta en paz. ¿Por qué esa cara tan larga?

Tate alzó la mirada, desconcertado. Volvió a mirar hacia delante y hacia atrás, entre Nigel y Vanderbilt, mientras hablaba.

—La pieza es auténtica. Es magnífico. Lo que ocurre es que no encaja en el calendario que la historia ha establecido para Constantino. En realidad no es un problema, ya que los emperadores coleccionaban antigüedades, igual que lo hacemos nosotros.

Le miraron fijamente.

—Lo que quiero decir es que Constantino murió en 1453. Este medallón es, al menos, mil años más antiguo que eso, es posible que mucho más. Y no es romano. Es de Sumeria o… bueno, de eso no estoy totalmente seguro. Sin embargo, no hay lugar a duda de que *es* de esa región del mundo. La escritura es acádica o aramea. No cuadra que un emperador romano llevara… esto.

—¿De qué tipo de escritura ha dicho que se trataba? —preguntó Vanderbilt.

—Acádica… aramea… No estoy preparado para determinarlo en estos momentos. Ambos están estrechamente relacionados y se escriben con símbolos comunes. Puedo traducirlo si me da algún tiempo. Las letras más grandes de este lado son… bueno, este es un símbolo que significa «con» o «por» y hay tres símbolos que deletrean o representan la palabra «pueblo» —hizo una pausa—. Alfred, sé que tiene usted prisa…

—Tómese su tiempo —dijo Vanderbilt—. Disponemos de algunos minutos. ¿Puedes ayudarle, Ronald?

—En realidad, sí. Ronald, tome estas notas por mí, por favor. Antes de que se marche, me gustaría entender al menos esta parte.

Tate se arrimó al sirviente mientras los otros tres siguieron hablando y tomando té y café.

—¿Negocios en Europa, señor Vanderbilt? —preguntó el australiano.

—Algo parecido —contestó—. Dirigiré una reunión de la Asociación Internacional de Criadores de Caballos, pero mi propósito principal para hacer la travesía es ofrecer una flota de coches de caballos a la Sociedad de la Cruz Roja. Ofreceré también a mi conductor. También me ofreceré yo como conductor. La guerra está en pleno furor por allí como, estoy seguro, sabrá.

—Sí. Ciertamente es así en algunos lugares. Por poco no puedo salir. Un poco más al norte de Génova y el resultado habría sido totalmente impredecible —Nigel no pudo evitar hacer una pregunta acerca de la declaración que Vanderbilt había dejado en el aire—. ¿No es suficiente con que les dé los coches? ¿Se está ofreciendo como voluntario para conducirlos usted mismo?

Vanderbilt miró por la ventana durante un momento y no contestó. Luego se limitó a decir:

—No siento que esté haciendo lo suficiente.

—Disculpe —dijo el doctor Tate, atrayendo la atención hacia el medallón y su traducción—. Tengo varias palabras acabadas de este lado. Aquí tiene. ¿Ven esta línea de símbolos que está en el borde? —los hombres indicaron que sí—. Aquí tenemos varias elecciones de palabras disponibles. Un erudito podría traducirlo de una forma y otro cambiaría una o dos palabras.

Sin embargo, sí habría una pequeña diferencia. Esto es lo que quiero decir. Podría ser: «*Con la mano de uno, la salvación es para todos*». También podría leerse de esta manera: «*Por la mano de uno*» o «*Por tu mano*». La segunda parte también tiene distintas opciones. «*Todos son salvos*» o «*Todos serán salvos*». «*El pueblo*» o «*la población*» *será salva* o *será salvada*... —Tate gesticuló con sus manos como para decir «o algo así».

Vanderbilt alargó la mano y tomó el disco.

—¿Por la mano de uno, ellos serán salvados?

—A Constantino no le benefició demasiado —apuntó Nigel con ironía.

Vanderbilt le dio la vuelta al objeto y pasó sus dedos por la suave superficie.

—Según la historia —dijo—, fue la mano de Constantino la que hizo esto; fue el pueblo el que se salvó.

Nigel, Osborn, Tate y Denyer, todos contemplaron ese pensamiento, ingiriendo pacientemente su bebida mientras Vanderbilt estudiaba el disco.

—¿Alguna idea de lo que está escrito en el otro lado? —dijo a Tate.

—Hay más de cien símbolos allí. Cada uno puede representar, por sí solo, una palabra o una frase. Y hay más símbolos que no he completado en este lado. Puedo hacerlo, pero me llevará algún tiempo. Déjemelo y lo tendré hecho para cuando usted vuelva.

Vanderbilt pareció considerar el ofrecimiento brevemente, luego deslizó el disco en el bolsillo de su chaqueta.

—No, si no le importa, desearía llevarlo conmigo. «Con mi mano» y todo eso… un poco de fuego en mi bolsillo quizás, llámele inspiración si quiere, mientras esté conduciendo el coche de la Cruz Roja para los combatientes.

Por un momento, el millonario pareció profundamente metido en su pensamiento. Luego, como si hubiera tomado una decisión, dijo:

—Lawrence, me gustaría que viajase usted conmigo, si no le importa. Quiero tener esa traducción lo antes posible. Puede hacerla durante el viaje.

Tate pareció sobresaltado, pero captando la mirada de Osborn, accedió inmediatamente.

—Ronald —prosiguió Vanderbilt—, consigue un pasaje para el doctor Tate cuando lleguemos al puerto. Primera clase incluyendo la vuelta. Ya que nos vamos inmediatamente y el doctor Tate no está preparado, asegúrate de que tenga una cuenta ilimitada a bordo del barco para ropa y cosas imprescindibles.

Vanderbilt se volvió hacia Nigel.

—Señor Bailey, déjese caer por la oficina del doctor Osborn en el museo, Calle Setenta y Siete, cuando mejor le convenga. Por favor, lleve el resto de las cosas de la tumba —se giró hacia el director—. Henry, le autorizo a negociar en mi nombre y a pagarle del fondo que establecimos. Sea justo con el hombre. Me gusta —Vanderbilt saludó a Nigel con la cabeza.

—Gracias, señor —dijo Nigel, estrechando la mano de Vanderbilt mientras todos se ponían en pie.

Cuando Alfred Vanderbilt salió del *pub*, el coche le estaba esperando. El cochero sujetó la puerta mientras él, luego el doctor Tate y, finalmente, Ronald subieron al elegante carruaje elegido y emprendieron el viaje hacia el puerto de Nueva York. Mientras los caballos galopaban, Alfred pensó en la reunión que acababa de tener lugar. Cambió de postura en el asiento y sacó el medallón de su bolsillo.

Viéndole examinar el objeto, Ronald Denyer habló:

—Es muy hermoso, señor.

—Yo también lo pienso —asintió Vanderbilt haciendo un gesto con la cabeza.

—Y sin embargo es curioso, ¿no le parece? La traducción, el emperador, todo lo que tiene que ver con él… sencillamente curioso.

—Sí que lo es —convino Vanderbilt mientras volvía a meter el objeto en su bolsillo. Se quedó callado durante un tiempo, observando a la gente que estaba en la acera al pasar el coche a gran velocidad. La lluvia había cesado por completo, observó—. ¿Empaquetaste mis zapatos de noche, Ronald?

—Sí, señor.

—Buen chico. ¿Te has familiarizado con la distribución del barco?

—Sí, señor. Y cuando lleguemos, los representantes de Cunard se reunirán con nosotros en la pasarela. Entiendo que el Capitán Turner le dará la bienvenida personalmente.

—¿Qué suite reservaste? ¿Te acuerdas?

—Sí, señor. Usted estará en la Regal. Es la suite B-65 y 67. Es la mejor del barco, señor.

—Gracias, Ronald —agradeció Vanderbilt—. Como de costumbre, te has superado a ti mismo —luego se dirigió al doctor Tate—. Estamos en buenas manos con este hombre. Ya verá, no tendrá que preocuparse por nada. A los pocos minutos de nuestra llegada, él se habrá ocupado de todo menos de una salida puntual —luego, volviéndose de nuevo hacia Ronald, bromeó— ¿O también te has encargado de eso?

El ayuda de cámara rio cortésmente.

—Eso no depende de mí, señor. Pero si yo fuera usted no me preocuparía. Con Cunard, un horario escrito en piedra es un punto particular de orgullo. Sí, señor. El *Lusitania* siempre es puntual.

⚜ CATORCE

Ciudad de Nueva York

ERA UN MILAGRO DE LA INGENIERÍA MODERNA, EL MÁS GRANDE DE su estilo. Atracado en el muelle 54 de la línea Cunard, el *Lusitania* era un rascacielos portátil —los topes de sus mástiles se elevaban a sesenta y un metros en el aire— mezclándose fácilmente con la línea del horizonte de la ciudad de Nueva York. Su asombrosa eslora era de unos 239 metros, superando las dársenas Cunard y metiéndose en el Rio Hudson, que había sido dragado para que tuviera cabida. Un simple paseo alrededor de su cubierta de recreo suponía un recorrido de unos 400 metros.

Miles de personas llenaban los muelles para poder ver el gran trasatlántico. Algunos se las arreglaron para poder estrechar la mano de Vanderbilt mientras este se abría paso en dirección a la pasarela, entre los vítores y lámparas de flash que estallaban. Subió la pendiente a grandes zancadas delante de su ayuda de cámara y vio que el capitán estaba, efectivamente, esperándole al final de la misma.

Bowler Bill Turner era un comodoro de la línea Cunard. Con cincuenta y nueve años, era un hombre grande con barba corta y pelo blanco. Aquel día, por la mañana temprano, se le había interrogado como testigo experto en la corte federal. El juez Julius

Meyer presidía los procedimientos legales que se habían convocado para determinar la responsabilidad económica de la White Star Line en el hundimiento del *Titanic*. Cuando el tribunal preguntó al Capitán Turner qué lecciones había aprendido la industria naviera de aquel desastre, el hombre, que había jurado solemnemente decir toda la verdad, respondió: «Ninguna. Y volverá a ocurrir de nuevo».

La comparecencia de Turner en el tribunal había salido en los titulares de todos los periódicos de Nueva York y, ahora que estaba a punto de estrechar la mano del capitán, a Alfred Vanderbilt se le cruzó fugazmente el pensamiento de lo cerca que había estado de sucumbir en aquella tragedia en particular. En 1912, dos semanas antes del fatídico viaje, él había reservado y pagado el pasaje en una suite del *Titanic*, pero se echó para atrás en el último minuto.

—Bienvenido a bordo, señor Vanderbilt; señor —la voz del Capitán Turner retumbó mientras apretaba fuertemente la mano del millonario—. Es un honor tenerle entre nosotros.

—Capitán Turner, el honor es mío —replicó Vanderbilt humildemente—. Considero un privilegio estar bajo su mando.

El capitán rió de buena gana.

—Intentaré evitarle el trabajo sucio. Siento mucho que la señora Vanderbilt no se una a nosotros.

—Yo también la echaré de menos. Como probablemente sabrá, tenemos dos hijos pequeños. Por ellos ha decidido quedarse en Nueva York y soportar la miseria de nuestro Hotel Park Avenue.

En ese momento, como hecho a propósito, un joven uniformado dio un paso adelante.

—Camarero —dijo el capitán dirigiéndose a él—, acompañe al señor Vanderbilt a su suite.

—A sus órdenes, capitán —dijo el camarero brevemente. Rápidamente alivió a Denyer de una porción de su carga y les guió. En unos pocos minutos, el joven William Hughs, de dieciséis años, abrió la puerta a las personas que tenía a su cargo. Vanderbilt admitió que la Suite Regal hacía honor a su nombre. Era una de las dos suites especiales del barco y se componía de dos dormitorios principales magníficamente amueblados, un comedor privado, baños y aseos, todo con techos bruñidos en oro. En cada habitación había una chimenea de mármol rodeada de sillas descomunales. Incluso había un dormitorio separado para Ronald, el ayuda de cámara.

Después de admirar la habitación, Vanderbilt dejó que Ronald se ocupase del doctor Tate y él se fue a explorar el barco. Se alegró de encontrarse con un viejo amigo, Charles Frohman, el empresario que había producido más de 500 obras de teatro a ambos lados del Atlántico. Este le informó que Elbert Hubbard y su esposa, Alice, también formaban parte del pasaje. Hubbard, el gran autor estadounidense, había vendido cuarenta y cinco millones de copias de su obra más reciente *A Message to Garcia*.

Giró y, al dar una vuelta por la cubierta de paseo, Vanderbilt se detuvo en la tienda de regalos; siguiendo un impulso, compró un joyero. Era de caoba de la mejor calidad y tenía una tapa deslizante estriada. El tamaño era de unos quince centímetros y el exterior de la caja estaba cubierto por una fina tela de color morado oscuro. Pensó: *«Es precioso, y será un lugar perfecto para que repose el medallón»*. Abrió la caja en el mostrador de la tienda, sacó el disco del bolsillo de su chaqueta y lo colocó dentro de ella. Cerró la tapa y volvió a su suite llevando cuidadosamente la caja, que colocó en la estantería de su armario.

El sol atravesó por fin las nubes cuando el *Lusitania* se puso en marcha a las 12:20. Con tres toques impresionantes de su sirena, el gran navío hizo acopio de velocidad y empezó su travesía. Las multitudes que estaban en el muelle vitoreaban, agitaban sus pañuelos y tiraban confeti mientras la orquesta del barco tocaba *Tipperary* desde un extremo de la cubierta y los Royal Gwent Male Singers cantaban *The Star-spangled Banner* desde la otra.

A pesar de saber que estaban navegando en una zona de guerra europea, fueron pocos los pasajeros a bordo que se percataron que se había pintado encima del nombre del barco y del puerto, en un intento de disfrazar su identidad. Menos aún habían sido los que habían visto la advertencia publicada en todos los periódicos de Nueva York. Era pequeña —menos de diez centímetros de altura— y enmarcada en negro.

Decía así:

¡ATENCIÓN!

Se recuerda a todos los viajeros que pretendan embarcarse en un viaje por el Atlántico que existe un estado de guerra entre Alemania y sus aliados, y Gran Bretaña y los suyos; que la zona de guerra incluye las aguas adyacentes a las Islas Británicas; que, de acuerdo con el aviso oficial del gobierno imperial alemán, los navíos que hagan ondear la bandera de Gran Bretaña o de cualquiera de sus aliados estarán sujetos a la destrucción en esas aguas y que los viajeros que naveguen en la zona de guerra en barcos de Gran Bretaña o de sus aliados lo estarán haciendo bajo su propio riesgo.

EMBAJADA IMPERIAL ALEMANA
Washington, D. C.

Los submarinos que navegaban en los alrededores de las Islas Británicas se habían convertido recientemente en un reto para el Almirantazgo Real. Merodeando por el canal de la Mancha y el mar de Irlanda, los lobos del océano intentaban morder los talones de la Armada británica, que era más fuerte y (más de unas cuantas veces ya) habían conseguido dar dolorosos bocados.

Sin embargo, la mayoría de los pasajeros no fueron conscientes de la advertencia hasta que el barco estaba en camino. Cunard y el Capitán Turner hicieron todos los esfuerzos posibles para quitar importancia al aviso y asegurarles que el *Lusitania*, a una velocidad de veinticinco nudos, era mucho más rápido de lo que cualquier submarino podía esperar ser jamás. «Además, se burlaron, el "Lucy" es un navío de crucero. No tenemos ningún tipo de importancia militar. Después de todo, ¡solo llevamos pasajeros a bordo!»

Esta fue una mentira flagrante que no se descubriría en décadas, pero la verdad era que el *Lusitania* transportaba mucho más que seres humanos como carga. Un manifiesto secreto reveló grandes cantidades de aluminio que se utilizarían para hacer bombas; 50 cajas de polvo de bronce; 1,250 cajas de proyectiles de metralla y 18 cajas de mechas de la Bethlehem Steel Company. Asimismo, había 4,200 cajas de cartuchos de rifle Remington, cada una de ellas con mil unidades, en la bodega del barco. En realidad, más de la mitad de la carga del navío se había fletado para el esfuerzo de la guerra y, como más tarde lamentaría un oficial del Departamento del Tesoro de los EE. UU.: «Prácticamente toda su carga era contrabando de algún tipo». Pero en esa época los alemanes también consideraban que los alimentos para el pueblo británico eran contrabando.

—Se le ve espléndido, señor —dijo Ronald enderezando la pajarita de Vanderbilt y preocupándose por la pelusa que parecía pegarse siempre al esmoquin negro. Eran casi las ocho de la tarde y el millonario salía de la suite con intención de encontrarse con el Capitán Turner y el resto de sus invitados para la cena.

El doctor Tate se encuentra justo al bajar por el pasillo, en el B-48, por si desea verle. Está un poco enfermo, señor. El movimiento del barco, ya sabe.

—¿Es su primer viaje?

—Creo que ese es el caso, señor. Su intención es abstenerse de cenar esta noche para dormir y pidió que se le permitiera comenzar su trabajo por la mañana.

—Por supuesto —respondió Vanderbilt—. Supongo que no hay ninguna urgencia… pero debo admitir que me siento abrumado por la curiosidad. ¿Sombrero o no, Ronald?

—Sin sombrero, señor —contestó el ayuda de cámara—. Estará usted a cubierto todo el camino hasta llegar al comedor. ¿Desea que le acompañe?

—No, gracias —dijo Vanderbilt—. Eso no será necesario. Aunque, pensándolo bien, podrías tomar mi lugar en la mesa. Seguro que estará bastante abarrotada.

El ayuda de cámara soltó, educadamente, una risita sofocada y dijo:

—Por aquí, salga por aquí —luego, como si se acordara de algo, se detuvo y preguntó—. Señor, hay un joyero color morado en la estantería de su armario. ¿Lo dejó allí el camarero?

—No, no, Ronald —dijo Vanderbilt—. Siento mucho no haberte informado. Compré la cajita antes, en la tienda del barco. El medallón está dentro.

—¡Ah! —respondió el ayuda de cámara—. No lo sabía. Es una caja muy bonita, señor.

—Sí —convino Vanderbilt—, sí que lo es. Déjala allí, si quieres, me gustaría volver a mirar el medallón cuando regrese.

—¿Puedo examinarlo yo mientras usted está cenando, señor?

—Tampoco consigues sacártelo de la mente, ¿verdad? —sonrió Vanderbilt—. Entiendo ese sentimiento. Claro que puedes, Ronald. Ya sabes que no me importa. Es una pieza única. Tiene mucho significado añadido, estoy seguro de ello. Llámalo intuición si quieres. ¡Y pronto sabremos cuál es ese significado!

EN ESE MISMO INSTANTE, A SIETE MILLAS DE LA COSTA NORTE DE Escocia, el Kapitänleutnant Walther von Schwieger tragó fuerte intentando aclarar sus oídos. Tenía un dolor de cabeza sordo y punzante. Pensó: «¡*Siempre me duele la cabeza!*» El aire viciado —una mezcla de sudor, cloacas, agua de mar y humos de aceite— era más que suficiente para volver loco a un hombre.

Schwieger había entrado en la Armada Imperial alemana a la edad de dieciocho años, como cadete, y cuando tenía veintisiete capitaneaba su propio submarino. Ahora que tenía treinta era comandante del U-20 y estaba dispuesto a cazar en las costas de Liverpool. El U-20 era un submarino diesel que había sido puesto en servicio en 1913. Tenía sesenta y tres metros de largo por solo seis de ancho. Schwieger estaba orgulloso del barco y se había vuelto muy habilidoso en la utilización de sus elementos ópticos, instrumentos y torpedos.

Schwieger, un hombre alto y apuesto, tenía el pelo rubio y rasgos angulosos. Estaba al frente de toda una tripulación para este viaje, cuatro oficiales y treinta y un marineros; todos ellos le apreciaban y le temían. Había demostrado su capacidad de protegerles del peligro pero, de forma privada, todos los hombres se asombraban de su crueldad. En enero de ese año, frente a las costas de Francia, había torpedeado a un barco mercante. Se había quedado esperando mientras éste se hundía y había observado por el periscopio cómo se ahogaba toda la tripulación. Esto le había permitido hundir a otros dos buques mercantes que vinieron al rescate.

En febrero, sin previo aviso, Schwieger disparó un torpedo al *Asturias,* un barco hospital británico. Erró el blanco debido a un fallo del misil, pero más tarde justificó su ataque insistiendo en que el barco había servido como transporte para una tropa enemiga, una afirmación asombrosa ya que el *Asturias* estaba pintado de blanco con una cruz roja, de nueve metros, a cada lado.

Schwieger era un enigma para su tripulación. Sus ansias por el enemigo rayaban con la barbarie y, sin embargo, a veces era compasivo hasta el punto de la imprudencia temeraria. Una vez, tras hundir una goleta portuguesa, a través del periscopio descubrió a un perro salchicha. El perro nadaba entre los marineros condenados a muerte. Ordenó que el U-20 subiera a la superficie y rescató al animal, dejando que los hombres murieran. Más tarde, el perro dio a luz a una camada de cachorros y Schwieger se quedó con todos ellos a bordo del submarino.

En ese preciso instante, Schwieger miró el reloj que estaba por encima del aparato de radio. Pronto, el U–20 se encontraría lejos de la línea de costa escocesa y podría salir a la superficie para recargar sus baterías. Siguió mirando por el periscopio, ansioso de que llegara ese momento; entonces Gerta, un cachorro negro y blanco, gruñó y tiró de la pernera de su pantalón.

—¡Vamos, vamos, Gerta! —rió Raimund Weisbach, un joven oficial torpedista—. Eres un sabueso feroz que va a remplazar al pastor alemán como perro de guerra, pero no hagas daño a mi comandante —Schwieger sonrió al oír ese comentario, pero no retiró sus ojos del periscopio ni por un momento.

Charles Voegele, un joven electricista de diecinueve años, estaba también en cubierta. Reclutado en Francia el año anterior, Voegele era responsable del cuidado y de la alimentación de los perros salchicha, además del resto de sus tareas. A pesar de su falta de posición —después de todo era un francés obligado a luchar por un país que no era el suyo—, el joven tenía permiso de acceder a la cubierta del capitán; esto era algo inusual, pero era solo a causa de los animales.

—¡Voegele! —ordenó Schwieger—¡Llévese a Gerta y asegure a los perros! —luego, se dirigió a Hermann Lanz, su piloto, y dijo—: En dos minutos, súbalo. Mantenga un rumbo de catorce nudos. Establezca vigilancia a babor y a estribor —luego pareció tener una idea de último momento—: ¡Deje la escotilla abierta para que los hombres tengan un poco de aire fresco!

Tan pronto como dio sus órdenes, Schwieger salió a cubierta y fue hacia su camarote. Como comandante, tenía derecho a una cortina alrededor de la estrecha litera —la intimidad era el mayor de los privilegios en un submarino— pero la condensación que goteaba desde arriba y empapaba los finos colchones era algo que tenían que sufrir todos, desde el marinero de menor rango hasta él mismo. Cuando Schwieger se acostó por primera vez desde que salieron de Emden, la base naval alemana, habían pasado más de treinta y seis horas. Por ello, antes de que la humedad de la cama traspasara su uniforme y llegara a tocarle la piel, ya se había dormido.

La calma inusual del mar había conseguido levantar el ánimo de todos mientras el *Lusitania* surcaba el océano. La corriente de tensión nerviosa que había recorrido a los pasajeros, tan evidente el día de la partida, dio rápidamente paso a una lujosa rutina de comer, entretenerse, beber y volver a comer. Habían pasado ya seis días con mucha rapidez.

El mareo del doctor Tate también había pasado rápidamente para no volver. Durante su primer día completo en el mar había decidido que terminaría la traducción de la porción del medallón que había comenzado anteriormente. Hacia el mediodía, ya se había decidido por la redacción: *«Por tu mano, el pueblo vivirá»*.

Hacia el final del tercer día, la traducción estaba acabada. A Tate le parecía que el contenido del disco era algún tipo de comunicación y, además, una extrañamente personal. Aunque nunca se lo mencionó a Vanderbilt, el tímido conservador del museo no podía sacudirse el extraño sentimiento de que el mensaje del medallón iba dirigido a él.

A Vanderbilt le asaltó el mismo pensamiento. Por alguna razón el medallón le conmovía de una forma que no podía describir. Cuando leyó la traducción por primera vez se sintió impresionado y avergonzado por haber roto a llorar delante del doctor Tate y de Ronald, su ayuda de cámara. Con todo, siguió llorando mientras leía las palabras, una y otra vez, con el disco en su mano. Nunca había tenido semejante sentido del propósito… y de los valores.

Vanderbilt pasó el cuarto, el quinto y el sexto día de travesía contemplando el mensaje del medallón. Ronald y Tate no estaban menos intrigados. Sus preguntas no tenían fin. ¿Quién escribió aquellas palabras? ¿A quién iban dirigidas? ¿Cuándo las escribieron? ¿Por qué?

Vanderbilt se había tomado mucho tiempo para sí mismo, algo bastante poco característico en él. Por supuesto, para una celebridad tan importante y, en especial, alguien simpático, cualquier grado de intimidad solo requiere que uno se quede en su suite.

Él se sentía feliz solo con poder hacerlo y utilizaba la soledad para cerrar sus ojos, simplemente, y pensar. Le intrigaba ver cómo su mente rehusaba centrarse en sus pasiones habituales como los caballos o el arte; incluso la misión de piedad que estaba emprendiendo para la Sociedad de la Cruz Roja le parecía extrañamente abstracta y lejana. Sus hijos, sin embargo, estaban constantemente presentes en sus pensamientos; sus rostros y sus voces revoloteaban en su meditación como diminutos pajarillos decididos a aterrizar en su hombro. Era algo que le desestabilizaba como si tuviera un picor y no pudiera rascarse o como si hubiera algo que no consiguiera recordar.

Durante aquellos momentos, y en varias ocasiones, tomó el joyero de la estantería del armario y lo abrió, sostuvo el disco en sus manos y trazó los símbolos con la yema de sus dedos, llegando a percibir cómo le invadía un sentimiento de seguridad. Una de las veces, incluso llegó a echarse en la cama y colocó el medallón sobre su pecho, pero sintiéndose necio y no deseando ser visto en esa posición si Ronald entraba en la habitación, volvió a poner rápidamente el disco en la caja, y esta de nuevo en el armario.

Le desconcertó de alguna forma haberse vuelto tan reflexivo. Sabía que eso no era propio de él. Aun así, sus pensamientos volvían sistemáticamente a preguntas sobre su legado, su responsabilidad y su ejemplo. *«¿Qué llegaran a ser mis hijos?* —se preguntó a sí mismo—. *¿Serán como yo? Y si es así ¿es eso bueno? ¿En qué me he convertido? Se me ha dado tanto… ¿Qué he dado yo a cambio? ¿Qué es lo que importa realmente?»*

En ese momento, Alfred Vanderbilt estaba solo en el fresco atardecer, apoyado contra la barandilla de babor, cerca del Café Verandah con sus bonitas sillas y mesas de mimbre. Podía oír los sonidos deslizantes del tejo y los gritos de los ganadores procedentes de la cubierta que estaba por encima de él. Parecía haber un número inusual de niños a bordo, pensó Vanderbilt ociosamente, mientras su mente volvía a vagar hasta sus hijos, allá en Nueva York: *«Les encantaría ver esto»*. Había estado observando los peces voladores, molestos por el paso del barco; saltaban por el aire y viajaban unos metros antes de zambullirse de nuevo en el agua.

—¡Un centavo por tus pensamientos, Alfred! —interrumpió una voz, rompiendo la calma de la que Vanderbilt había estado disfrutando—. ¿O quizás tus meditaciones requieren una puja más alta? —era Charles Frohman, el empresario. Se acercó con la ayuda de un bastón de madera, de forma rara, al que recientemente había empezado a llamar «mi mujer». Soltero y presa de considerables dolores debido al reumatismo de su cadera, el bastón era su único compañero constante.

Vanderbilt se rió educadamente.

—Hola, C. F.

Frohman se detuvo y descansó, con su espalda contra la barandilla. Bajito y con algo más que un poco de sobrepeso, las críticas de varios periódicos le habían descrito como «una rana» por la envidia que tenían a su riqueza y poder; pero era una persona querida y podía contar a Vanderbilt entre sus amigos.

—Si vienen a por nosotros —dijo Frohman con una sonrisa bromista—, será esta noche.

Vanderbilt respondió con una sonrisa.

—¿Todavía estás haciendo apuestas sobre cuándo invadirá el káiser Washington?

Frohman rió con un bufido. Hizo una pausa para encender un puro y dijo:

—Ahora en serio. ¿Sabías que el capitán ha dado órdenes a la tripulación de oscurecer todas las ventanas y ojos de buey para esta noche?

Vanderbilt siguió mirando al mar, pero su expresión se oscureció.

—No, no había oído nada de eso.

—Es verdad. Acabo de venir por tu suite en Promenade. Yo tengo la otra Regal, ya sabes, en el lado de babor. En cualquier caso, tu camarero, el chico, estaba sujetando cortinas negras a tus ventanas. También están cerrando las puertas estancas. Dime, ¿asistirás al concurso de talentos esta noche?

—Sí —se limitó a decir Vanderbilt. Luego, volviendo al tema de un posible peligro, pensó en voz alta—: Supongo que tienes razón. Esta sería la noche. Prácticamente tocaremos tierra mañana, ¿no es así?

Frohman asintió con la cabeza.

—Veremos la costa de Irlanda antes del medio día; eso es lo que me han dicho y, desde ese punto, estaremos abrazando literalmente la línea de costa durante el resto del viaje. Luego, no será más que un rápido regate en el canal y una carrera veloz hasta Liverpool. Mañana, sobre las ocho de la noche, habrá atracado. ¿Sabes ponerte el chaleco salvavidas?

Vanderbilt se volvió con una sonrisa exasperada para mirar a su amigo directamente a los ojos. Con los ojos abiertos como platos, dijo:

—¡Caramba! ¡C. F., eres todo alegría! ¿No preferirías acechar en la cubierta de arriba? Quizás puedas darles un buen susto a los niños que están jugando al tejo.

El hombre más bajo se encogió de hombros, un tanto cohibido.

—No pretendo ser… bueno, lo siento. Lo tengo en la cabeza. Algunos de los pasajeros han formado un comité. Están enseñando a tantos como quieran escuchar la forma correcta de abrocharse un chaleco salvavidas. Anderson, el capitán del personal, les regañó por causar un temor innecesario.

—Hay carteles por todo el barco que explican el uso de los chalecos salvavidas.

—Nadie los ha leído —Frohman dio una calada a su puro y observó a Vanderbilt por el rabillo del ojo.

—¿Los has leído tú?

El millonario no contestó. En lugar de ello, preguntó:

—¿Qué te parece la velocidad a la que navegamos ahora?

—¡Lenta! Creo que es lenta —espetó Frohman—. Llevamos seis días en el mar. Tú mismo sabes que el *Lusitania* hizo una vez el viaje desde Nueva York hasta Liverpool en cinco días y muchas veces lo hizo en seis días. Y aquí estamos... remando a dieciocho nudos. ¿Por qué, si puede navegar a veintiséis?

—Ha habido niebla casi todas las noches, C. F.

—Bueno, ahora no hay niebla —casi gritó Frohman.

Vanderbilt le dio la razón en ese punto y recurrió a otra posibilidad.

—Quizás el Capitán Turner pretenda aumentar su velocidad esta noche. Recuerda que los navíos de guerra británicos también están patrullando estas aguas. Me han asegurado que recibiremos múltiples escoltas navales para entrar en el canal.

Frohman tiró su puro sin acabar al mar, muy lejos, y suspiró.

—Un último comentario, Alfred, y luego prometo dejar definitivamente este tema y podremos unirnos al concurso de talentos. Aquí va: he oído cuidadosamente el montón de tonterías condescendientes del Capitán Turner y de los de su pelaje, y debo decirte, viejo amigo, que sus palabras de «seguridad» me suenan huecas. Me he dedicado al negocio del entretenimiento toda mi vida y he visto actuaciones más convincentes en las chicas del salón de baile. Estoy bien seguro de que no tiene ni la menor importancia que tengamos una o múltiples escoltas, o ninguna en absoluto. Estas aguas profundas, hijas del diablo, son injustas hasta un punto realmente deprimente. Uno no puede defenderse de lo que no puede ver. Esos submarinos son unos asesinos cobardes, que se arrastran como serpientes detrás de un hombre y te saltan la tapa de los sesos. Son nuevas armas para un mundo que ha cambiado, amigo mío... y nadie pidió mi opinión antes de hacer esos cambios.

LOS HOMBRES ENCONTRARON EL SALÓN DE PRIMERA LLENO A REBOSAR. No solo se trataba de uno de los más populares eventos del viaje, sino que era una oportunidad para que los pasajeros de segunda pudieran entrar en una zona que, de otro modo, les estaba restringida.

Eran casi las once de la noche cuando la última persona en actuar, un hombre mayor que aporreó al piano una melodía casi irreconocible de Irving Berlin, acabó finalmente su participación. Aunque el concurso de talentos de los pasajeros era una tradición en todos los trasatlánticos y todos solían disfrutar mucho de él, esta representación había sido de poco interés para el Capitán Turner. Su único propósito para asistir había sido hacer un esfuerzo por calmar a los pasajeros inquietos y, quizás, acallar algunos de los rumores que estaban proliferando. Estaba ansioso por volver a cubierta; sin embargo, consiguió poner una sonrisa en su cara y, aplaudiendo por obligación al horrible maltrato del teclado que acababa de presenciar, subió al escenario.

—Tantos años como he estado en el mar —dijo, mientras la sala pedía silencio—, puedo decir con sinceridad que esta lista de pasajeros en particular, por la razón que sea, ostenta el mejor despliegue de talento puro y profundo que he visto jamás… y se encontraba en su totalidad aquí, sobre este escenario, esta noche —la audiencia aplaudió de nuevo mientras el capitán se unía a ellos, asintiendo enérgicamente con la cabeza en señal de conformidad—. Asimismo, me gustaría aprovechar esta ocasión para transmitir a todos y cada uno la seguridad absoluta…

Charles Frohman, sentado en una mesa con Vanderbilt, se inclinó hacia este y le susurró en voz alta:

—¡Es increíble! El hombre ha estado sobre el escenario dos segundos. Con dos frases ha tratado dos temas y ya ha dicho dos mentiras.

Si el capitán lo oyó no dio muestras de ello. Por otra parte, Vanderbilt luchó con todas sus fuerzas para reprimir un ataque de risa.

—¡Cállate, C. F.! —ordenó con una voz divertida, pero considerablemente más suave—. Tú tienes una admirable inmunidad contra la vergüenza, pero el resto de nosotros no nos hemos vacunado.

Frohman sonrió de placer al oír ese comentario. Su vida en el teatro le había conferido una gran apreciación por la conversación ingeniosa y siempre se podía contar con Vanderbilt para que hiciera un gran despliegue de su maestría.

—Cuando entremos mañana en la zona de guerra —decía el Capitán Turner— estaremos muy seguros bajo el cuidado de la Marina Real británica. Por supuesto, no hay necesidad de alarma. Les ruego que sigan disfrutando del resto de nuestra velada y, para terminar, me permito recordar a los señores que, debido a que debemos tapar todas las luces, eviten encender tabaco de cualquier tipo en cubierta. Solo se puede fumar en el interior. ¡Gracias y buenas noches!

Mientras la audiencia se ponía en pie para aplaudir la salida del capitán, Frohman abrió la boca para hablar. Antes de que pudiera pronunciar una sola palabra, Vanderbilt le interrumpió.

—Lo sé, C. F. Le he oído: «Estáis absolutamente a salvo pero, por el amor de Dios, no enciendan una cerilla y hagan que nos vean». Sí, yo también lo he oído —Frohman sonrió, asintió y, de repente, frunció el ceño decidiendo que, después de todo, el tema no tenía ninguna gracia.

EL COMANDANTE SE SENTÓ EN LA ÚNICA SILLA QUE HABÍA EN cubierta, con Gerta dormida en su regazo. Excepto Lanz, que estaba monitorizando los controles y Voegele, que estaba guardando la posición fuera de la habitación, la mayoría de los hombres dormían. El U-20 estaba lastrado perfectamente para los veintiún metros y se dejaba llevar por las corrientes. Schwieger escupió en el suelo del submarino, bebió del agua aceitosa de una cantimplora y volvió a escupir en el suelo. No podía quitarse de la boca el sabor metálico, o no podía arrancar de su mente ese pensamiento.

Los muros curvados del diminuto espacio reflejaban sombras sobrenaturales, mientras el verde resplandor del panel de instrumentos taladraba el cerebro de Schwieger a través de sus ojos, provocando su siempre presente dolor de cabeza. Odiaba las noches como esas, una pérdida de tiempo total. En sí misma, la oscuridad no había sido nunca un problema. Schwieger podía depender siempre de una puerta abierta rápidamente o el cigarrillo de un desobediente miembro de la tripulación que proporcionara la luz suficiente de la traición. Sin embargo, la oscuridad con niebla era una historia distinta.

El año anterior, Schwieger casi había chocado con un barco que no había visto hasta el último momento. Viajaba a velocidad de crucero en la superficie para recargar las baterías de células húmedas. Advirtió el desastre por casualidad cuando un buque de carga apareció entre la niebla a menos de treinta metros de ellos. Se sumergió bajo su proa, rozando la aleta de la cola del U-20, pero fue una experiencia que le removió tanto que nunca pensó volver y torpedear al barco que casi le hunde. Desde aquella noche, cuando había niebla, Schwieger sumergía el U-20 a niveles seguros, muy por debajo de la centrifugación de las hélices de otros navíos que, a una distancia corta, habrían resultado tan peligrosos para él como él lo era para los demás.

En la mañana del 7 de mayo, el comandante ordenó que el submarino subiera a la superficie a las cinco, a las seis y de nuevo a las siete, para encontrarse con la misma niebla inmutable que había acosado al U-20 durante toda la noche. Schwieger siguió monitorizando las condiciones cada hora hasta que, a las diez en punto, la cortina de bruma había levantado lo suficiente como para permitir que la caza del día comenzara. En ese momento, los registros revelaban que el U-20 del comandante Schwieger y el *Lusitania* del Capitán Turner se hallaban a unas ochenta millas el uno del otro.

❧ QUINCE

La luz del día llegó como un alivio para los pasajeros y la tripulación del gran trasatlántico. Conforme la mañana fue avanzando y la espesa niebla se disipó, la gente se reunió en cubierta, saludándose unos a otros y sintiéndose cada vez mejor al saber que el viaje tocaba ya a su fin. A las 11:45 avistaron la punta occidental de Irlanda por la amura de babor, lo que causó grandes ovaciones y felicitaciones entre los pasajeros, y también entre la tripulación.

Cinco minutos más tarde, en el U–20, el comandante Schwieger ordenó a Lanz que procediera a la inmersión. Sus vigías habían informado sobre un crucero de la Marina que se dirigía directamente hacia ellos. Schwieger no estaba seguro de que le hubieran visto realmente, por lo que dejó ir al submarino en silencio hasta los veinticuatro metros de profundidad hasta que oyeron claramente los motores del barco de guerra inglés *Juno* que pasaba directamente por encima de ellos. Ascendió con cautela a unos ocho metros con la esperanza de lanzar un torpedo, pero observó por el periscopio cómo el *Juno,* frustrando cualquier intento contra él, navegó en zigzag, cambiando el rumbo y la velocidad hasta llegar a Queenston. Schwieger decidió permanecer en aquella zona, patrullando la boca del puerto al menos durante aquel día, observando y esperando que otro barco entrara en el puerto irlandés; o alguno que intentara salir de él.

Lentamente, el *Lusitania* se acercó cada vez más al verde increíble de la línea de costa. Parecía que toda la población del barco estaba en cubierta para disfrutar de la visión de tierra que iba en aumento, después de tanto tiempo en el mar. El sobrecargo jefe McCubbin había sacado sus prismáticos y los compartía con todo el que quisiera echar un vistazo. El fotógrafo de un periódico estaba ocupado sacándose un dinerito extra, tomando fotografías a todo aquel que quisiera tener un recuerdo del viaje.

Cuando el U-20 salió a la superficie a las 13:20, Charles Voegele observó inmediatamente que el mar estaba en calma y, aunque no estaba permitido subir a la parte superior cuando la escotilla estaba abierta, inhaló el aire fresco; en su respiración iba una oración silenciosa de agradecimiento. El mareo atormentaba al joven y, como era de esperar, no recibió ninguna compasión por parte de la tripulación. Sentía ganas de gritar: «*¡Pero es que yo no soy marinero!*» Retirado de su familia a la fuerza, Voegele fue obligado bajo amenaza de muerte —la de su familia y la suya propia— a servir a la Marina Imperial alemana en cualquier puesto que ellos consideraran adecuado.

Las aptitudes de Voegele como electricista le hicieron recalar a bordo del U-20 donde, según sus cálculos, había estado vomitando, a punto de vomitar o acabando de hacerlo desde el primer momento. «*La vida es muy buena* —pensó, haciendo gala ante sí mismo de ese sentido del humor que no había perdido y que, en realidad, le había mantenido cuerdo—, *estoy aquí, en posición firme, en la cubierta de un cigarro gigante de hojalata a cuyo mando se encuentra un sicópata que mata a la gente y besa a los perros*».

De repente, Voegele fue consciente de la conmoción que había en la sala de control cuando Weisbach, el oficial torpedista que había estado de guardia, se deslizó por la escalinata farfullando entusiasmado a Schwieger que había «muchos barcos» y «un bosque de mástiles y chimeneas». El joven recluta francés no captó todas las palabras, pero entendía suficiente alemán como para darse cuenta de que el submarino se estaba preparando para un ataque.

«¡*Tauchen!*» ordenó Schwieger. «¡Alarma! ¡Todo el mundo a sus puestos, preparados para inmersión!»

Unos momentos más tarde, mientras el U-20 soltaba sus tanques de lastre y se inclinaba hacia abajo, el comandante desplegó el periscopio.

—¡Lanz! A ocho metros de profundidad. ¡Weisbach! ¿Dónde están los barcos?

—En el horizonte, señor. A proa, veinte grados.

Durante varios momentos estresantes, los hombres esperaron en silencio las siguientes palabras de su comandante. Finalmente, Schwieger levantó la cabeza del periscopio y ordenó:

—Mantener rumbo. A toda máquina. Weisbach, no son varios blancos. Los mástiles y las chimeneas que vio pertenecen a un solo barco. Está a menos de cuatro millas. Quiero a todo el mundo en su puesto de combate.

Mientras la tripulación del submarino preparaba al U-20 para la acción, Schwieger volvió a subir el periscopio y observó al barco cuidadosamente. Su rumbo era desigual, aunque su velocidad parecía constante. Pronto, el objetivo estuvo a menos de tres millas.

—La ingeniería está lista, señor —informó un hombre que apareció a la entrada de la sala de control.

—Bien —dijo Schwieger apartándose de la columna metálica del periscopio—. Aquí… eche un vistazo. Sturmer, ¿no es así?

—¡Sí, señor! Gracias, señor —reconoció el ingeniero mientras miraba por el periscopio. Desde hacía tiempo, Schwieger había practicado el principio del liderazgo de involucrar a todos los subordinados. Animaba a todos los miembros de la tripulación del

U-20, desde los oficiales hasta los reclutas, para que de vez en cuando se alternaran y vieran los objetivos a través del periscopio. En cualquier caso, los largos acercamientos antes de un ataque consistían más en esperar que en cualquier otra cosa. En lugar de llevar a cabo un deber de forma irreflexiva, día tras día, sin tener idea de dónde encajaban sus esfuerzos en el esquema de las cosas, Schwieger sentía que unos cuantos momentos de cuando en cuando en la propia posición de autoridad les mantendría involucrados y les haría sentir lo que era la misión del equipo. Era bueno para la moral.

—Un objetivo excelente, señor —dijo Sturmer apartándose—. Gracias por la oportunidad.

—Gracias a usted por su trabajo, Sturmer —contestó el comandante mientras volvía a mirar por el periscopio y comprobaba el progreso del objetivo. Rápidamente permitió que otros dos hombres tuvieran su turno de contemplar cómo se acercaba el barco. Luego, volviéndose a poner frente a la placa frontal, Schwieger se preparó para la carrera final.

—A dos millas y acercándose —dijo. Todo estuvo en silencio durante varios minutos hasta que Schwieger ordenó—: Viene por estribor... cinco grados. Ocho grados. ¡Estribor ocho grados! —dijo en tono más alto— ¡Ah...no! ¡No, no! —Schwieger soltó un taco—. ¡Demonios! Está cambiando el rumbo —observó durante un momento y volvió a maldecir. Se retiró del aparato ocular y dio una bofetada al periscopio como si este le hubiera decepcionado; dirigiéndose a sus oficiales dijo—: ¡un objetivo masivo, 30,000 toneladas por lo menos, y estamos fuera de posición! No podemos hacer nada.

Era verdad. El rumbo del *Lusitania* le situaba más allá del alcance del U-20. Al alterar su rumbo, el buque se había convertido en el vencedor aparente del juego de la gallinita ciega, en el que el ganador se queda con todo. El concurso se llevaba a cabo durante las veinticuatro horas del día en esas aguas y las apuestas eran la propia vida.

Era un juego en el que los submarinos llevaban las de ganar. Como un matón en el jardín trasero de uno, los subcomandantes iban haciendo las reglas conforme jugaban... y todos los demás estaban obligados a jugar a su manera. Las directrices eran simples: *«Mi barco solo puede ir a un tercio de la velocidad del tuyo. Pero tú no sabes dónde estoy. El posicionamiento correcto es el que gana todas las competiciones... y tú no sabrás jamás dónde se encuentra esa posición adecuada. Cuando corras a toda velocidad y te metas en una zona, yo ya me las habré apañado para estar allí antes que tú. Tu velocidad no hace más que llevarte hacia mi puño».*

En las oscuras aguas del Atlántico de 1915, los submarinos tenían la ventaja del equipo local. Competían con la temeridad de un campeón invicto. En el argot del juego, estaban «en casa».

En todos los juegos de azar, las probabilidades favorecen a los de casa. Uno puede entrar en el juego con altos ideales, un sentimiento de invencibilidad, un sistema para el éxito o una actitud optimista. Uno puede incluso hacerlo bien durante un tiempo... pero los viejos dichos rara vez demuestran estar equivocados. Y es peligroso olvidar que, cuando la apuesta es tu vida y el juego no se detiene ante nada, tarde o temprano la casa siempre gana.

Esa era la probabilidad cuando el *Lusitania* volvió a cambiar de rumbo. Mientras Schwieger observaba maravillado a través del periscopio, el orgullo de Gran Bretaña viró y se dirigió directamente hacia el U-20. Schwieger recogería más tarde en su diario de guerra: *«No podía haber tomado un rumbo más perfecto si hubiera intentado deliberadamente darnos un tiro certero. Una carrera corta y rápida y nosotros esperamos».*

El timón del submarino lo mantuvo en su sitio a pesar de la fuerte corriente. El U-20 quedó suspendido exactamente a una profundidad de ocho metros mientras el comandante Schwieger gritaba lacónicamente las coordenadas:

—El campo de tiro es de mil doscientos metros cerrándose a estribor. Velocidad estimada del objetivo... diecisiete nudos.

¿Weisbach? —la respuesta no fue lo suficientemente rápida— ¡Weisbach!

—¡Sí, Comandante!

—Arme el torpedo. Establezca la profundidad a tres metros.

—¡Sí, señor!

Schwieger sintió la presencia de una persona cerca y miró por un segundo a través del periscopio. Allí estaba Charles Voegele, de pie, con Gerta bajo su brazo. En realidad, acababa de capturar al perro que estaba a punto de correr entre las piernas del comandante. Sin embargo, Schwieger malinterpretó la presencia del chico y dio por sentado que quería mirar por el periscopio; por ello, le habló con dureza.

—¡No es el momento, Voegele! ¡Mira rápidamente! —el chico empezó a explicar, pero Schwieger le dijo bruscamente—. ¡Hazlo! ¡Ahora! —entonces, lo hizo.

El comandante se dio la vuelta para hacer una doble comprobación del trabajo de Weisbach, tocando y haciendo un listado mental de los ajustes hechos en los hidroplanos y el timón del torpedo.

—¡Lanz! —llamó—. ¿Velocidad?

—Tres nudos, señor. Mantenida.

—Excelente —dijo Schwieger volviendo al periscopio. Gerta que, por alguna razón estaba en el suelo, saltó contra su pierna. Él apretó la mandíbula e ignoró la distracción del cachorro, que ahora corría libremente por la sala de control. Ladró una vez y volvió a hacerlo una segunda vez, mientras el comandante decía:

—Voegele, coja al perro.

—*Nein* —contestó el joven electricista.

«*No*» era una palabra que no se oía con frecuencia en un submarino alemán y era poco probable que el comandante Schwieger la hubiese oído *jamás*. La palabra, pronunciada en voz alta, produce un sonido simple, corto y fácil de duplicar, pero tiene un poder propio. Todos lo oyeron. A pesar de la tensión y de lo apremiante del momento, todos dejaron de hacer lo que tenían entre manos y miraron fijamente a Voegele. Seguía agarrando los mangos del periscopio, aunque ya no estaba mirando por el visor. La sangre se había retirado de su cara.

—¿Qué es lo que ha dicho? —preguntó Schwieger sin dar crédito a lo que había oído. Luego, dándose cuenta de que solo tenía unos momentos para actuar y sabiendo que podía tratar el incidente más tarde, no esperó una respuesta y ordenó—: ¡Muévase, Voegele!

—*Nein*.

Esa vez no hubo vacilación. Con el dorso de su mano, el comandante Schwieger cruzó la cara del chico y lo arrancó del periscopio; salió volando hasta la pared de la sala de control y resbaló hasta el suelo. Schwieger agarró los mangos del periscopio y lo hizo bajar a su lugar; encontró el objetivo en el visor y dijo:

—Campo de tiro: setenta y dos metros. Velocidad: parada.

—¡Es un barco de pasajeros! —graznó Charles Voegele desde el lugar donde había aterrizado—. Hay mujeres y niños a bordo; ¡los he visto!

Confusos, Lanz y Weisbach miraban alternativamente a su comandante y al electricista, que estaba sangrando por la nariz y, de nuevo, a Schwieger, que gritó:

—¡Sesenta y tres metros! ¡Preparados para disparar!

—¡No podemos hacer esto! —chilló Voegele mientras luchaba para ponerse de pie—. He visto a un bebé. ¡Hay madres con sus bebés en ese barco!

—¿Señor? —era Weisbach, el oficial torpedista. Pronunció la palabra con la mínima interrogante en su voz.

Con un movimiento continuo y fluido, Schwieger apuntó el dedo a Weisbach mascullando:

—He dicho: «¡Preparados para disparar!» —luego agarró a Voegele por la pechera de la camisa y le estampó la cabeza salvajemente contra el muro de acero. Lo dejó caer inconsciente sobre el suelo y agarró el periscopio una vez más.

—Campo de tiro: cincuenta y cuatro metros. ¡*Los!* ¡Dispare!

Un temblor recorrió el U-20 mientras el torpedo salía del tubo de proa.

—¡Torpedo fuera! —informó Weisbach.

—¡La hora, Lanz! Registre la hora, por favor —pidió Schwieger.

—Las 2:09, señor.

ALFRED VANDERBILT ESTABA SENTADO CON CHARLES FROHMAN Y Anderson, el capitán de personal, cerca de una ventana del lado de estribor, en el comedor de primera clase. Una vez acabada su comida, se les unió Elbert Hubbard, que había comido con su esposa, Alice, en otra mesa. Ella se había retirado a su suite para hacer una siesta, dejando que los hombres disfrutaran de la tarde juntos, una última despedida antes de llegar a Liverpool aquella noche.

En la parte delantera del comedor, la orquesta estaba tocando el «Vals del Danubio Azul». Mientras hablaban y bebían café, a Vanderbilt le hizo gracia ver a un niño en la mesa de al lado, de unos siete u ocho años de edad, que había quedado fascinado por un diminuto punto de la luz del sol que se reflejaba y rebotaba alrededor de su mesa y en la columna cercana a él. Alfred se percató rápidamente de que el reflejo era producto del sol que brillaba a través de la ventana y captaba el gemelo de su manga izquierda. Producía un reflejo brillante y preciso que Vanderbilt podía controlar, inclinando la muñeca ligeramente en un sentido o el otro.

El niño, que tanto le recordaba a su hijo mayor, estaba fascinado por el baile del punto de luz. Cuando por fin se dio cuenta de lo que estaba ocurriendo y quién le estaba tomado el pelo, el niño sonrió francamente. Vanderbilt se rió en voz alta.

—¿Qué es tan divertido, Alfred? —preguntó Hubbard, viendo que el niño también se reía.

—La luz del sol se reflejaba en mi gemelo izquierdo. Estaba tomándole el pelo al niño con... —Vanderbilt frunció el ceño. Al mencionar el sol había mirado por encima de su hombro izquierdo, dando a su visión periférica una fracción de segundo para registrar, en la distancia, una perturbación del agua en calma. Se giró en su asiento y se llevó una mano a la frente para hacer sombra a sus ojos, en un intento por encontrar el objeto que había captado su atención un momento antes.

—¿Qué es, señor? —preguntó el capitán de personal.

—No lo sé. He visto algo... allí —otro hombre, dos mesas más allá pero también cerca de la ventana, estaba de pie, señalando el mismo objeto a las personas que estaban en su mesa. Se movía a un ritmo constante y se encontraba a unos dos kilómetros y medio aproximadamente; demasiado lejos para poder verlo con claridad o identificarlo.

Los cuatro hombres estaban en pie.

—¿Es un delfín? —preguntó Frohman. Nadie respondió—. ¿Es un delfín? —preguntó por segunda vez.

—¿Está... sea lo que sea... navegando en paralelo a nosotros? —preguntó Hubbard a Vanderbilt— ¿O acaso es... ya sabe...? —luego, dirigiéndose a Anderson—: ¿Lo ve usted? —el capitán de personal asintió con la cabeza.

Todos los que se encontraban en el comedor estaban en pie ahora. La orquesta había parado en mitad de la pieza que tocaban y se agolpaba en las ventanas de estribor con todos los demás. El objeto se encontraba a unos mil trescientos metros cuando, de repente, el capitán de personal Anderson gritó:

—¡Dios mío! —giró sobre sus talones y se marchó.

En el mismo instante, una mujer gritó la palabra «¡*Torpedo!*» Y, como si alguien hubiese pulsado un interruptor, se armó el caos.

Gritos y maldiciones llenaron el aire mientras la gente empujaba y daba puñetazos, desesperados por salir del comedor.

Con calma, como si estuviera observando cómo se desarrollaba la trama de un gran drama de Broadway, Vanderbilt apoyó la frente contra el cristal. El torpedo se movía con velocidad, en línea recta, dejando una estela blanca mientras burbujeaba sobre la superficie, a tan solo cuatrocientos cincuenta metros.

Desde el interior del comedor, en el lugar donde se encontraba, Alfred no podía ver los metros finales del recorrido del torpedo. Le pareció que el misil había desaparecido simplemente debajo del barco. En realidad había considerado esa posibilidad —el momento del impacto— varias veces durante los pasados seis días. En su imaginación, Vanderbilt había evocado una escena que le recordaba al *Titanic*; el misil había desgarrado el casco del barco de una forma relativamente silenciosa.

El relato que los periódicos hicieron de aquella tragedia revelaba que hubo que comunicar a la mayoría de los pasajeros que se estaban hundiendo. Muchos de ellos no detectaron pruebas físicas del peligro hasta casi una hora después y, mientras se corría la voz por el barco, la gente se tomó el tiempo de empaquetar sus cosas, escribir cartas o escuchar a la orquesta que había seguido tocando. En resumen, a Vanderbilt le pareció que, visto lo visto, el desastre del *Titanic* había sido un asunto bastante ordenado. Después de todo, había tardado más de cuatro horas en hundirse. Aunque Vanderbilt hubiera adquirido un cierto conocimiento previo de los acontecimientos que estaban a punto de ocurrir, le habría resultado inconcebible pensar que el *Lusitania* se hundiría en menos de dieciocho minutos.

Cuando el torpedo encontró su objetivo, impactó entre la segunda y la tercera chimenea, un poco más allá del punto muerto del *Lusitania*. Michael Byrne, un contable de Filadelfia, describió el impacto como «si un martillo de un millón de toneladas golpeara una caldera de acero». La explosión posterior lanzó agua, madera y acero caliente por el aire hasta una altura de unos tres metros. Pero una misteriosa *segunda* explosión, que siguió a la primera como en un abrir y cerrar de ojos, levantó la proa del barco separándola del agua.

Los restos llovieron sobre las cubiertas, hiriendo a muchos de los pasajeros que eran presa del pánico; la mayoría de ellos habían estado disfrutando del sol y del cielo azul durante la última tarde de su crucero. Para una gran parte de estos sería la última tarde de sus vidas.

El Capitán Turner ordenó que bajaran los botes salvavidas a la cubierta de paseo. «Asegúrense de que las mujeres y los niños embarquen primero», ordenó.

Bob Leith, el radiotelegrafista, había comenzado a transmitir un SOS con la ubicación, pero sabía que la electricidad estaba fallando. Sin embargo, tenía esperanzas en los generadores de emergencia. Su ayudante había huido de su posición tan pronto como tuvo lugar la explosión.

Vanderbilt se abrió paso a lo largo de la cubierta de paseo con la intención de ir a su suite. Cuando el torpedo impactó, su primer pensamiento había sido para su familia y la fotografía favorita de sus hijos que estaba en la mesilla de noche. Había viajado con ella durante años y había decidido salvar eso, al menos. También tenía en mente el medallón que estaba en la estantería de su armario.

Vanderbilt vio a Frohman de pie junto a la barandilla, alejado del camino de la gente que iba a la desbandada. Esquivando a la multitud, Alfred llegó hasta su viejo amigo.

—¿Estás bien, C. F.? —preguntó Vanderbilt.

—Sí, gracias Alfred —el rostro de Frohman lucía la más mínima expresión de una sonrisa—. ¿Qué escora crees que tenemos en estos momentos? ¿Diez grados? ¿Quince?

—Quince, C. F. y se va inclinando más cada segundo. Ven conmigo. Tenemos que agarrar el chaleco salvavidas de tu suite.

Yo *leí* las instrucciones después de tu pequeño discurso de ayer. ¡Date prisa!

—No, amigo mío —Frohman sonrió—. Estaré bien aquí. De todos modos, gracias. Después de todo, ¿por qué temer a la muerte? «Es la aventura más hermosa que la vida nos da».—Viendo la extraña mirada en el rostro de su amigo, el productor teatral añadió— ¡Peter Pan! —como si Vanderbilt pudiera reconocer la cita.

A las 2:14 falló toda la electricidad, incluidos todos los generadores, sumiendo el interior del barco en la más absoluta oscuridad. Los ascensores de caja de acero también se detuvieron; la mayoría de ellos se encontraban entre dos plantas y abarrotados de pasajeros que gritaban y que no podían ver ni escapar. Solo habían pasado cuatro minutos desde que el torpedo detonó, pero el proceso de la catástrofe iba muy avanzado.

Muchos de los hombres atrapados en los ascensores de la tripulación habían sido específicamente entrenados en la operación de bajar los botes salvavidas. Su incapacidad de liberarse a sí mismos aseguraba la muerte de muchos, además de la suya propia.

Cuando Vanderbilt dejó a Charles Frohman, vio a unos hombres que intentaban subirse a un bote salvavidas y a un miembro de la tripulación que los mantenía a raya con un hacha. «¡Todavía no! —gritaba el marinero—. ¡Todavía no!»

Alfred hizo un claro quiebro para evitar a la multitud de personas aterrorizadas que corría y se sumergió en el oscuro vestíbulo junto a su suite. Se topó con el doctor Tate y Ronald, su ayuda de cámara, a quienes empujaba el camarero, el joven William Hughs. Cada uno de ellos llevaba una brazada de chalecos salvavidas.

Rápidamente se ayudaron unos a otros a ponerse los chalecos y los ataron firmemente.

—Necesito entrar a la suite —dijo Vanderbilt.

—Lo siento, señor —respondió Ronald—. Las explosiones han sido por esta parte y deben haber perjudicado el equilibrio de los muros. Las puertas están atascadas.

—Incluso intentamos abrirlas con un hacha —añadió Hughs—. No hay manera.

—Insistí en que lo intentásemos con el hacha, señor —dijo Ronald—. Yo sabía que usted querría la fotografía de los niños —mirando a su jefe con conocimiento de causa, el ayuda de cámara añadió—: y pensé que querría la caja morada.

Vanderbilt parpadeó y dijo suavemente:

—Muy bien, pues —tomó varios chalecos en sus propios brazos, se dio la vuelta y los condujo al caos de la cubierta.

Alrededor de las 2:17 el sobrecargo jefe McCubbin empezaba a ignorar el peligro en el que los colocaba a todos la situación del barco. Estaba muy ocupado con la seguridad inmediata de varios de los pasajeros más destacados del *Lusitania,* porque pensó que podría matarlos él mismo. Más de una docena de personas se agolpaba alrededor de él, exigiendo que fuese sin demora a su oficina —donde se encontraba la caja fuerte— y retirara sus objetos de valor. Dirigiéndose a una señora que llevaba un chaleco salvavidas sobre su abrigo de pieles, McCubbin dijo:

—¡Señora! Si tocamos puerto, podrá reclamar sus joyas en ese momento. Si no *llegamos* a puerto, ya no tendrá ninguna importancia, ¿no cree?

Casi la mitad de las personas con las que Vanderbilt se encontró llevaban los chalecos mal puestos. Con la cabeza metida por una sisa, al revés o lo de arriba abajo, los pasajeros parecían incapaces de abrochar correctamente un chaleco salvavidas y, muchos de ellos, que ni siquiera pudieron ir a su camarote, no los llevaban. Empezaron las peleas entre algunos de los más desesperados. Un oficial, que dijo a una mujer «¡Vaya a buscar su salvavidas!», recibió una terrible paliza de su esposo que se tomó la palabra del hombre al pie de la letra… y le quitó el chaleco al oficial.

Vanderbilt, Ronald, Tate y William habían empezado a ayudar con los chalecos salvavidas cuando los primeros rumores recorrieron inexplicablemente el *Lusitania* a las 2:18. «El barco se ha salvado», decía la gente tranquilizándose unos a otros. «Las bombas están descargando el agua que lo han inundado y pronto se restablecería la electricidad». En realidad, tanto los pasajeros como la tripulación se detuvieron, se recompusieron y empezaron a sonreír y estrecharse la mano, felicitándose y riendo nerviosamente pensando en las historias que tendrían que contar cuando llegaran a casa. Pero Vanderbilt miró la parte frontal del navío y, viendo que se inclinaba tanto que casi estaba bajo el agua, supo que eso no era cierto. Durante un espacio de segundos, todos los demás también lo hicieron y el alboroto que se había detenido de forma extraña durante un breve interludio cortés, siguió. Con calma, Alfred agarró otro chaleco y buscó a otra persona a quien colocárselo.

Durante ese breve periodo de falsa esperanza, muchos de los pasajeros vieron el periscopio del U-20. Schwieger se había acercado al barco con la intención de observar sus momentos finales. En su diario, recogió lo siguiente: *«Disparo limpio a proa. El torpedo impactó en el lado derecho de estribor, por detrás del puente. Ha habido una explosión inusualmente fuerte»*.

Mientras Schwieger maniobraba alrededor del barco siniestrado, Voegele recobró la consciencia y salió de la sala de control. Más tarde fue juzgado por un consejo de guerra por sus actos de aquel día y pasó tres años en la cárcel por su ofensa.

Mientras tanto, a bordo del *Lusitania*, los botes salvavidas estaban llenos a rebosar o totalmente vacíos, dependiendo de su situación. Con el navío fuertemente escorado a estribor, los del lado de babor se mecían sobre el barco, prácticamente tocando la propia cubierta de paseo. Sin embargo, los de estribor se balanceaban apartados del navío, dejando un hueco de casi un metro ochenta entre la barandilla del paseo y ellos. En realidad, aunque había suficiente número de botes a bordo, no se pudo bajar aquellos que estaban del lado de la proa y no era posible alcanzar los que estaban a estribor.

Aproximadamente a las 2:20, el barco se niveló momentáneamente, permitiendo que el primer bote salvavidas fuera echado al mar. Estaba tan sobrecargado que la tripulación que manejaba las cuerdas en un extremo, soltó el agarre más rápidamente de lo debido, dejando atrás a la tripulación en el otro lado. El bote salvavidas que pretendía hacer un descenso controlado y horizontal, colgaba ahora por una punta, verticalmente, volcando a los pasajeros en el agua desde una altura de doce metros al vacío. Otros miembros de la tripulación, que se daban prisa por bajar los botes mientras fuera posible, cometieron errores que los dejó atados permanentemente al barco con las cuerdas enredadas o los estrelló contra el lateral haciéndolos astillas.

En algunos casos, la tripulación y los pasajeros estaban enfrentados unos contra otros. Un marinero, luchando por estabilizar un bote salvavidas que se balanceaba violentamente, se encontró de repente con una pistola apuntando a su cabeza; la sostenía un hombre que exigía que «soltara la cuerda y le ayudara a entrar en el bote». El marinero intentó explicarle que con ayuda de un bloque y una jarcia la cuerda era lo único que sostenía al bote salvavidas fuera de la cubierta y lejos de la pared inclinada de la cubierta de paseo. El pasajero loco no quiso oír ninguna excusa. Amartilló el revólver y, amenazando con disparar, gritó al miembro de la tripulación: «¡Suelta la cuerda!» El marinero lo hizo y, rápidamente, saltó para esquivar el bote salvavidas que, con casi tres mil kilos de peso, se estrelló en la cubierta, en el muro y directamente sobre el hombre de la pistola.

Uno tras otro, los botes del lado de babor fueron soltando a sus pasajeros en el frío océano. A pesar del chaleco salvavidas, muchos ya se estaban muriendo. Los once grados del agua añadidos a la impresión y el rápido entumecimiento de las extremidades hacía que fuese imposible escapar a los trozos del *Lusitania* que habían empezado a soltarse y llovían sobre los que tenían la suficiente fortuna (o infortunio) de seguir flotando. Posteriormente se puntualizó que, de todos los botes del lado de proa, solo uno fue echado al mar con éxito y pudo alejarse del barco sin percance alguno.

Del lado de estribor, tras un perfecto lanzamiento de un bote lleno de mujeres y niños, los miembros de la tripulación observaron con horror cómo otro bote, completamente lleno, se aflojó y cayó completamente suelto, aterrizando de lleno sobre el primero, aplastando a la mayoría de las personas que estaban en él y dispersando los restos en el mar.

Cochecitos de bebés, la mayoría de las veces con los niños dentro, chocaban violentamente alrededor de la cubierta inclinada. Muchas de las madres, tras comprobar su incapacidad de saltar desde el barco hasta el bote, comenzaron a lanzar a sus hijos al vacío. Algunos tuvieron suerte; otros no. En cualquier caso, docenas de mujeres empezaron a empujar a sus niños poniéndolos en manos de completos extraños, con la esperanza de que *cualquiera* estuviese mejor equipado para proteger al pequeño.

Charlotte Pye, la joven esposa de un doctor de Connecticut, se había visto separada de su esposo. Corriendo de un bote a otro con su hija Marjorie, de tres años, se le negó repetidas veces la oportunidad de embarcar. «¡Lleno! ¡Estamos completos!», gritaban los aterrorizados pasajeros en cuanto se acercaban. Se iba cayendo continuamente por la inclinación progresiva del barco herido de muerte, sin soltar a su hija, aunque por el número de niños que veía deambular por las cubiertas, solos, era evidente que muchos otros padres ya lo habían hecho con los suyos.

De nuevo lanzada contra la cubierta, Charlotte sintió cómo la levantaban por el brazo. Reconoció al hombre que la ayudó a llegar hasta un hueco protegido: era Alfred Vanderbilt, el millonario.

—No llore —dijo él—. Todo está bien.

—No, no lo está —sollozó—; no tengo chalecos salvavidas. No sé dónde está mi marido y este barco se está hundiendo.

—Creo que está en lo correcto, señora, y por lo que se ve no tardará mucho en hacerlo —llamó a Ronald, que estaba ayudando a un matrimonio mayor a ponerse los chalecos. Al terminar con esa tarea, corrió inmediatamente hacia donde se encontraba Vanderbilt.

—¿Te quedan chalecos? —preguntó a su ayuda de cámara, que negó con la cabeza. Esto provocó que Charlotte comenzara a llorar de nuevo—. Aquí tiene —dijo Vanderbilt desatando su propio chaleco salvavidas—. ¿No le he dicho que todo iría bien?

Ató a la madre y a la niña en el chaleco y las dirigió hacia la cubierta superior.

Mientras la mujer se apresuraba a marcharse, Ronald se veía afectado por primera vez. Comenzó a manejar torpemente los lazos de su propio chaleco.

—Señor, insisto absolutamente en que…

Tate y William, el camarero, le interrumpieron. Llegaron corriendo diciendo que habían encontrado un baúl lleno de chalecos, justo debajo de la cubierta.

—¡Gracias a Dios! —musitó Ronald, mientras seguía a los otros hasta el escondite.

—¡Caramba! —dijo Vanderbilt cuando vio los chalecos—. ¡Traigan a todos los niños que puedan encontrar.

Ronald puso un chaleco en la mano de Alfred antes de salir corriendo.

—Señor… se lo ruego —dijo mirándole directamente a los ojos.

—Ve, Ronald —fue su respuesta.

A las 2:24 el *Lusitania,* que estaba inclinado a estribor, se deslizó hacia su lado de babor arrastrando consigo a los dos botes que quedaban por ese lado y hundiéndolos en el agua. Todavía estaban enganchados al buque y llenos de personas.

Alfred ataba apresuradamente los chalecos de los niños. Luego, de dos en dos, uno bajo cada brazo, corría con ellos hasta la barandilla y se los entregaba a cualquiera que pudiera encontrar, que llevara también un chaleco y que estuviera lo suficientemente sereno como para cuidar del niño. Una y otra vez, tan rápido como le era posible, Vanderbilt se abrió camino entre el caos que iba en aumento hasta que ya no quedó ningún niño por ayudar. Se quedó sin niños al mismo tiempo que sin chalecos. Llevaba puesto el último chaleco.

Helen Smith, de seis años, se encontraba detrás de una de las tumbonas, agarrada firmemente a un macetero volcado cuando Ronald la encontró a las 2:25. Sollozando y con frío, le dijo su nombre y le suplicó que «encontrara a papá y mamá». Con delicadeza la tomó en sus brazos y se la llevó a Vanderbilt.

—Señor, esta es Helen. Ha perdido a sus padres.

—Veamos, cariño —dijo con dulzura mientras se quitaba su chaleco y se lo ponía a la pequeña—. Estoy seguro que tus padres están en un bote buscándote ahora mismo. ¿No se sentirán entusiasmados si te ven flotar cerca de ellos?

La tomó en los brazos y se la llevó a un señor que estaba en pie junto a la barandilla. El agua cubría los zapatos del hombre y parecía dispuesto a entrar en ella.

—Discúlpeme —dijo Vanderbilt—. Esta es Helen. Necesita a un amigo con quien flotar mientras que espera a su madre y a su padre. ¿Le importaría? —el hombre la tomó en sus brazos y consiguió forzar una sonrisa para la niña.

—Gracias —dijo Vanderbilt y se volvió hacia Ronald que estaba junto al baúl de los chalecos salvavidas, ya vacío. Eran las 2:26.

—¿Hemos perdido a William? —preguntó Ronald cuando Vanderbilt se acercó.

—Le he embarcado en un bote —respondió Vanderbilt—. Tenía que obligarle a irse. Tiene dieciséis años. Tate se ha ido. Le ha barrido el agua, pero llevaba chaleco —Ronald asintió con la cabeza. Durante un breve momento ambos hombres se mantuvieron en pie, el uno junto al otro casi en posición firme, algo distantes pero totalmente calmados, observando la pesadilla que se estaba desarrollando delante de ellos; sin embargo, no decían nada.

De repente, Vanderbilt se rió con pesar.

—Todas las casas que he poseído alrededor del mundo… la mayoría de ellas tenían piscina. ¿No es curioso que siendo así… nunca aprendiera a nadar?

—Señor, dos veces ha entregado su propio chaleco salvavidas. No lo entiendo.

—Si lo entiendes, Ronald. Lo entiendes muy bien. Tú tampoco llevas chaleco. Hicimos una elección tú y yo. He vivido mi vida rodeado de lujo, algunas veces era un lujo egoísta. Pero hoy, mis hijos estarán orgullosos de mí. Nuestros hijos se sentirán orgullosos de nosotros. Cambiamos el curso del mundo en los pasados minutos. Utilizamos nuestro tiempo para enviar a niños de vuelta a la vida. Por medio de nuestro acto ellos marcarán ahora la diferencia. Sus hechos formarán parte de *nuestro* legado. El mundo se ha puesto ahora en un camino mejor, Ronald, y resonará a lo largo de las generaciones por tus acciones de hoy.

El ayuda de cámara alargó la mano para estrechar la de Vanderbilt, pero en lugar de ello lo abrazó.

—Gracias, señor.

—Gracias a ti, amigo mío. Ha sido un honor y un placer. Ahora, si no te importa, tengo que hacer un viaje —Vanderbilt sonrió y comenzó a alejarse.

De repente, un pensamiento le vino a la mente a Ronald y gritó:

—¡Señor! —Vanderbilt se giró—. Señor… les hemos salvado… como decían las palabras del medallón.

Vanderbilt consideró la idea brevemente y, luego, en su rostro se dibujó una gran sonrisa.

—Así lo hicimos —dijo—, así lo hicimos.

Cuando los dos hombres se separaron, sintiendo quizás cada uno de ellos la necesidad de pasar sus últimos momentos a solas, el gran barco crujió. Fue el último grito de una bestia moribunda que ya no podía reunir fuerzas para luchar. Giró lentamente hasta quedar volcada sobre su lado de estribor. Luego, como si estuviera deseando escapar de los gritos y de las oraciones de la superficie desesperada, se deslizó rápidamente en las tranquilas profundidades. El *Lusitania* desapareció a las 2:29.

☙ Dieciséis

Dorry se encontraba en medio del tráfico cuando su móvil sonó. En la pantalla vio que era Mark y apretó el botón para contestar.

Él habló inmediatamente.

—Los hemos encontrado. Estoy en la estación.

—¿Encontrado qué?

—Más bien, quién —corrigió Mark—. Encontramos a los niños… ya sabes, el caso en el que estaba… aquellos que motivaron mi viaje a Memphis. Están vivos.

—¡Oh, gracias a Dios! —dijo Dorry—. ¿Qué?… ¿dónde?… ¡no sé qué preguntar!

—De todos modos, ahora no tengo tiempo. Solo quería darte la buena noticia. Ya te daré toda la exclusiva cuando llegue a casa. Es posible que llegue algo más tarde de lo previsto. Recuerda que Abby y Dylan vienen a casa esta noche.

—Ya me acuerdo —Dorry echó un vistazo a su reloj—. Procura no llegar demasiado tarde. Abby ha dejado tres mensajes en mi móvil. ¡Está tan entusiasmada! Tienen más noticias acerca de las reliquias.

218

—Estaré allí tan pronto como me sea posible. A propósito, los niños se encontraron en Chicago, así es que no tendré mucho que hacer aquí hasta que los traigamos a casa. Sus padres están de camino y el Departamento de Policía de Chicago está ocupándose de todo. Así es que te veré un poco más tarde. Te amo.

—Yo a ti también —dijo Dorry desconectando la llamada. Estaba ansiosa por ver a Mark, pero su intención era llamar a Michael inmediatamente. Le echaba tanto de menos que lamentaba un poco haber decidido dejarle una noche más con sus padres.

Tres días antes la habían enviado inesperadamente fuera de la ciudad para hacer un trabajo. Eso fue solo dos días después de que Mark y ella se vieran con Dylan y Abby. Nunca era un problema hacer planes para Michael cuando ella tenía que viajar para el *Post*. Habitualmente se quedaba con Mark, pero al niño también le entusiasmaba visitar a sus abuelos y esta vez había rogado a todos que le permitieran quedarse «un montón de días» con el yayo y la abuelita. Ni que decir que los padres de Dorry estaban encantados e insistieron en que se quedara un día más de los tres previstos. Su madre le había guiñado un ojo diciendo: «De ese modo, cuando vuelvas, tú y Mark podréis tener una noche a solas».

Esa «noche a solas» se había pospuesto cuando Abby los emplazó a todos para una reunión. Su amigo de Wisconsin le había proporcionado resultados inmediatos y, según sus propias palabras, asombrosos.

A las siete en punto, Dylan tocó el timbre. Dorry rió mientras le hacía pasar.

—¡Podría poner mi reloj en hora guiándome por ustedes dos!

—Al menos por uno de nosotros. Hemos estado esperando en la puerta de tu casa durante una hora —exageró Abby. Ambos llevaban el vaquero y la sudadera de costumbre. Abby llevaba una mochila roja sobre uno de sus hombros—. Dylan no quería tocar el timbre hasta que fueran *exactamente* las siete… en… punto. Estaba mirando fijamente la segunda manecilla de su reloj cuando pulsó el botón.

Dylan adoptó una expresión de autosuficiencia y declaró:

—Llegar *antes* de tiempo no significa ser más puntual que hacerlo *tarde. A tiempo* es *justo en su momento.*

—¡Eres tan raro! —dijo Abby.

—Por eso me amas —Dylan sonrió con satisfacción y se dirigió a la cocina—. ¡Eh, otra vez tacos! Ni siquiera llegamos a comerlos la última vez que estuvimos aquí. Yo esperaba que hubieses guardado aquellos tacos. No son los mismos, ¿verdad?

—No, chico listo, no lo son —dijo Dorry.

—No importa, los quiero de igual modo.

—Sírvete —luego se dirigió a Abby—. Tienes razón, *es* raro.

Mark no llegó tan tarde como había temido y entró cuando los demás estaban sentados alrededor de la mesa de la cocina y justo empezaban a comer.

—¡Quítate la corbata y cuéntanos lo de los niños! —dijo Dylan—. Dorry nos ha puesto al corriente. ¡Enhorabuena!

—Sí, gracias —dijo y le dio un beso de saludo a Dorry—. Dadme cinco segundos para comer dos o tres tacos y hablaremos. Y ustedes, chicos, dense prisa también y terminen.

Después de comer, Dylan y Abby recogieron la mesa mientras Dorry servía café. Mark empezó a hablar.

—Dos hermanos, una niña y un niño, tenían ocho y diez años cuando desaparecieron del jardín delantero de su casa hace un año. En esas edades nos resulta muy difícil determinar lo ocurrido. Son lo suficientemente mayores para haber podido escapar y sobrevivir, pero jóvenes como para ser controlados fácilmente o para que alguien se los lleve, que es lo que ocurrió.

—¿Quién se los llevó? —preguntó Dorry.

—Fue una pareja y lo hicieron con un cuchillo. En realidad, esto es todo lo que sé. Lo están resolviendo en Chicago. Sin embargo, sé esto —Mark miró a Abby—: tú ayudaste para que los recuperásemos.

Ella pareció impresionada.

—¿*Yo* ayudé? ¿En qué ayudé?

—La última vez que nos encontramos —comenzó a decir Mark—, hablaste sobre el tipo de Wisconsin...

—Perry —apuntó ella.

—Sí. Dijiste que él hacía una involución del efecto del tiempo sobre las reliquias —ella asintió—. Después que se marcharon, eso me estuvo dando vueltas en la cabeza toda la noche. Luego se me ocurrió: tenemos que hacer una *progresión* en la edad de los niños, el proceso inverso. No se suele hacer hasta que alguien lleve algunos años desaparecido, pero al día siguiente argumenté mi punto de vista ante el capitán y él lo hizo.

—¿Cuál *era* tu punto de vista? —preguntó Dylan.

—Los cambios que muestran las progresiones en la edad por ordenador no suelen ser muy claros después de un periodo de un año. Mi argumento fue que aunque eso fuera cierto para un adolescente, cuando un niño tiene ocho o diez años los cambios de aspecto pueden ser drásticos después de un solo año. Si añadimos eso a lo que alguien puede hacer para alterar su apariencia... —se encogió de hombros.

De cualquier modo, lo llevé a cabo con nuestra gente de informática. Construimos una composición de quince fotografías para cada niño. Diferente ropa, peinado, color de pelo, gorros.

—Mark —dijo Dorry sorprendida—, ¿hiciste eso el día que me marché? ¿Cuándo fue eso... hace tres días? ¿Cómo ocurrió todo esto tan deprisa?

—Michael estaba con tus padres. Tú te habías ido. Este es el primer día que estoy en casa. Me quedé en la comisaría y, durante mi tiempo libre, conseguí que algunos chicos me ayudasen. Enviamos correos electrónicos durante todo el día y toda la noche, con los retratos robot a ochocientos periódicos y más de cien emisoras de televisión. Todavía estábamos enviándolos cuando Chicago recibió la llamada. Se había visto cómo sacaban a los niños de un edificio de apartamentos y los obligaban a entrar en un coche. La mujer que los reconoció los siguió en su coche y utilizó su teléfono móvil para hacer la llamada. Se quedó pendiente de ellos, transmitiendo la ubicación hasta que los chicos de Chicago los atraparon.

Abby dijo:

—¡Uau! Por tu mano, el pueblo será libre. ¿Habías pensado en esto?

Mark asintió.

—He pensado en un montón de cosas en estos últimos días. *Especialmente* «por tu mano» —se volvió hacia Dorry—. Solo para que lo sepas, es posible que me suspendan.

—¿Por qué? —preguntó ella sin poder creérselo—. ¿Por qué razón?

—El capitán me dijo que no. Recortes de presupuesto, falta de efectivos, cambios de jurisdicción del caso, bla, bla, bla. Yo lo hice de todos modos. Seguí pensando en esos niños, por ahí en algún lugar… esos padres sufriendo una muerte lenta… «Por *mi* mano», ¿entienden? No pude sacudirme el pensamiento de que yo sacaba esas ideas de algún sitio… quizás de Dios… —Mark hizo una pausa para ver si se reían. No lo hicieron—. ¡No podía escaparme del «*por mi mano*»! Era como si alguien me dijera: «Está bien; tienes la idea, pero a menos que *hagas* algo…» —suspiró—. Entonces, lo hice.

Dorry tocó suavemente el brazo de Mark y le preguntó:

—Sientes que hiciste lo correcto, ¿no es así?

Él la miró a los ojos.

—Sí.

—Pues yo también —Dylan y Abby asentían también—. Si se hubiese tratado de Michael, habría querido que alguien hiciera algo —Dorry sacudió la cabeza como si quisiera borrar el pensamiento—. Mark, no sabemos. Puede haber sido «por tu mano, el pueblo *vivirá*». Es posible que hayas salvado sus vidas.

Él los miró fijamente durante un momento y dijo:

—Pensé en ello antes de hacerlo. Eso es parte de *por qué* lo hice. Chicos, no pretendo ser melodramático ni nada por el estilo, pero les digo que esas reliquias me han cambiado. Toda esta experiencia… —cerró los ojos, buscando las palabras adecuadas. Luego, aclarando su pensamiento, dijo—: No quiero decir que los objetos en sí me hayan cambiado, pero su mensaje ha cambiado mi forma de pensar… profundamente.

—¿Qué *quieres* decir? —preguntó Abby.

—Estoy empezando a creer que he pasado toda mi vida jugando a defenderme, reaccionando a todo lo que ocurría en lugar de hacer que las cosas sucedieran. Fíjense en las personas de nuestra «lista de reliquias» —Mark hizo un gesto con ambas manos—: George Washington Carver *hizo* que las cosas ocurrieran. John Adams y Jonas Salk *hicieron* que las cosas sucedieran. Sí, todos ellos tenían ideas o una causa, o lo que fuese, pero les recordamos; ¡el mundo cambió por las acciones que ellos emprendieron! Juana de Arco, William Wallace, Oskar Schindler, ¡esa gente jugó a la ofensiva!

Dylan echó mano a una carpeta de papel manila que estaba junto a su silla. Abriéndola, sacó varias páginas y las dispersó sobre la mesa, extendiéndolas con la mano.

—Bueno —dijo—; aquí tenemos a algunos más.

Se trataba del mismo tipo de fotografías generadas por ordenador que habían visto anteriormente. Cada una de ella exhibía la imagen de una estatua, una pintura o una fotografía, y en cada una de ellas también se veía las reliquias. Sobre cada una de las páginas, alguien —Mark dio por sentado que había sido Perasi— había escrito un nombre con un rotulador grueso y negro. Miraron fijamente las reproducciones como si tuvieran miedo de tocarles, como si de algún modo hubieran llegado a cruzar una línea.

—¿Cuántas? —preguntó Mark, indicando las páginas con un gesto de cabeza.

—Ocho —contestó Dylan—; y siguen llegando más.

Dorry tomó una fotografía de la reina Isabel I y movió algunas de las que estaban alrededor.

—«La buena reina» —murmuró. Luego, tanto para sí misma como para los demás, dijo—: Su reino sigue llamándose el periodo isabelino. Arte… descubrimientos… todo floreció en Inglaterra mientras estuvo en el trono.

Abby y Dylan ya las habían visto, claro está, pero Mark se sentó, exhausto, mirando fijamente las páginas.

—Ya ni siquiera me sorprende quién sea esta gente —dijo—. No me malinterpreten; estoy entusiasmado, incluso emocionado, pero no sorprendido. Es como si esos grandes personajes, quizás *toda* la gente importante del mundo, tuvieran un secreto que yo *casi* entiendo. *Casi*, pero no del todo.

—A mí me ocurre lo mismo —dijo Dorry—. Es como si una gran revelación estuviera revoloteando justo más allá de mi alcance.

Abby colocó su mochila sobre la mesa.

—Quiero mostrarles algo. ¿Me das una toalla de mano, por favor? —preguntó. A un lado puso un envío de mensajería urgente y en el otro un sobre en blanco. En el centro de la mesa, cuando Dorry hubo extendido la toalla, Abby colocó cuidadosamente los tres artefactos. La reliquia de los Adams estaba en medio, el objeto de Michael, *Vivirá,* se encontraba a su izquierda y la piedra de la comida de Mae Mae a la derecha.

Todos estaban extrañamente callados. Era la primera vez que Mark y Dorry veían los tres objetos juntos. En realidad, estaban viendo la reliquia de los Adams, *Libre,* por vez primera. Dorry observó que era ligeramente distinta a las otras dos; era como si, de algún modo, lo hubieran abierto despellejándolo por un lado.

Abby comenzó a hablar:

—En primer lugar, dejen que les diga que tras involucionar los tres objetos, ha quedado claro que encajan perfectamente entre sí; así es que ya tenemos la respuesta a una de las preguntas —dijo dirigiéndose a Mark—. Sí, van unidos.

Y prosiguió:

—Tengo, en papel, modelos de ordenador a tres dimensiones de las piezas involucionadas. También poseo una imagen generada por ordenador del objeto en su forma primitiva —sacó una página del sobre y la sostuvo en alto, manteniendo la imagen vuelta hacia ella—, pero quiero que la descubran como yo lo hice. Mark, ponte detrás de Dorry para que puedan verla, ambos desde el mismo ángulo.

Cuando Mark se levantó y se movió para colocarse detrás de su mujer, Abby deslizó la toalla con los objetos hacia ellos hasta alinearlos en forma vertical. La piedra de la comida estaba en la parte superior, el objeto de Michael abajo y la reliquia de los Adams seguía en medio.

—De acuerdo —dijo Mark—. Están colocadas, de arriba abajo, *Alimentado*, *Libre* y *Vivirá*.

—Correcto. Eso es lo que Dylan observó en primer lugar, cuando le enseñé esto. Pero, para ser sinceros, no estoy segura de que haya ninguna importancia en el orden de las palabras. De modo que deja de pensar como investigador. Piensa como una artista. Visiona el objeto en conjunto, como una sola cosa.

Los Chandler se concentraron intensamente. Finalmente, Dorry dijo:

—Háblame a mí, Ab.

—Está bien. Los bordes tienen que encajar. Recuerda que los objetos se habían deformado por una presión catastrófica. Deshaz ese deterioro en tu imaginación.

Abby y Dylan intercambiaron una mirada mientras sus amigos se centraban, con los ojos entrecerrados y fijos, decididos a ver el pasado a través de los objetos que tenían delante de ellos. Mark se puso de pie con los brazos doblados, llevándose de vez en cuando una mano a la barbilla. Dorry tenía los dedos en el borde de la mesa. Su cabeza se inclinaba ligeramente a la derecha cuando, cuidadosamente, sin mover su mirada de las reliquias en ningún momento, se enderezó un poco en la silla.

—Abby —dijo—, ¿puedo moverlos un poco?

—Sí.

Con decisión, Dorry alargó la mano y tomó la reliquia que había pertenecido a John Adams. Era la que estaba en el centro. Hizo una pequeña pausa de un segundo solamente y la movió situándola en la parte superior. Su lado despellejado, ligeramente abierto, apuntaba hacia arriba. A continuación, Dorry tomó la piedra de la comida. Con el lado que se había cerrado por la presión la colocó en la parte inferior, donde su borde redondeado miraba hacia abajo. Finalmente Dorry vio cómo, con sus dos bordes cerrados, el objeto que su hijo había encontrado encajaba limpiamente en la posición central.

Aguantando la respiración, Abby preguntó en voz baja:

—¿Qué es lo que ves, Dorry?

Dorry extendió el brazo y pasó la palma de su mano por los objetos, tocando tiernamente las tres piezas a la vez. Miró a su esposo y le dijo:

—Es una copa.

Durante un momento el tiempo pareció detenerse. Nadie dijo nada ni se movió. De repente, no sintiéndose seguro de poder permanecer de pie, Mark volvió a su silla y se sentó pesadamente.

—Es una copa —volvió a repetir Dorry—. ¿Lo ves? —preguntó a Mark, que asintió aturdido.

Abby colocó la imagen generada por el ordenador sobre la mesa. Con los bordes involucionados, sin los cierres y con las piezas unidas, era la imagen perfecta de una copa. El ordenador había definido incluso el color original del objeto y el intenso destello entre cobrizo y dorado de su reflejo ardía desde la página.

Abby señaló la parte inferior de la copa en la imagen. En la página era una curva redondeada.

—¿Ven lo que falta? —tomó la piedra de la comida y le dio la vuelta—. ¿Se acuerdan? Dijimos que era como si alguna vez hubiese habido algo aquí pegado. Era la base.

—Entonces, *hay* una pieza más —dijo Dorry dándolo por hecho—. Nos falta la base de la copa.

—Sin lugar a duda —respondió Abby. Miró la imagen y volvió a darle la vuelta a la piedra de la comida en su mano unas cuantas veces, antes de colocarla de nuevo en su posición sobre la mesa—. Es como si la base, dondequiera que esté, tuviera que ser redonda… y plana —pensó durante un minuto—. No tiene pie. Las copas de ese periodo solían tener una base plana o se fundían directamente sobre una base ya moldeada. Una vez observada la parte inferior redonda de la copa, Abby alargó la mano y dio unos golpecitos sobre el punto que tenía la dimensión de una moneda de diez centavos en la piedra de la comida—. Esta copa tenía una base.

—O sea, que lo que nos falta no es un pie —dijo Dylan—; quiero decir, que no nos faltan dos piezas más.

—Una sola pieza —declaró Abby categóricamente.

—¿Y qué me dicen de la inscripción? —preguntó Mark— ¿Habría otra inscripción en la base?

—Probablemente —respondió Abby—. Quizás otro mensaje o algo que explique la inscripción que se halla en el cuerpo de la copa. Es posible que incluso lleve la marca o el sello del que la hizo.

Mark hizo un gesto con su cabeza señalando el lado de la mesa; indicó las imágenes, ahora colocadas en orden, de los hombres y mujeres cuyas acciones habían cambiado el mundo en el que él vivía.

—Me pregunto... ¿son tan distintos de nosotros? ¿Qué sabían ellos que nosotros no sepamos?

Nadie más habló.

Lentamente, Mark extendió ambas manos. Con un cuidado infinito rodeó los objetos con la palma de sus manos y agarró las tres piezas a la vez. Sosteniéndolas frente a su mujer y sus amigos, preguntó:

—Después de todo este tiempo... ¿por qué se ha vuelto a unir esto ahora?, ¿dónde está la última pieza?, ¿qué ocurrirá si la encontramos? ¿Entenderemos más acerca de nuestro propósito?, ¿acerca de todo? ¿Existe un mensaje en esa última pieza que me cambiará de alguna manera? ¿Transformará al mundo? —Mark susurró— ¿Qué me estoy perdiendo aquí?

⊰ Diecisiete

Ciudad de Nueva York — 11 de junio de 1915

Los chicos jugaban en el suelo a sus pies mientras Margaret Vanderbilt sostenía un sobre en sus manos y miraba fijamente por la ventana abierta del salón de la mansión. Era una hermosa tarde, clara y cálida. Observaba al mozo de cuadra que cepillaba a Appaloosa, un regalo de Alfred en su último aniversario de boda. Margaret amaba al animal, pero se preguntaba ausente si volvería a montar de nuevo. Se temía que, con toda seguridad, la pasión por los caballos que había compartido con su esposo había muerto con él.

Después de su muerte, Margaret estuvo una semana sin salir de su habitación del hotel, pero los amigos terminaron por convencerla para que volviese a su hogar en la Calle Cincuenta y Siete. Allí, el servicio mantuvo a los reporteros a raya mientras que la joven viuda lloraba su pena. Estaba desesperada de dolor; era incapaz de comer, pensar o hacer nada que no fuera el cuidado mínimo de sus dos hijos, Alfred y George, demasiado pequeños para entender lo que había ocurrido.

El cuerpo de Alfred no se había recuperado. Durante un tiempo, Margaret mantuvo la esperanza de que hubiera sido rescatado por algún barco de pesca que pasara por allí y que, quizá, le hubieran llevado a un pueblo lejano de la costa irlandesa, inconsciente e incapaz de hacerle llegar una palabra a ella. Pero, a medida que los días pasaban, se resignó a la verdad evidente: su esposo se había ido para siempre.

Los periódicos estaban llenos de historias de los supervivientes acerca de los horribles últimos momentos de la tragedia. Margaret se obligaba a leer cada uno de ellos y, a medida que los relatos de los testigos presenciales sobre las acciones valientes que Alfred había llevado a cabo aquel día salían a la luz, ella recortaba los artículos y los guardaba para sus hijos. Era un pequeño consuelo ahora, pero cuando el pequeño Alfred y George hubieran crecido, sentía que sería importante para ellos saber que el suyo era un patrimonio de carácter y de valor. Su padre había muerto como un héroe.

Margaret cambió de postura en la silla y alisó con las manos la parte delantera de su vestido azul oscuro. Cruzó las piernas y secó con un pañuelo la lágrima que le corría por la mejilla; volvió a leer la carta. Había llegado por mensajero especial desde la oficina de correos por la mañana temprano, y casi se había desmayado cuando vio la letra. Iba dirigida a «Los jóvenes señores Vanderbilt» al cuidado de ella. Procedía de Liverpool y estaba fechada el 22 de mayo. Era una de los cientos de cartas recuperadas de una saca de correos que habían encontrado flotando y que había sido enviada por Cunard solo dos semanas después del desastre. La breve esperanza de Margaret de que fueran buenas noticias se vio frustrada cuando vio que estaba escrita por su marido con fecha del 6 de mayo, el día anterior al hundimiento.

Dentro del sobre, envuelta en una carta mucho más larga para Alfred y George, había una nota personal para ella. Estaba escrita en su estilo fluido familiar y decía:

Querida:

Te envío mi amor a través de la distancia. Empieza a atardecer y estoy en cubierta, solo, pensando en ti y en nuestros preciosos pequeños.

Por muy ansioso que esté por compartirlo todo en este instante, mis propios pensamientos y mis emociones están tan confusos que debo suplicar tu paciencia. Basta con decir que, en estos momentos, ha llegado una revelación a nuestras vidas. Un objeto —una antigüedad, si quieres— ha abierto rincones de mi mente y de mi corazón que ni siquiera sabía que pudieran existir.

Los chicos son pequeños y no lo entenderían, pero de algún modo siento que es importante que les leas ahora la carta adjunta. Por supuesto, guárdala y te lo explicaré todo a mi regreso.

Mi oración, como siempre, es que te encuentres bien mientras estamos separados y que puedas sentir mis brazos rodeándote como si nunca me hubiese ido.

Tu esposo que te adora,

Alfred

Margaret sollozó, mientras sostenía la nota pegada a su pecho. Se había convencido de que ya no quedaban más lágrimas para llorar, pero cada día traía un nuevo recuerdo, un olor, o algún recordatorio tangible del hombre al que había amado más que a su propia vida. No estaba segura de querer seguir viviendo sin él. «*Si no fuera por los niños…*», musitó… Y luego desterró rápidamente ese mal pensamiento de su mente.

Sacudiendo la cabeza, Margaret suspiró profundamente y se secó los ojos. Alfred se había marchado de esta tierra dejando atrás más preguntas que respuestas. «*¿Una antigüedad?, ¿una gran revelación en nuestras vidas?, ¿y cómo puede un objeto abrir rincones en la mente y en el corazón de uno?*», se preguntó.

Margaret ya había leído varias veces la carta destinada a los niños y, aunque era hermosa y elocuente, no hizo más que añadir

confusión. Sin embargo, en ella Alfred se refería a «palabras» que
habían cambiado su vida. ¿Tenían algo que ver esas «palabras»
con el objeto acerca del cual le había escrito? No lo decía, pero
observó con asombro que se sentía extrañamente consolada por
su presencia en la carta.

Las «palabras» estaban escritas en forma de memorándum y,
aunque Margaret sabía que iban destinadas a los niños, decidió
copiarlas para ella misma. Las leería una y otra vez, como Alfred
había mandado a los niños que hicieran. Pensó: «¿Es posible
que haya un rincón en mi propia mente y en mi corazón que pueda
abrirse?»

Miró el candelabro del salón que colgaba con elegancia
del techo de cuatro metros veinte de altura. Cerrando los ojos,
Margaret elevó una plegaria pidiendo fuerza y esperanza, sabiduría
y valor. Luego, prometió a su esposo que educaría a sus hijos como
él hubiera deseado hacerlo. Le dijo que no se sentiría amargada por
su ausencia física en sus vidas. En lugar de ello, estaría agradecida
por los años que habían vivido, amado, y se habían reído el uno
con el otro. Y le dijo adiós.

Cuando Margaret abrió los ojos, encontró a Alfred y George
de pie, en silencio, junto a ella. George había colocado su
diminuta mano sobre su rodilla. Sonriendo por primera vez
desde hacía un mes, tomó a George en su regazo y besó su carita.
Con el brazo izquierdo, acercó un poco más a Alfred y también
le besó. Luego, Margaret desdobló la carta para los niños y la
leyó en voz alta.

Mis queridos y dulces hijos:

Mi primer pensamiento al levantarme esta mañana ha sido para
ustedes y mi corazón está lleno hasta estallar. Quizás les sorprenda
saber que mi último pensamiento de la noche también fue para
ustedes. Mi viaje en este gran navío ha sido lento y sin incidentes;

echo tremendamente de menos su risa y sus travesuras. Sin embargo, este tiempo a solas me ha permitido tener la reflexión de la que no puedo disfrutar con frecuencia bajo las circunstancias normales.

No he sido nunca dado a emociones indebidas, pero últimamente me veo abrumado por un sentimiento de amor y de responsabilidad por su futuro que me lleva a las lágrimas. De algún modo me siento obligado a escribir y enviar un mensaje específico que he recibido para ustedes. Mi intención era haberles leído las palabras en persona, pero me temo que el tiempo es de vital importancia.

Son muy pequeños y no entenderán estos pensamientos en estos momentos. No importa. Ahora se los leerán. Cuando sean mayores los leerán ustedes mismos una y otra vez. Y los leerán de nuevo muchas veces. Solo cuando su significado quede impreso en su corazón, podrán darse cuenta de su poder y de *su* propósito.

Las antiguas palabras, traducidas de un objeto que está en mi poder, han cambiado mi vida en estos últimos días. Que dirijan ahora la suya. Un día, cuando yo me haya ido, lo más probable es que el mundo hable sin parar del dinero que habrán heredado. Pero, por encima de cualquier otra cosa, quiero que entiendan que el mensaje de las palabras siguientes es el legado más valioso que se le podría proporcionar jamás a una persona. Esta es vuestra verdadera herencia, el regalo de un padre a su hijo.

Te hice distinto de los demás.

En el planeta Tierra no ha habido nunca alguien como tú… y no lo volverá a haber jamás.

Tu espíritu, tus pensamientos y tus sentimientos, tu capacidad de razonar, no existen en nadie más.

Tus ojos son una obra maestra, incomparables y son ventanas a un alma que también es únicamente tuya.

Un solo pelo de tu cabello ha sido creado especialmente para ti. De las multitudes que han venido antes que tú y de aquellas que puedan seguir, ni uno de ellos duplica la fórmula con la que yo te hice.

Te hice distinto a los demás.

La sangre que corre por tus venas fluye a través del corazón de alguien a quien yo he elegido. Las rarezas que te convierten en alguien único en su especie, hijo mío, no son un mero accidente ni un capricho del destino.

Te hice distinto para que pudieras hacer algo diferente.

Has sido creado con la capacidad de cambiar al mundo. Cada una de las elecciones que hagas… y cada una de las acciones que emprendas… tienen importancia. Pero recuerda, lo contrario también es verdad. ¡Cada elección que no hagas… y cada acción que no emprendas… son igual de importantes!

Tus actos no pueden acumularse, dejarse para más tarde o utilizarse de manera selectiva. Por tu mano, millones de vidas se verán alteradas, atrapadas en una cadena de sucesos comenzados por ti, en este mismo día. Pero lo contrario también es verdad. Millones de vidas se verán alteradas también, atrapadas en una cadena totalmente distinta de acontecimientos, si tú eliges esperar.

Posees el poder de la elección. Libre albedrío. Se te ha dado todo lo que necesitas para actuar, pero la elección es solo tuya. Y, comenzando en este mismo momento, elegirás sabiamente.

Ahora ve. Y no vuelvas a sentirte incapaz nunca más. No mores en pensamientos de insignificancia ni vagues sin rumbo, perdido, como una oveja.

Eres poderoso. Importas. Y has sido hallado.

Tú eres mi elección.

Tu padre

❧ Epílogo

Mark y Dorry viven en la misma casa de Autumn Ridge Circle, aunque en la actualidad están considerando comprar una más grande. Michael, que ahora está en tercero de primaria, es un orgulloso «hermano mayor» para Tracy Elizabeth Chandler, su hermana de dos años que adora todo lo que él hace.

Dorry dimitió del *Post* cuando se quedó embarazada de Tracy. Aunque no ha ganado un Pulitzer todavía, sigue manteniendo un duro programa de trabajo por su cuenta, que incluye artículos para el *Atlantic Monthly* y *Newsweek*, así como un artículo ocasional para el *USA Today*.

A la edad de cuarenta y un años, Mark Chandler se convirtió en el jefe de policía más joven de la historia de Denver. Cuando las autoridades municipales hicieron el nombramiento, Mark ya había recibido cuatro menciones de honor en diferentes estados, en reconocimiento al papel que desempeñó en salvar la vida de niños desaparecidos. El primer reconocimiento fue concedido por el propio gobernador de Colorado por las acciones que Mark desempeñó en el rescate de los hermanos localizados en Chicago, aunque en el momento de la ceremonia seguía estando suspendido por haber desobedecido la orden de un oficial superior.

Abby y Dylan se han convertido en los canguros de los Chandler por propia elección. Anunciaron su compromiso de boda en la primavera pasada y ahora consideran que el tiempo que pasan con Michael y Tracy les sirve de «práctica». Aunque Dylan sigue en su puesto en el Museo de Denver, Abby volvió a estudiar y está acabando su programa doctoral en Arqueología.

Las dos parejas se han convertido en los mejores amigos y se reúnen para comer, cenar o ir al cine con regularidad. Cuando están juntos suelen hablar del misterio que entrecruzó sus vidas. Antes de que la pieza de los Adams se devolviera al Smithsonian, Abby creó un molde de cerámica del objeto. Con frecuencia, los cuatro amigos colocan la reproducción con las otras dos reliquias y especulan sobre la pieza que falta.

Hablan de la prueba que ya han descubierto: que una persona, por su propia mano, puede cambiar el mundo. Discuten sobre los cambios que han tenido lugar en sus propias vidas, sus misiones, sus propósitos, todo ello como resultado de las simples lecciones inscritas en las tres reliquias. Sin embargo, siempre hay una frustración subyacente, que es la evidencia de las muchas preguntas que quedan sin contestar.

Mark, Dorry, Abby y Dylan han llegado a sus propias convicciones individuales e inamovibles acerca del origen de la copa. Todos ellos creen que cuando se encuentre la base de la copa y se entienda, proporcionará esperanza y un mensaje específico a un mundo de personas que buscan sus propias respuestas.

El *Lusitania* sigue descansando en el fondo del mar de Irlanda. A once millas y media de los verdes acantilados de Brow Head en County Cork, cerca de la ciudad de Cobh, el que una vez fuera un magnífico trasatlántico reposa sobre su costado de estribor a unos noventa y cuatro metros de profundidad bajo el agua. Inmensos bancos de peces rodean el navío, utilizando las mismas rutas una y otra vez, como si quisieran vigilar los recuerdos que allí están enterrados. Su proa mira hacia arriba, en un ángulo de cuarenta y cinco grados; el contorno de su nombre sigue siendo visible.

El lecho marino se encuentra cubierto de platos y tazones rotos, y grandes pedazos de carbón. El silbato de tres tonos del barco descansa en solitario sobre el suelo del mar, cerca del puente desmoronado que se viene abajo, mientras una bañera se encuentra en sentido vertical junto a la popa. El caño y el telefonillo de la ducha están sobre ella, todavía agarrados, como si estuviera esperando ser utilizada.

Lamentablemente, parece que la última pieza del puzle —el medallón, la base de la copa— podría no recuperarse jamás. El objeto sigue dentro del joyero. La cara tela que daba a la caja su color ya no es morada; hace mucho tiempo que se ha deteriorado. La caja está exactamente en el lugar en el que se encontraba hace tantos años, descansando en el rincón superior izquierdo del armario, acurrucado contra el muro en un manto de sedimento que sigue aumentando. La Regal B-65 y 67, una suite del lado de estribor, se encuentra ahora, debido a la posición del naufragio, debajo de toneladas de acero desintegrado.

El *Lusitania* se está desmoronando por sí solo. El tiempo y la incesante presión del océano la han perjudicado más que el torpedo de Schwieger. Dispersadas por todos los restos del naufragio se encuentran cargas de profundidad no detonadas, vestigios de un ejercicio naval irlandés en los años cuarenta. Son extremadamente peligrosos y, junto con la frágil condición de la propia estructura, hacen que cualquier exploración del interior del barco sea prácticamente imposible.

La vida de Alfred Vanderbilt ha seguido siendo una fuente de especulación a lo largo de las décadas, mientras los inquisitivos historiadores y los orgullosos descendientes intentan buscarle un sentido a su extraordinario acto final. Miles de artículos en los periódicos y las revistas de todo el mundo escribieron sobre el valor que demostró aquel día. Todas las historias que se imprimieron han sido recortadas y meticulosamente archivadas en una cámara blindada privada en la parte occidental de Estados

Unidos. Allí se mantiene un almacén de archivos de la familia Vanderbilt que empieza con las primeras notas del diario del abuelo de Alfred Vanderbilt, Cornelius, cuando era un jovencito en 1832. Establecida con anterioridad a la muerte de Cornelius, esta colección pertenece a una familia que tiene un completo sentido de orgullo con respecto a su propia historia.

Se trata de archivos amplios y físicamente enormes, con entradas mensuales que se han ido haciendo a lo largo de la vida de más de un ciento de descendientes de Cornelius y que comenzaron mucho antes de la llegada del mantenimiento de archivos moderno. La cámara blindada incluye cada partícula concebible perteneciente a la vida de todos los miembros, desde archivos financieros, notas personales, invitaciones y artículos de periódicos hasta tarjetas de cumpleaños, listas de compra y recibos del veterinario. A insistencias del patriarca de la familia Vanderbilt y como medida preventiva contra la posibilidad de cualquier juicio frívolo, también sirve como historia familiar increíblemente extensa.

De modo que aún queda la esperanza de que el poder del mensaje inscrito tan cuidadosamente en la base de la copa llegue a ser revelado un día al mundo. En un pequeño armario de madera, en la sexta fila, indistinguible entre las hileras de armarios idénticos que se alinean en la inmensa caja blindada, el segundo cajón de arriba contiene un sobre cuyo papel está manchado de agua de mar. Fue entregado para ser archivado en el almacén de la familia Vanderbilt el veinticinco de abril de 1927, por George, el hijo menor de Alfred y nunca ha salido de allí.

La única traducción que existe de la reliquia se encuentra etiquetada de la forma siguiente: PYA42563. Como el resto de las otras tres piezas de la copa, está escondida a plena vista.

Cuánto más atrás puedas mirar, más adelante verás.

—WINSTON CHURCHILL

⚜ Sobre el autor

ANDY ANDREWS es novelista superventas y conferenciante, sus obras han sido traducidas a casi veinte idiomas y han vendido millones de copias en todo el mundo. *El regalo del viajero*, presentado en la selección de lecturas del programa de la ABC *Good Morning America*, estuvo durante diecisiete semanas en la lista de los más vendidos del *New York Times*. Con frecuencia es solicitado como orador en conferencias para las empresas más importantes del mundo. Andy ha sido invitado como conferenciante por cuatro de los presidentes de Estados Unidos y ha visitado distintas bases militares en todo el mundo, hablando a las tropas a petición del Departamento de Defensa de Estados Unidos. Se podría decir que no hay otra persona mejor en el planeta para tejer una tenue aunque reveladora lección con sus fascinantes relatos de aventura e intriga, tanto en el papel como en el estrado.

Más información sobre el hombre que un escritor del *New York Times* define como «el Will Rogers de los tiempos modernos que, silenciosamente, se ha convertido en una de las personas más influyentes de Estados Unidos» en la página www.AndyAndrews.com.

❧ RECONOCIMIENTOS

CUANDO SE EMPRENDE UNA TAREA COMO ESTA, LA LISTA DE PERSONAS con las que tienes una deuda de gratitud puede llegar a ser abrumadora. Tengo la bendición de estar rodeado de amigos y familiares que se han convertido en un equipo, y me siento muy emocionado de formar parte del mismo. Si se me ve como una persona que hace buenas elecciones bien fundadas, es únicamente por la confianza que tengo en el consejo de esas personas.

Gracias a todos ustedes por su presencia en mi vida.

...a Polly, mi esposa, que ha leído borradores sin fin, ha participado en muchas conversaciones del tipo «¿y si...?» y ha soportado miradas fijas en blanco a la hora de la cena como si me encontrase perdido en algún lugar de Tuskegee o a bordo del *Lusitania*. Te amo a ti y a nuestra vida en común.

...a Robert D. Smith, mi director y campeón personal que no pierde jamás la fe. Eres el hombre de negocios más inteligente que conozco y, además, una de esas pocas personas a las que, estoy convencido, todo el mundo quiere. Esto, amigo mío, es una combinación difícil de vencer.

...a Gail y Mike Hyatt. Su fe en Robert, en mí y en nuestro trabajo fue el detonante de todo. Gracias por su amistad y su ejemplo.

...a Jeny Baumgartner, mi editora en Thomas Nelson. Este libro no habría sido lo mismo sin ti. El último capítulo, en particular, se ha beneficiado de tu aportación.

…a Jonathan Merkh, Jerry Park y Pamela Clements. Su aliento significa más de lo que nunca llegarán a imaginar.

…a Todd Rainsberger, cuya idea se convirtió en el título de este libro. Gracias también por ayudarme a darle forma al argumento. Tu influencia sobre *La oportunidad perdida* ha sido inestimable… casi tan importante como la influencia que tienes en mi vida.

…a Kevin Perkins, mi sabio y tranquilo amigo. Con una risa y unas cuantas palabras siempre eres capaz de calmarme.

…a Maryann y Dave Winck, vecinos y amigos durante toda una vida. Nuestros hijos los quieren, nosotros los queremos y todo el mundo sabe que nada funcionaría en nuestra casa si no fuera por ti, Dave.

…a Foncie y Joe Bullard, cuya amistad, coraje, fe y ejemplo son una constante inspiración para mí. Gracias también por tu casa en la playa donde puedo seguir escribiendo cuando en la mía hay demasiado ruido.

…a Mike Jakubik, que me hace reír, Don Brindley que me hace pensar y Katrina y Jerry Anderson que siempre están de mi parte, sin importar de qué se trate. Gracias por su presencia en mi vida y en la de mi familia.

…a Sandy Stimpson, Barbara Selvey, Gloria y Martin Gonzalez, Maryann y Jerry Tyler, Sunny Brownlee, Richard Stimpson, Brent Burns, Kathy y Dick Rollins y Patsy Jones. Su influencia en mi vida es innegable y muy apreciada.

…a Zachary Smith, el administrador de mi web y la persona más inteligente del planeta. El ojo que tienes para los detalles, tu espíritu juguetón y tu paciencia con mi analfabetismo en materia de ordenadores, son inestimables.

…a Ron Land, Dave Shepard, Darlene Quinn, Danielle Douglas y Blythe McIntosh de Thomas Nelson. Su destreza y energía siempre me sorprenden.

Mi especial agradecimiento a Scott Jeffrey, el hombre que me prepara y que mejora todo lo que hago. Estás convirtiendo mis «viajes imposibles» en algo realmente muy posible.

Y, finalmente, a Austin y Adam, mis pequeños hijos. Ustedes son el latido mismo de mi corazón. Nada puede compararse con lo que siento cuando corren a mis brazos en cuanto entro por la puerta. Los quiero.

✼ BIBLIOGRAFÍA

Nota del autor: Se ha llevado a cabo una exhaustiva investigación para concretar cuidadosamente las fechas, las horas exactas y otros detalles. Cualquier error histórico que pueda haberse colado a través de la fina malla de mi «red de exactitud» es enteramente culpa mía. Sin embargo, lo que al lector pueda parecerle ocasionalmente un fallo puede probablemente deberse a fuentes de información contradictorias. En esos casos, el autor se ha limitado a seleccionar el hecho más razonable entre todas las elecciones.

Birds of North America. Washington, D.C.: National Geographic Society, 1999.

Blum, Howard. *The Gold of Exodus.* Nueva York: Simon & Schuster, 1998.

Brecher, Elinor. *Schindler's Legacy — True Stories of the List Survivors.* Nueva York: The Penguin Group, 1994.

Brown, Dan. *Deception Point.* Nueva York: Simon & Schuster, 2001 [*La conspiración.* Barcelona: Umbriel, 2005].

Collins, Gail. *America's Women.* Nueva York: HarperCollins Publishers, 2003.

Collins, Max Allan. *The Lusitania Murders.* Nueva York: Berkley Publishing Group, 2002.

Duncan, Todd. *Life by Design.* Nashville: Thomas Nelson, 2002.

Ellis, Joseph J. *Founding Brothers.* Nueva York: Random House, 2000.

Ford, Emma. *Falconry: The Art and Practice.* Londres: Blandford Press, 1992.

Hickey, Des y Gus Smith. *Seven Days to Disaster.* Londres: William Collins Sons and Co., 1981.

Keneally, Thomas. *Schindler's List.* Nueva York: Scribner, 1982 [*La lista de Schindler.* Madrid: Punto de Lectura, 2001].

Kerrigan, Michael. *What Choice Do I Have?* Possibility Press, 2002.

Lansky, Bruce. *35,000 Baby Names.* Nueva York: Meadowbrook Press, 1995.

Lewis, Bernard. *Race and Slavery in the Middle East.* Oxford: Oxford UP, 1990.

Mason, John. *Conquiste al enemigo llamado promedio.* Nashville: Grupo Nelson, 2006.

McCullough, David. *John Adams.* Nueva York: Touchstone, 2001.

Preston, Diana. *Lusitania… An Epic Tragedy.* Nueva York: Berkley, 2002.

Simpson, Colin. *The Lusitania.* Boston: Little, Brown and Company, 1972.

Steinhouse, Herbert. «The Real Oskar Schindler». Nueva York: *Saturday Night Magazine,* abril 1994.

TIME Special Issue. Nueva York: Time, Inc., 7 julio 2003.

⫸ FUENTES DE REFERENCIAS EN INTERNET

Africawithin.com

Aggie-horticulture.tamu.edu

ai.MIT.edu.

AmericanPresidents.org

amnh.org

angelfire.com

AttitudePump.com

Auburn.edu

bartleby.com

bibarch.com

brinkster.com

business.com

ByFaithOnly.com

byteNet.net

campsilos.org

campus.northpark.edu

center4sinai.com.eg

cmp.CalTech.edu

college.hmco.com

colonialhall.com

cs.Indiana.edu

Denver.org

DenverPost.com

EarlyAmerica.com

EasyFunSchool.com

econedlink.org

english.UPenn.edu

etext.lib.Virginia.edu

FindaGrave.com

fortunecity.com

bvsd.org/schools/Fairviewhs/
Pages/default.aspx

galegroup.com

GaTech.edu

GlobalSecurity.org

gospelcom.net

gwu.edu

harcourtschool.com

heritageharbor.org

history.org

hoover.archives.gov

hpol.org

ibis.com

invent.org

inventors.about.com

IPL.org

JoeBullard.com

KU.edu

Law.Cornell.edu

Law.UMKC.edu

lib.IAState.edu

luminet.net

Lusitania.net

memory.loc.gov

multied.com

myhero.com

nanosft.com

NPS.gov

OskarSchindler.com

OSPAC.org

100megsfree4.com

Patterson-UNCF.org

PBS.org

petragrail.tripod.com

press-pubs.uchicago.edu

Princeton.edu

probertencyclopedia.com

remember.org

rumkatkilise.org

quotationspage.com

SemRedCross.org

StephenHopkins.com

telemanage.CA

TheTrueEntrepreneur.com

TheTruthSeeker.co.UK

thinkquest.org

Tulane.edu

UGA.com

UShistory.org

US-Israel.org

UVA.org

vision.org (Richard Pilant)

wallbuilders.com

WhatsTheNumber.com

Whitehouse.gov

Wikipedia.org

Wildmanstevebrill.com

WISC.edu

WPI.edu

wringtonsomerset.org.uk

WVhumanities.org

ANDY ANDREWS
LA INICIATIVA DE *La oportunidad perdida*

Una simple elección puede transformar tu vida y cambiar el mundo a tu alrededor, en un modo que quizá nunca sepas. Haciendo de *La oportunidad perdida* un firme compromiso, tomas una decisión irrefutable que te conduce a una cascada de oportunidades imprevistas.

La forma de hacer sólida una decisión importante es ponerla por escrito. (La práctica ha demostrado la efectividad de esta técnica). Otra forma es contarle tu decisión a otra persona —quizás a alguien que te haga responsable— o incluso a un grupo de personas. LA INICIATIVA DE LA OPORTUNIDAD PERDIDA lleva esta idea un paso más allá. Aquí tienes un foro para proclamar tu decisión personal al mundo.

No hay decisión demasiado grande ni demasiado pequeña: ¿Harás tu parte para acabar con el hambre en el mundo?, ¿lograr tu peso ideal?, ¿crear la paz mundial?, ¿vivir con tranquilidad de espíritu?, ¿contribuir a tu comunidad?, ¿programarte un tiempo a solas y utilizarlo para reflexionar y soñar?, ¿escribir un libro?, ¿pasar más tiempo con los niños? Las posibilidades son ilimitadas…

Tomar una decisión pone en movimiento una serie de sucesos que sobrepasan lo que podamos abarcar en el mundo físico. Con la elección en tu mano, las fuerzas trabajarán para ayudarte en tu causa. Y nunca estás solo. El propósito de esta iniciativa es que personas de todo tipo se unan y compartan sus decisiones. Las colaboraciones, aunque solo sean a nivel de pensamiento, pueden ayudarnos a movernos en la dirección en la que nos hemos comprometido a hacerlo.

Después de leer *La oportunidad perdida*, ¿qué decisión importante estás tomando hoy?

Comprometete tu decisión en la página:
www.TheLostChoice.com